新媒体背景下
高校思想政治教育的解读研究

连艳辉 闻竞 贾晓强 著

吉林出版集团股份有限公司

图书在版编目（CIP）数据

新媒体背景下高校思想政治教育的解读研究 / 连艳
辉, 闻竞, 贾晓强著. —— 长春 : 吉林出版集团股份有限公司,
2020.6
ISBN 978-7-5581-8693-6

Ⅰ.①新… Ⅱ.①连… ②闻… ③贾… Ⅲ.①高等学
校—思想政治教育—研究—中国 Ⅳ.①G641

中国版本图书馆CIP数据核字(2020)第103766号

新媒体背景下高校思想政治教育的解读研究

责任编辑/蔡宏浩

责任校对/朱进

封面设计/朱进

开　　本/787mm×1092mm　1/16

字　　数/300千字

印　　张/14.5

版　　次/2020年6月第 1 版

印　　次/2022年9月第 2 次印刷

出　版/吉林出版集团股份有限公司（长春市人民大街4646号）

发　行/吉林音像出版社有限责任公司

地　址/长春市绿园区泰来街1825号

电　话/010-81130031

印　刷/长春市博美图文印业有限公司

ISBN　978-7-5581-8693-6　　　　　　　　　定　价：79.00元

前　言

在新媒体时代，随着网络信息传播技术、数字化技术、移动互联网技术的快速发展，新媒体得到了越来越广泛的应用。由于新媒体技术在信息收集、信息内容与形式、信息传播途径等方面的突出特性，促使社会大众在获取信息、互相交流时的个性特征、语言特点、行为方式、思想意识等方面产生了很大的改变。目前高校大学生是新媒体技术使用最为广泛、最为活跃的一个群体，分析新媒体对高校大学生、对高校思想政治教育本身的影响，并探索新媒体时代背景下高校思想政治教育的新内容、新载体、新途径、新方法，创新高校大学生思想政治教育对策，显得十分重要。

对于大学生和高校思想政治教育工作者来说，把新媒体作为一种新的信息传播载体，将其应用在思想政治教育上，是一个崭新的课题。它不仅给高校思想政治教育带来了机遇，而且也提出了严峻的挑战。一方面，它为高校大学生思想政治教育提供了广阔的教育殿堂，可以最大限度地获得、积累和总结思想政治教育经验，为高校思想政治教育带来生机与启示，做到有的放矢；另一方面，它也使高校思想政治教育环境变得更加复杂，削弱了教育者主体地位的同时，也挑战了传统思想政治教育的方式与方法。因此，在新媒体的时代背景下，改进和创新高校思想政治教育，意义非凡。

由于时间和水平所限，本书的缺点和不足在所难免，真诚欢迎广大读者给予批评指正。

目　录

第一章　新媒体背景下高校思想政治教育面临的新情境 ……………………1

　　第一节　新媒体及其影响 ………………………………………………1

　　第二节　新媒体环境下高校思想政治教育面临的新情境 ……………7

第二章　新媒体对高校思想政治教育的影响 ………………………………12

　　第一节　新媒体给大学生生存方式带来的新变化 ……………………12

　　第二节　新媒体环境下高校思想政治教育的困境 ……………………19

　　第三节　新媒体环境下高校思想政治教育的发展趋势与教改原则 …26

第三章　新媒体背景下呼唤大学生道德的自律 ……………………………35

　　第一节　慎独与道德自律 ………………………………………………35

　　第二节　新媒体环境中慎独精神与道德自律的需要 …………………40

　　第三节　新媒体环境中慎独对道德自律的现代价值 …………………49

第四章　新媒体背景下高校思想政治教育的跨界思维 ……………………57

　　第一节　高校思想政治教育思维方式的困境及现代转换 ……………57

　　第二节　跨界思维的内涵及其内在合理性 ……………………………62

　　第三节　实现高校思想政治教育跨界思维的策略选择 ………………67

第五章　新媒体背景下高校思想政治教育的话语变革 ……………………70

　　第一节　新媒体时代高校思想政治教育话语的特征与功能 …………70

　　第二节　新媒体时代高校思想政治教育话语权的转移现象与成因分析 …78

　　第三节　新媒体时代高校思想政治教育的话语重塑 …………………83

第六章　新媒体背景下高校思想政治教育的内容结构优化 ………………94

　　第一节　新媒体时代高校思想政治教育内容结构优化的依据 ………94

　　第二节　新媒体时代内容结构优化的原则和要求 ……………………97

　　第三节　新媒体时代高校思想政治教育内容结构优化设计 …………101

第七章　新媒体背景下高校思想政治教育的载体合力生成 ·················108

　　第一节　新媒体时代高校思想政治教育载体的运行现状 ·················108

　　第二节　新媒体时代高校思想政治教育载体合力的生成理路 ·············114

　　第三节　新媒体时代高校思想政治教育载体合力的动态生成 ·············117

第八章　新媒体背景下高校思想政治教育价值理念的创新探究 ···········127

　　第一节　高校大学生思想政治教育价值理念创新的必要性 ·············127

　　第二节　新媒体背景下高校大学生思想政治教育的新特点 ·············129

　　第三节　新媒体背景下高校大学生思想政治教育价值理念创新的基本对策 ···130

　　第四节　加强大学生思想政治工作，提高管理水平 ·················134

第九章　新媒体背景下的高校思想政治教育模式创新探究 ···············137

　　第一节　高校大学生思想政治教育模式新探讨 ···················137

　　第二节　新媒体背景下要树立大学生思想政治教育的现代服务意识 ·······139

　　第三节　加强大学生思想政治工作队伍建设 ·····················142

　　第四节　巩固高校大学生思想政治教育的理论阵地 ···············145

　　第五节　论新形势下高校教师职业道德建设 ·····················148

第十章　新媒体背景下的高校大学生思想政治教育方法的创新探究 ·········153

　　第一节　立法与监督双管齐下，完善大学生思想政治教育环境 ·········153

　　第二节　教育与自我教育同时开展，增强大学生媒介素养 ·············154

　　第三节　校园建设与服务并重，提高网络媒体利用水平 ·············156

　　第四节　质量和水平共提升，思想政治教育队伍是保障 ·············159

第十一章　微时代高校思想政治教育的构建及发展 ·····················161

　　第一节　思想政治教育话语体系分析转型的目标 ···················161

　　第二节　思想政治教育话语分析转型的原则 ·····················164

　　第三节　高校思想政治教育话语分析转型的载体 ···················173

　　第四节　高校思想政治教育教学模式的时代化转变 ···············196

第十二章　大学生德育视域下微信环境安全治理机制研究 ···············212

　　第一节　"全微时代"微信的功能和原理 ·······················212

　　第二节　大学生使用微信的利与弊 ·····························215

　　第三节　微信环境下大学生隐性思想政治教育工作的冲击与应对 ·········229

　　第四节　关于微信环境安全改革措施的探究 ·····················233

参考文献 ···236

第一章　新媒体背景下高校思想政治教育面临的新情境

第一节　新媒体及其影响

一、新媒体的概念与特征

新媒体是一个相对而非绝对的概念，不同的研究者和应用者从不同

角度对其进行界定，新媒体概念的内涵和外延的内容日趋丰富，对新媒体概念和特征的界定既要着眼于技术层面，也要注重其社会发展特征和新领域的应用。

（一）新媒体的概念

新媒体的概念是由美国哥伦比亚广播电视网技术研究所所长戈尔德马克率先提出的，随后，美国传播政策总统特别委员会主席罗斯托在向当时的美国总统尼克松提交的报告书中也多次提到"Newmedia"这一概念。"新媒体"一词随后开始在美国流行，不就便成为全世界的热门话题。新媒体是新技术支撑体系下出现的媒体形态，例如电子杂志、手机报、移动电视、网络新闻、网络社区、触摸媒体等，相对于报刊、户外、广播、电视四大传统意义上的媒体，新媒体被形象地称为"第五媒体"。

狭义的新媒体概念解读主要从新媒体所依赖的技术和所具备的传播形态来划分，即"数字化技术"和"交互性的媒体形态"。传统媒体是借助数字媒体技术改造演化出的新形态，比如互联网技术对传统电视媒体的技术改造，改变电视媒体的传播平台和传播效能；又如报刊媒体借助互联网实现从纸质终端向电子终端的过渡，数字电视和电子报刊均可被视为新媒体。而由数字技术推动出现的媒体形态，例如互联网媒体和手机媒体的优势则在于其信息传播的"交互性特征"改变了传统传播方式下受众接受信息的被动模式，这种对新媒体的界定往往简单地局限于大众传播领域，而忽视了新媒体具备的人际传播和组织传播中的交互式传播特征。所以，在狭义的概念界定中，新媒体主要指基于计算机信息网络技术、具备即时互动传播特征的大众媒体。

广义的新媒体概念解读应从更加开放的、宏观的和传播未来趋势的视角来解读。

在对"新媒体"作为媒介本身进行解读的过程中，往往是指信息的载体，例如电话、电脑和互联网等，在媒介形态的转变过程中，传播者和受众的角色发生了变化，信息的传播和加工变的日趋多元和复杂，信息的"话语主导权"被分解到个体，这种传播地位的改变打破了传统社会中由于社会分层造成的传播主导权的差异，使得不同社会阶层的人都可以通过新媒体在公共空间中行使话语权，并产生舆论影响和社会影响，甚至推动社会运动和社会变革，虽然传播形态的改变是技术效应的副产品，但传播形态的改变将对社会学等学科有更深远的影响和意义。

基于信息网络技术的手机媒介、搜索引擎、微信等新媒体通讯方式构成了现实的新媒体产业，具有广泛的社会影响和经济价值，在界定新媒体概念时，除了从传统的传播学、计算机科学视角出发界定其传播特征和技术效应外，也要考虑到在新的传播生态环境下对个体意识形态、价值认知产生的新影响。

关于新媒体的界定，研究者们从不同角度进行诠释，这一概念的内涵和外延还处在不断发展中。综合而言，我们认同的观点是：新媒体是建立在数字技术、网络技术、移动通信技术基础上，以数字设备为终端，通过计算机网络和无线通信网络进行传播的新兴媒体形态，具有超媒体性、交互性、虚拟性、消解性、个体性等特征，其舆论聚集效应、意识形态传播形式对社会变革产生直接影响。

（二）新媒体的特征

新媒体的特征可以概括为超媒体性、交互性、虚拟性、消解性、个体性。相比较传统的广播、电视、报纸等媒体载体而言，新媒体的出现使大众传播产生质的改变，其信息传播不再局限于单一的传播载体。

1.超媒体性

随着新媒体的发展，文本、图像、视频等传统媒介传播手段被越来越多地整合到一起，并通过新媒体媒介实现组织和管理，随着传统媒体（电视、广播、报纸、音像、出版等）的数字化，多种媒介形式的深度融合使资源跨行业配置、媒体信息跨平台共享、传播影响力全方位渗透，集文字、图形图像、视频音频等多种媒介元素一体的超级媒体出现在新媒体领域，例如微信的发展既体现出传播媒介的特点，也体现出整合广告、出版、电视等多种媒体的超媒体发展特征。对新媒体的超媒体特征应从两个方面解读，一是基于计算机科学的新媒体技术整合发展推动了超级媒体的出现，二是超级媒体的推动传播模式的改变，使大众信息传播进入复合传播时代，所谓复合传播就是指由两种以上媒介组成的对公众产生交互影响的重复传播，通俗地说就是跨媒体传播。

2.交互性

交互性也就是互动性，改变了传统媒体"点对点"和"点对面"的单向传播方式，变成"多对多"的交互式传播。交互性在传统大众传播中也存在，如轮流谈话，只不过表现为过程缓慢、效率不高。而新媒体传播的交互性非常强大，由于计算机、智能手机、互联网等数字终端和网络技术的进步，媒体操作、处理、运算的性能得到极大的改进和提升，使得交互响应的时间越来越短，信息量越来越大，如QQ聊天、BBS留言、"网友点评"等都可以发表言论。新媒体的互动性是网络信息发布低门槛和信息传播灵活多样带来的结果。在互动的环境中，信息不再是依赖某一方发出，而是在双方的交流过程中形成的，信息参与者的身份增强了，而信息控制者的身份弱化了，受众的主导性和自主性得到了空前增强，新媒体交流的人际互动方式也活跃起来，这也正是新媒体最大的吸引力所在。交互性赋予舆论传播极大的灵活性，在新媒体环境下大学生公民意识的培养过程中是建构主客体关系的重要环节。

3.虚拟性

基于新媒体技术的人际交流，建立在计算机的数字化技术之上，个体通过计算机的软硬件设备实现信息的输入，计算机对传播者的文字、图像信息进行数字编码和解读，使得人际传播不用面对面，也可以构建和虚拟出人际关系和组织结构。人们可以通过网络上的虚拟超市购物，通过虚拟社区交友，人的生存实现数字化和虚拟化。新媒体构建的社交、文化场域逐渐成为社会思潮和意识形态冲突的主阵地，传播者通过文字、图形等符号在新媒体虚拟环境下表达自己的价值判断和观点，掌握新媒体传播规律，了解新媒体的使用者和传播者的传播心理机制，是新媒体虚拟时空中保障马克思主义意识形态话语权的必要条件，营造积极健康而又合理有序的虚拟话语空间，是巩固新媒体境遇下马克思主义意识形态的领导权、管理权和话语权的重要途径。

4.消解性

"相对于传统媒体，新媒体消解了传统媒体（电视、广播、报纸、通信）之间的边界，消解国家与国家之间、社群之间、产业之间的边界，消解信息发送者与接受者之间的边界"。中国成为国际互联网的成员后，虚拟世界里的大学生可以自由地获取信息和知识、创造和传播信息。新媒体大大缩短了信息交互传播的速度，消减了时间和空间疆界的束缚，这对于自我意识强及热衷创新的大学生来说，新媒体无疑成了他们汲取信息和知识最理想的途径和渠道。

新媒体的消解特征主要体现在对社会文化的消解和重构，新媒体的出现带来媒介生态结构的改变，进而会引起人类社会生活和社会结构的变化，新媒体逐渐形成的特点中，蕴含出了鲜明的后现代性，同时这种后现代性对文化起到一定消解作用。微博、微信的"微传播"方式使文本被拆解、嫁接，完整的文本意义可以被反复加工和重新解读，这使得新媒体文本传递的本意被谣言消解，媒体如未能客观再现事实本身，将不仅造成事实本身和再现事件的裂变，而且会加重其负面影响。新媒体在给青少年道德发展带来巨大机遇的同时，也给思想道德教育带来了全新的挑战，成为当前青少年德育中一个不可回避的现实问题，青少年的意识形态建构和道德成长在新媒体的冲击下面临消解和重构的新情境。在新媒体时代，一对多的传播方式被多对多的传播方式取代，每个人都可以自由的扮演传播者和信息加工者的角色，对信息的加工和取舍被赋予个人色彩和个人偏好，受众甄别信息的能力日趋淡化，社会文化被消解重构的同时，个性化的需求却发展起来。

5.个体性

个体性指的是新媒体可以做到个性化信息交流与服务。传播的核心是共享和交流，人们在新媒体环境下可以实现相对自由、便捷、有价值和有意义的交流。在新媒体环境下，传统的、倾向于无差异的普遍的广大受众，开始分割为兴趣相投的不同分众，促进了社会的多元化发展。在新媒体传播中，受众可以利用各种检索工具在各类数据库中搜搜；可以自由地选择信息接收的时间、地点以及媒介的表现形式；信息发出者也可以采用"信息推送技术"的方式推送一些专门化的服务。博客、播客、微信的出现是个性化的一种体现，想写就写，想说就说，还会接收到个人的消费偏好信息等等，新媒体改变了受众收听收看广播电视必须同步进行的不足，而是根据个体的时间和兴趣进行安排。未来，个人的角色将会变得更为重要。

二、新媒体的影响

新媒体的出现，极大地改变了人们的生存方式，推动了新媒体产业的发展，同时渗透到人们的日常生活中，对我们的社会生活、价值观念的影响都产生着深远的影响。

（一）新媒体对个体生存的影响

《数字化生存》一书的作者尼葛洛庞帝为美国麻省理工学院教授及媒体实验室的创办人，同时也是《连线》杂志的专栏作家。西方媒体推崇他为电脑和传播科技领域最具影响力的大师之一。

在其著作中，尼葛洛庞帝描绘了数字科技为我们的生活、工作、教育和娱乐带来的各种冲击和其中值得深思的问题，"信息的DNA"正在迅速取代原子而成为人类生活中的基本交换物。尼葛洛庞帝向我们展示出这一变化的巨大影响。电视机与计算机的差别不只是屏幕大小不同而已；从前所说的"大众"传媒正演变成个人化的双向交流；信息不再被"推给"消费者。相反，人们或他们的数字勤务员将把他们所需要的信息"拿过来"并参与到创造它们的活动中。这些发展将变革我们的生活方式。关于数字化生存的探讨，对20世纪信息时代的启蒙、发展产生了深远的影响，通过信息技术的基本概念、趋势和应用、巨大的价值和数字时代的宏伟蓝图，阐明了信息技术、互联网对时代和人们生活的影响和价值。尼葛洛庞帝成了信息技术投资和趋势分析领域的教父，他的知名度和因此带来的无形价值不可估量。"数字化生存"这一概念和个体的生存状态引起研究者们的思考，信息时代改变了人的生存状态了吗？如何改变？又如何使之成为可能？"数字化生存"是主动的还是被动的？带着这样的疑问，追溯人类历史上媒介环境每一次改变对人类生存状态的影响，这些都被纳入研究者的视野中来。

美国传播学者托尼·施瓦茨将电视比喻为"第二个上帝"。在传统的农业社会里，人们依靠语言、对话进行信息传播，但是随着工业社会和信息社会的到来，我们的社交环境和对世界的认知改变了，大型的传播手段应运而生。大众传媒把不在场的东西呈现给受众，打破了交流"在场的有限性"。人们可以借助媒介来了解信息和理解意义，面对面的直接经验被媒介化的间接经验取代了。如果说 19 世纪 30 年代现代传媒刚刚兴起时，大众传媒仅仅是观察和记录某一社会现象和社会事件，受众通过报纸和电视获取信息，那么在今天新传媒高速发展的情况下，我们已经无法将大众传媒从人们的生活中剥离。"大众媒介在我们同世界本身之间竖起了一道不见实物只见虚影的隔离帷幕，即媒介环境。""议程设置"理论的追随者们认为，传播媒介是对环境形成作业的机构。"由于大众传播媒介那复杂多样地对客观世界的表述，它的所有表述本身就足以构成我们生存的新的环境，即非个人客观环境的、经过加工转述创造出来的媒介环境。"在今天的新媒体环境下，这种所谓的媒介环境也往往被人们理解为数字化环境。

构成数字化环境的主体是媒介事件和媒介人物、媒介受众，古希腊哲学家柏拉图在《国家篇》中提出的著名的"洞穴理论"，就是对媒介环境对人生存环境和意识观念产生影响的贴切说明，尽管柏拉图所关注的领域并不在于媒介，但涉及了情景影响。他将缺乏哲学思考的人比作是关在洞穴里的囚犯，由于他们被锁定在一个方向上，只能将目光投向洞穴深处的一堵矮墙，而矮墙上有他们背后火光的各种投影，所以这些囚犯们把矮墙上的投影当成是现实社会的实在，而对于造成这些影子的东西却毫无观念。在新媒体环境下，虽然传播环境和条件改变了，但是依然无法改变受众扮演"囚犯"角色的位置，囚犯们背后燃烧的火把就是大众媒介，受众通过媒介的反应，看到的只是世界的表象。在"洞穴理论"中，我们可以观察到众多社会科学的基本理念，人的自我意识、信息传播的渠道、人与环境的关系。

值得我们反思的是，高速发展的数字化环境，无法改变人所处的位置，只不过是在"囚犯"的周边插上更多的火把，让个体在新媒介环境下为之癫狂。信息时代的到来，让人对个体和环境的关系有了新的思考。在数字环境下，人们只能通过"媒介"的简介经验去认识世界，人的行为不再仅仅是对客观环境及其变化的反应，一个登录微博的网民，可能会对一件"不在场"的事件，根据自己的主观判断发表言论，而言论本身无法保证其客观性。在这种复杂的信息环境下，人的行为和思维被媒介所左右，漠视思维和行动的自由，人的精神自由被置于信息时代的牢笼之中。

（二）新媒体对社会舆论的影响

随着新媒体的高速发展，新媒体的传播影响力通过舆情事件，对政治、经济、意识形态和价值观等社会舆论领域产生着影响。新媒体环境下，公共事件舆情传播的途径和影响趋于复杂，传统媒体和新媒体（网络媒体、手机报、微博）相互作用，使新媒体舆情事件的影响力不仅仅局限于个别领域，甚至会波及整个行业和地方政府，新媒体环境下的复杂传播也伴随着一些规律和问题。

1.新媒体环境下的舆情规律

（1）舆情易被观测

新媒体舆情事件的信息源依然来自传统媒体，根据政府出台的《互联网站从事登载新闻业务管理暂行规定》，以及《互联网新闻信息管理规定》，只有传统媒体创办的网站，经过审批才有新闻首发权，其他网站只能转载传统媒体或新闻网站新闻。相关舆情事件中，首发报道依然是纸媒。但新媒体舆情事件的发生、发展等不同阶段，都会体现出一定的规律性。从社会燃烧理论的角度看，传统媒体为某次舆情事件的发生提供了"燃烧材料"，在实际报道中，记者出于对"新闻效果"的报道需要，对文本进行了加工，剔除了不具备炒作潜力的内容，用文本技巧引导读者阅读。网站等新媒体传播平台在进行转载过程中，使用了"洗稿"等文本技巧，突出标题和内容的"眼球效应"。在舆情发展过程中，大量不具备新闻报道规范的文本被反复加工，成为舆情传播的"助燃剂"。

（2）联动性加强

在新媒体舆情事件的发生过程中，新旧媒体间的传播过程更趋于复杂化，例如传统纸媒提供素材，门户网站推高关注，地方媒体深入挖掘选题，后续媒体紧跟热点挖掘相似选题。在此过程中，体现出较强的跨地域联动特征，一次舆情事件会涉及几个主要策源地。新媒体的出现开辟了媒体传播的新方法和途径，使新媒体传播环境更趋复杂。

网络的交互性体现在多方面，比如QQ的"漂流瓶"、论坛的"留言板"，网民可以实时地通过在线投票和留言表达自己的观点，这种交流模式加强了网络传播的互动性，但同时也暴露出其信息碎片化、表达情绪化等负面影响。

（3）新媒体打破了以往社会分层的对话机制和模式

根据社会学里的分层理论，财富、权利和声望将人群划分为不同层级，社会分层是在等级体系中对不同群体进行排列分类的方法，等级体系显示了他们相对的特权。微博、微信、网络论坛等新媒体平台使不同阶层、不同社会地位的人群之间产生了更广泛的对话，彼此做出反馈。并且，媒体和新技术拥有"创造社群"的作用，它们可以让那些利益相同的人联合起来，从而帮助人们建立一个全新的社会关系。例如在舆情事件中媒体、读者、企业和政府部门分别扮演了不同的传播角色，媒体、读者往往推动舆情事件的影响和发展，最终迫使企业、地方政府及相关部门做出反应。

2.新媒体环境下面对的舆情问题

新媒体舆论呈现出迥异于传统舆论的一些特征：舆论主体的匿名特征和参与渠道的广泛性、舆论焦点的自发性和舆情发展的不确定性、价值观多元特征和批判性、非理性和极端化，诸如此类的舆情特征，都依赖于新媒体的传播特征而形成。在这种情况下，互联网成为社会舆论的集散地，逐步成为公民参政议政、表达诉求的重要平台，为民众表达意愿和利益诉求、甚至参与决策制定提供了快捷的渠道，为公民更好地行使知情权、参与权、表达权与监督权提供了条件。但是，值得注意的是，舆情的可引导性和民众的非理性，往往成为恶意传播者们利用的工具和手段，通过系统的引导手法和公关技巧，有经验的传播者可以通过各种引导手法，对民众做出正面或者负面的引导效果。

互联网能缓解社会的不满情绪，人们通过匿名上网和非理性言论来缓解个人的心理压力，并将网上的非理性言论比喻为"垃圾筐"，在社会热点事件中，人们利用手机，或者网络媒体获取自己所需的信息，缓解恐慌情绪，或者利用新媒体交互性与开放性，表达自己的不满与愤怒，从而满足心理上的需求。在评价新媒体舆论作用的时候，网民这种不负责任的网络行为，往往被归功于新媒体具备"社会解压"作用，能舒缓所谓的"社会转型期的结构性压力"。这一类观点未能充分定义"什么是社会转型期结构性压力"，将不规范的网络管理制度和网民的非理性行为归结为社会问题，而忽略了网民作为公民应遵循的公民道德和新媒体的负面影响等问题，此类论述是不全面的。

第二节　新媒体环境下高校思想政治教育面临的新情境

深刻认识新媒体环境下思想政治教育的特点、功能以及未来发展的趋势和挑战，既是时代的迫切需求，也是理论上不断完善的客观要求。新媒体环境下的高校思想政治教育有两种内涵：一是新媒体环境下的思想政治教育，二是基于新媒体的思想政治教育。第一种内涵关注的是在新媒体环境下思想政治教育的广义的理解，思考的是这种外部传播环境改变的情况下传统的思想政治教育从理念到内容、手段与组织方式如何应对和发展、如何创新，是一种思想政治教育全面的体系建构和问题分析；而第二种内涵式对新媒体环境下思想政治教育的狭义理解，关注的是怎样把新媒体作为思想政治教育的新阵地、新工具用以加强和改进思想政治教育，是对思想政治教育在新情境下与时俱进的局部思考。

一、新媒体环境下的高校思想政治教育

从新媒体思想政治教育的实践上来看，以上两种理解所涉及的问题交织在一起，理论构建和实际应用在现实教学中不断改进和修正；从新媒体思想政治教育的研究来看，处于不同层次的两种理解定位的研究和实践不可或缺。从不同视角对新媒体环境下思想政治教育的概念进行探讨和了解，结合传播学、社会学、心理学等诸多学科的视角，我们可以看出，新媒体的发展，极大地改变了以价值观教育为目标的思想政治教育的方式，这种探讨不仅仅是从广义的概念上改变，在狭义上的应用也引发出更多不同的问题。明晰概念，即是新媒体思想政治教育研究理性思维的起点，也是加强新媒体思想政治教育建设实践的需要。新媒体的不断发展对思想政治教育产生着深刻的影响。

二、新媒体环境下高校思想政治教育的特点

大学阶段是大学生社会化进程的重要时期，在这个阶段学生的人生观、价值观都开始逐步形成，新媒体影响力对大学等高等教育机构的渗透，不但是对大学生思想政治理论课教学的挑战，也使大学生意识形态安全成为当前高校教学亟须面对的问题。在思政教学中应用新媒体，提高学生的媒介素养，利用新媒体开辟高校思想政治教育的新领域、新战场是当前的重要课题。

新媒体的概念是相对于传统媒体而言的，与报刊、广播、电视等传统媒体不同，新媒体的标志性术语是"数字化"，加拿大广播电视和电信委员会对"新媒体"进行了定义，即带有数字化和互动性的媒体。那么在我国大学生思想政治教育和意识形态安全领域中，新媒体又表现出哪些传播特性呢？

（一）大学生思想政治教育领域中的新媒体传播特性

1.时效性和交互性

与传统媒体相比，新媒体的即时传播速度快，交互式网络传播途径便捷，包括搜索引擎、网络视频、论坛、社交平台、网络即时通信工具和手机等都成为大学生获取信息的新媒介，学生面对大量信息做出反馈，学生对信息的主导性、自主性得到了增强，弱化了传统教学中以教师为主导的信息传播方式，对大学生思想政治教师的课堂教学形成了极大的挑战。随着米聊、微信等更多融合手机和互联网的媒介载体出现，新媒体开放式的传播空间和交互性特征使学生更容易以参与者的身份接受信息的引导，而各种良莠不齐、真假混杂的网络信息对刚刚步入高校，分辨能力不强、缺乏分析认识能力的大学生来说，往往对其人生观和价值观的形成产生误导作用。

新媒体思想政治教育过程的交互性打破了教育者和受教育者的固定地位，变被

动式教育为互动式教育。教育者要尊重受教育者的主体性，在更加平等的环境中共同面对问题；受教育者的主体意识也被极大地调动起来，可以在新媒体的平台上平等地发表自己的意见，与教育者和其他受教育者互相探讨。新媒体思想政治教育环境下，教育者必须平等地与受教育者探讨问题，通过启发和商讨，引导受教育者接受并形成正确的思想观念。这都对教育者驾驭新媒体，领悟隐性引导教育方式提出了极大的挑战。

2.开放性和数字化

新媒体包括有丰富的文字、图片、声音图像等多媒体信息资源，也拥有各种信息传播功能，是一个完全开放的世界。在新媒体的冲击下，高校的"围墙"概念逐步消失，学生通过新媒体介质获得比以往更丰富的信息，扩大了视野，了解社会动态和科技状况，加深和扩展对所学知识的理解，这有利于解决现代社会政治经济、文化高速发展和新媒体思想政治教育方法方式严重滞后的问题。而且，党、国家的方针、政策和要求等信息的传播已经不像过去那样需要经过一段时间逐级传达，而是随着新媒体传播方式的改变，直接渗透到更广泛的受众群体中。新媒体环境的开放性，要求思想政治教育主体和客体都要面临把课堂向课堂外延伸的挑战。

这种课外延伸的基础基于媒介的数字化，新媒体的数字化特征拓展了新媒体思想政治教育信息的存储空间，在未来的教学工作中改变着教学方式，使图文并茂、声像交融等多种元素融入教学工作中来，在面对数字化信息的广泛冲击中，信息时代高校思想政治教育面临的问题更严峻。

3.整合性和隐蔽性

《中国新媒体发展报告（2011）》对210起重大网络舆情事件的媒体传播途径进行考察，结果发现，网络舆论事件的形成大多是多种媒体互为传播的结果。其中从网络媒体到传统媒体或手机媒体的占29%，从传统媒体到网络媒体或手机媒体的占43%，各种媒体同时关注占20%。传统媒体利用善于发掘选题，寻找新闻热点的优势，借助新媒体的传播平台，通过对新闻稿件的偷换主语、模糊概念、移花接木等带有隐蔽性特点的文本编辑手法，炒作和煽动舆论关注。"最初，某媒体发掘信息源；然后，各媒体分头传播；之后，多媒体共鸣；最后，舆论事件形成，并向社会各方面扩散影响。"通过类似于"洗稿""选择性报道"等职业新闻手法的操作，职业媒体人参与的新媒体和传统媒体在信息传播上相互整合协作，使在校人学生难以有效防止带有非理性、煽动性的信息在意识形态安全领域的渗透。

4.社会化和政治化

随着新媒体形态的日益多样性和社会化，新媒体成为我国推动经济、政治发展的重要引擎。呈现全球化、网络化和社会化发展态势的新媒体空前拓展了意识形态存在的时间和空间，使不同意识形态的冲突和交锋更加复杂、激烈和多样化。美国之音虽然"停播"，但却加大了在新媒体领域的资金投放，包括建设网站、邀请"持不同政见者"开设博客，建立了20个手机多媒体网站，专门针对中国和伊朗创建了支持移动装置接收的音视频网络内容系统。

与传统的广播相比，当代我国大学生广泛接触的互联网、手机等新媒体更利于美国之音进行意识形态的宣传和渗透。奥巴马政府公布的《网络空间国际战略》中明确指出的，"（美国）鼓励全世界人民通过数字媒体组织社会和政治运动"。"美国之音"在宣传西方价值观，抵制马克思主义等"和平演变"的战略目标方针下对我国新媒体的影响，值得高校思想政治理论课教师警惕。重视宣传效果，讲求实用主义的传播效益，是美国利用新媒体进行意识形态渗透的原则，虽然冷战已经结束，但东欧剧变的教训让我们认识到，在国家意识形态构建过程中，对于大众媒体这"看不见硝烟的战场"的争夺更残酷、更激烈。

5.本土化和商业化

新媒体向政治领域深层渗透，使我国大众媒体和意识形态的关系越来越密切，呈现出本土化色彩。种族逆向主义、造谣传谣，意图利用新媒体推动激进的社会变革等问题在我国互联网上层出不穷，意见领袖韩寒的"感谢国家"一语被网民广泛引用，成为网络反讽的经典词句；而动车事故后，网上出现的《用网络倒逼改革》一文，更从侧面反映了大众媒体在社会运动中扮演煽动者的角色；而网上流传的一段带有强烈意识形态色彩和隐性文本信息的微博内容被大量转载："少壮不努力，一生在内地；年少不拼搏，老死在中国；英语学不牢，世代在天朝；学习不刻苦，永远在大陆。在大陆，喝三鹿，七十年后没房住，世世代代穷忙碌。"这段混杂着地域歧视、反讽、西方价值观、非理性文本信息和浓厚本土色彩的段子，可以说是新媒体传播时代最典型的文本信息之一。

（二）新媒体环境下对大学生意识形态安全带来的问题

新媒体环境下大学生意识形态安全正面临着新挑战。大学生是新媒体应用最广泛的人群，调查显示，大学生是网民中最活跃的群体之一，大学生的上网时间远远超过高校思想政治理论课的课时时间，新媒体成为他们获取课外信息的重要途径，而新媒体信息的引导性、不可控和混杂都对大学生价值观产生着潜移默化的影响。

1.商业化的不良信息泛滥

与高校思想政治理论课教学内容倡导的道德教育标准不同，新媒体以追逐商业利益为核心，决定了其传播内容必然以追求新闻效应、制造新闻噱头、炒作热点信息为主，"艳照门""官二代""食品安全"等核心词是新媒体选题的焦点内容。传媒行业的低俗风气通过新媒体被扩大影响到整个社会乃至大学校园。可以说，媒体选题的内容和高校思政课的教学宗旨背道而驰，大学不再是封闭式的象牙塔，大学生们面临着各类泛滥的、未经筛选的不良信息的"狂轰滥炸"。

2.监督管理难度大

互联网、手机等通信工具的自由性和随意性，为低俗内容和不良信息隐藏自己提供了极大的便利，带有情绪化、非理性和引导性的信息常常被冠以"正义、良知、理性、爱心"进行伪装，爱国主义甚至被媒体曲解为"爱国家不等于爱朝廷"，通过模糊概念、曲解含义，新媒体的信息传播对高校思想政治教育中倡导的爱国主义、社会主义核心价值观教育和大学生意识形态安全都提出了极大的挑战。

3.文化多元化的冲击

新媒体传播的日益多样性，让中国社会的"文化生态"呈现多元化特征，各种社会思潮反射到社会亚文化和主流文化中来，为各种错误思潮的泛滥提供了市场和温床，对大学生的价值观产生了深远的影响。不同学科背景、不同价值观念的老师对意识形态的把握和理解不同，在大学教学中注重专业理论教学，忽视、淡化了意识形态教育的重要性，使高校思想政治理论课的教学效果大打折扣。

4.虚拟性引发的道德弱化

新媒体的传播方式带有很强的虚拟特征，情绪化、煽动性的信息容易动摇和引导学生的价值观念，淡化学生的道德自我约束能力，对民族意识、政治意识和党情国情等一些基本问题认识不深、缺乏理想和责任的学生很容易成为传播不良信息的主体，对高校思政理论课倡导的大学生追求理想、坚定崇高信念和社会公德教育都造成了阻力。

新媒体的传播和应用，改变了大学课堂教学中以教师为主体的教学模式，新媒体强化了学生作为主体参与到自我认知、自我分析过程中的能力，使师生之间的互动性和双向交流更趋向于复杂。迫于这种变化，高校思想政治理论课教师的教学模式更多的可能要考虑从课堂走向课外，从传统的课堂教学转而尝试利用新媒体的传播技术，增加实践教学和课外教学的比重，全方位的设计大学生在整个大学阶段思想政治教育和意识形态安全的培养计划。

新媒体向大学校园的渗透，使单向度的传统教学模式发生了变化，教育工作者的部分传播职能和角色被来自社会的新媒体所替代，削弱了思想政治理论课教师在课堂上的威权角色，同时来自新媒体的大量信息也削弱了教师在课堂教学的影响力。这种信息时代的变化也使高校思想政治理论课教师开始反思教育模式、教师角色的重新定位，利用新媒体加强从教育者角色向传播者、影响者角色的逐步改变，更新观念、拓宽路径，寻找适合新媒体环境下意识形态教育的新途径，重新确立思政教师的教学角色是当前的主要问题。

第二章 新媒体对高校思想政治教育的影响

第一节 新媒体给大学生生存方式带来的新变化

随着技术的演进，媒体作为介质和工具的实现形式日益进步，今天的新媒体依靠数字技术的支撑，其外化表现是数字化技术在人们日常工作、学习、生活等领域的具体使用与延伸。在当代信息技术日新月异的背景下，新媒体无疑有着更为广阔的使用空间，其影响也必将会日渐增强。虽然传统媒体的影响依然存在，但是不得不承认的现实是：以传统媒体为主导的媒体形态已经悄然让位于新媒体形态，新媒体已用其非凡的影响力营造出了一个前所未见的信息传输环境——新媒体环境。

一、新媒体之"新"

与传统媒体而言，新媒体究竟新在何处？事实上，新媒体与传统媒体一样，本质上都是介质，也都是供人们使用的工具。但是，由于新媒体的数字技术与传统媒体的技术不同，因此在现实中，新媒体与传统媒体的区别之一在于其带给人的主观感受不同。换言之，新媒体的"新"一定程度上体现为人们在新媒体环境中所获得的自我"新感觉"，这有别于传统媒体环境下的新感觉主要体现为神奇的力量感、卓越的速度感、无边际的空间感以及无奈的荒漠感，而这些新感觉交织在一起所产生的难以言说的诱惑力往往令人难以抗拒。因此，新媒体的"新"更多的是人的多种主观感受错综融合而成的复杂的心理反应。

（一）神奇的力量感

新媒体依托于先进的数字技术，正是多种数字技术的综合运用成就了新媒体多种多样的表现形式。新媒体与传统媒体而言，能带给人以神奇的力量感。置身于新媒体环境中的人仿佛被赋予了力量，这种力量来自新媒体技术的支持。数字化影音的呈现，使人有能力去实现在传统媒体中实现不了的目标，感受在传统媒体环境下不可能呈现的新奇感。比如在数字化影院中，人们可以身临其境地去感知影片中故事的场景，虽不能真正亲历现场，但是新媒体技术却让人感觉已经做到了"在场"，体验"感同身受"，这种直观的感受新鲜奇妙。与传统媒体的传达方式不同的是，人们不再需要费时费力地根据影片的情节信息而在脑海中自己去绘制、还原某些场景，而是直接就能看到、听到、感知到。可以说，这种便捷的形式更加吻合了人的主观感受需要，是非常契合人的心理活动的同期"真实在线"，在一定程度上实现了人与影片故事的同期互动，极具渲染力，在这个层次上，传统媒体显得相对滞后。新媒体的新奇感实现了非凡的代入感，带给人的冲击力绝非传统媒体所能比拟，产生的效果自然刺激诱人。

新媒体的另一形态——网络带给人的力量与能力更是难以想象。人们足不出户可知天下事的感觉实在美妙，在指尖轻击键盘的韵律中，人仿佛被赋予了神奇的力量，点开一片天地，接下来又是一片风景，多姿多彩，绚烂无比。于是，在鼠标的不断滑动中，人的自信油然而生；在新媒体环境下的微博时代，网络上的发言更是凸显了人的强悍，每个发言人实际上都已经成为一个广播电台或电视频道，在这一点上，拥有庞大粉丝群和访问量的微博更是有着非凡的影响力。当自己对于某件事情的一个观点甚至一句话，会引发诸多评论以及无数转发的时候，人们很容易会产生自己非常被重视的良好感觉，而这种感觉在现实生活中往往是没有办法实现的，但在新媒体环境下的网络中，人们却可以在现场直播与互动中凸显自己话语的影响力。在此种情境中，人们就像实现了自己的某种价值一样，体验到前所未有的存在感所带来的新奇感受，这种感受绝大多数人都是喜欢并且"享受"的。因此，在新媒体环境下常常会出现在一种现象：在现实生活中比较沉默寡言的某人或许就是网上比较知名的博主，受到众多人的关注，而这种巨大反差的形成，不仅给某人自身带来显著的成就感，也从另一个层面折射出新媒体的神奇效应。

新媒体赋予人力量的这种功效实质上就是一种辐射效应。借助于这种辐射效应，身在其中的受众的自我感觉发生了某些明显的变化，在主观意识中的"支配"倾向增多，并且希望得到外界的认同，自我价值的实现欲望也愈加强烈。现实生活中可望而不可即的某些感受在新媒体环境下却能够实现和获得。新媒体让人由"力量"而产生的诸多感性认识和心理变化都是传统媒体所无法企及的，也正是因为新媒体这种"神奇"，对人产生了非常强的吸引力。在新媒体环境中，人不仅感觉到自身的"强大"，同时也感受到别人的"强大"，使人对在彼此"强大"中不断博弈的经历充满了新奇。新媒体的这种"新"，无疑会在很大程度上让诸多年轻人趋之若鹜。

（二）卓越的速度感

速度感是新媒体一个非常显著的"新"的特征。新媒体绝佳而卓越的速度感是其有别于传统媒体的一个特点。以网络为例，每天，无论何时何地，只要打开网络，人们都会面对无数的新信息，堪称"海量"信息，而除却最传统的文字表述，新媒体技术所衍生的声光化电打造的令人倾倒的表现形式更是让人应接不暇。新媒体前所未有的更新速度——时刻都在更新令人惊异，而正是这种速度感契合了人类本身

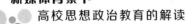

的好奇心，刚刚知道的新闻很快被新一轮的"新闻"所覆盖而成为旧闻，而从心理层面讲，人们总是希望知晓最新的信息，网络正是凭借"快"的速度优势吸引着人们的注意力，使人们之于"网络"欲罢而不能，而这一点是传统媒体做不到的，这是属于新媒体的"新"属性。

新媒体传播速度快，在很大程度上是因为其在传播形式上呈现出非线性传播的特征。线性传播体现为互不相干的独立关系，而非线性传播则更侧重多种传播形式之间的交叉渗透，其所产生的效应自然更为持久有力。新媒体的使用极大地催生了传播渠道的多样化。例如，某些信息的传播可以通过诸如数字电视、数字报纸、网络等多种传播载体去传播。而仅就网络传播而言，对于同一则信息，人们也可以在不同的网络网页界面上获知，例如通过网络电子邮件、QQ 聊天工具、网上论坛、博客、播客等都可以获取信息；而在或取这些信息的同时，人们还可以实时发表有针对性的相关评论，看到评论的受众的反馈又可以引发并形成新一轮的反馈过程，以此类推，不断扩大，成为一种几何式的传播增长态势。在这个过程中，新媒体呈现出的传播形式并非单一的、刻板的，而是多元的、灵活的，这种传播形式上的多元化于传统媒体而言，是一种颇为明显的优势。传统媒体的主要载体为报纸杂志、广播和电视，要想了解每日新闻的内容，人们只有通过阅读报纸杂志、听广播、看电视这三种主要的路径才能获得，这就产生了传统媒体时代人们对这三种主要媒体的依赖性——人的选择非此即彼，比较有限，最多是三种交叉使用、互为印证。而在新媒体环境下，人们了解每日新闻的渠道已经远远地超出了这三类传统媒体，这种现状增强了人们对于传播路径选择的兴趣，提升了人们对媒体传播载体选择的自主性，使媒体载体与人的融合也更具适宜性——即在新媒体环境下，人们选择媒体载体的形式更加趋于实现对自身的利好，这也充分显现了新媒体的非凡魅力。出于获知信息的自我需要，人们与新媒体的联系日益紧密，新媒体呈现出的吸引力在一定程度上使人们减少了对传统媒体的依赖性，而将更多的关注度转移到新媒体上来，从而建构了当下"新媒体为主、传统媒体为辅"的媒体环境。

新媒体的这个"新"特点用不可预期的未来吸引着受众，使其置身其中。一方面，"足不出户，便可知天下大事"会让人不自觉地生发出一种占有信息的成就感；另一方面，人们想要知晓最前沿信息、时刻怕落伍的"紧迫感"也会如影随形地相伴而来。正是种种复杂的情绪交织相融，使人们催生出对于新媒体技术以及其所附有的各种展示形式有着强烈而不可自制的好奇心。新媒体带给人的速度感常与"拉风""时尚""新潮"等词汇联系在一起，一定程度上是当代社会快节奏的折射，更映衬了年轻人不甘落伍、不愿服输、追求刺激的青春性格，由此，新媒体受到年轻人尤其是大学生群体的喜爱也是必然的趋势。

（三）无边际的空间感

空间感也是新媒体带给人的有一个"新"体验。新媒体技术先进，形式丰富多样，给人提供了广阔的想象空间，无边无垠，虚幻浩渺。人遨游于其中，既有无始无终之觉，又有无边无际之感。无论距离远近，只需借助新媒体便可随时联络，实现无距离的亲密接触，既可由近及远，又可由远切近，再加之多种虚拟技术的佐助，人们可以任意拼接版块，随意伸缩拉长时空，于是，古今场景实现了适时转换，游走其间就会有"穿越"之感，令人思绪广博。"穿越"的实现使现实中的人似乎具备了奇异非凡的才能，让人体验了"天高任鸟飞，海阔凭鱼跃"的奇幻感觉，新媒体带给人的这些虚幻但新鲜奇妙的感受也是传统媒体所不能比拟的。

新媒体借助于技术手段而实现的浩瀚的空间感极大地拓展了人的思维空间，在一定意义上也构筑了大学生的一方精神乐土。现实生活节奏的加快以及学习、生活中的各种压力，使大学生们很自然地去寻找释放压力与紧张的途径。在此种背景下，新媒体成为他们的选择之一。以新媒体环境下的网络游戏为例，之所以能够受到大学生喜爱，以至于有些人会沉湎于此，一方面是因为新媒体技术给人带来的炫目的新鲜刺激吸引人，另一方面也是更重要的原因是人置身于游戏之中，可以穿越古今，可以有各种人生的设定，随着多重角色的转换去模拟、体验不同的人生。网络游戏也能体现出玩家的创造力——将自己的思想附着在角色上，赋予所扮演的角色以鲜明的个性，实现自己想要的"人生"，这种种体验产生的乐趣，弥补了人在现实生活中的失落与失意，转换为一种压力的缓解与释放的途径，在一定程度上实现了人的心理补偿。

此外，新媒体环境下，人们可以变换身份而以隐身形态出现，这种新体验还体现在网络交流中。诸如在论坛上，针对同一论题，人们可以发表自己的观点，评论时大多只需网名而不需实名的设定，使人可以畅所欲言，由此生发出痛快淋漓之感。可见，人在新媒体环境中的主动性较为充分地得以发挥，人的无限想象力也较为轻松地得以实现，新媒体以其所打造的广阔空间带给人非凡的享受与刺激，使人可以有一种自由之感，遨游在新媒体构筑的虚幻空间里而获得满足；这种满足感又反过来使人更加依赖新媒体技术以及它所营造的新媒体环境。

（四）无奈的荒漠感

荒漠感是新媒体环境给予人的又一个"新"感觉。荒漠与绿洲相对，新媒体是一片绿洲，能给人以甘霖之享受；但是事物亦是相对立而存在、相矛盾而统一的。新媒体环境下，任何人享受资源的能力都是平等的，海量的信息流，使人时刻置身于无数的判断与选择之中。然而在众多的判断与选择面前，往往又是人最难做出选择的即无从选择的时候。因此，面对众多信息，人们有时会觉得仿佛身处碎片化的信息组合中，在一定程度上表现出了无奈与无力，此种情境就如同一个人面对大漠难寻绿洲却始终饱含期待，这就是新媒体带给人的另一个"新"感觉——荒漠感。

在新媒体的基础上，人们借助强大的传播技术，将当今存在的各种媒体尤其是新媒体有效融合、互相搭建，把多种媒体的多元化表现形式进行了整合，从而力图呈现全覆盖的传播效果。这一尝试现已获得突破并广泛深入、渗透于人们的生活中，营造出了传播技术的新时代——"全媒体时代"。"信息传播已经进入全媒体时代。针对受众的个性化信息需求，全媒体传播综合运用多种媒介和终端，选择合适的媒体形式和渠道，以文字、图片、声音、影像等元素全天候、全方位、立体化地互动展示传播内容。"可以说，全媒体时代的技术平台，更延展了人捕捉更多信息的欲求，增强了人在信息获得方面的能力。而各种媒体融汇打造的全媒体技术平台，则充分展现了各自的优长，又发挥了互融汇聚后的整体合力，在一定程度上拓宽了传播的渠道，增加了信息的传播路径，更增加了人们获得各种信息的无限可能性。而基于这种全媒体背景下的人在广阔无边的信息传播场中，更进一步地感到方便快捷，而靠技术手段打造而实现后的全媒体立体化传播效应还给人带来一个确实的感觉，即自身能力的被弱化感，人们有时在感叹技术先进而几乎无所不能的同时会觉得自身的渺小，尽管这些技术源于人类的发明创造。因此，在享受全媒体所有利好的同时，人们同样也只能承受其附属的负效应，即被弱化感的直接感受——荒漠感。

荒漠感与无垠的空间感相互融合，勾画了人在新媒体环境下的生动形象：一方面，人在无限空间里的自由度很大，新媒体技术催生出的文化产业链以及虚拟产品给予人能够随意、率性的种种可能，自我意识的突显是新媒体环境下人之状态的真实体现。展示真实的自我，运用自己掌握的技术手段进行创造，不仅能满足感官刺激的需要，也能让人产生发挥创造力的成就感；另一方面，人在广袤的新媒体环境中却难以找寻到着陆点，往往被一种类似于漂浮之感的迷茫所笼罩，其负面影响就是容易让人滋生出压抑情绪。甚至有人会终日沉湎于新媒体环境营造的虚拟空间里，力图用新的刺激战胜心理上的疲惫，周而复始，由此造成了人对新媒体环境的极度依赖，很容易在新媒体环境所建构的氛围中逐渐失去真实自我，与现实生活日益脱节，给个人的人生旅途带来种种的茫然。这种局面的出现也提出了一个日益重要而紧迫的问题——身处丰富绚烂的新媒体环境中，人的作用究竟该如何体现？人的主观优势又将如何显示？归结至一点就是：在新媒体环境下，人怎样才能"科学"而"理性"地生活？

新媒体借助于技术优势，给人带来神奇的力量感、卓越的速度感、无边际的空间感以及无奈的荒漠感，这些新奇的感受交融叠加，创造了一个不同于以往的新媒体环境。在新媒体环境下，人们的生活状态自然也发生了明显的变化，在新媒体所带来的诸多"新"体验中，人们在各种感受的纠缠中亲历生活的万花筒，而期待每天充满新鲜刺激的主观需要使人们对新媒体愈发欲罢而不能。

二、新媒体环境下大学生群体的生活状态

新媒体之"新"在一定程度上也改变了当今社会的文化环境和氛围，使人身在其中容易受到各种文化元素的熏染。人类在感受新媒体环境带来的难以估量的方便和快捷之后，对新媒体环境的趋从也日益呈现出新媒体环境双刃剑的另一层面——人之异化。毋庸置疑，新媒体环境开阔了人的视野，但也束缚了人的思维，人在某种意义上对新媒体以及衍生品的趋从，使人在面对新媒体时、在难于取舍的纠结中面临着进退两难的尴尬，而人在新媒体环境下的某种程度的无所适从深刻印证了一个结论：新媒体环境必须服务于人，而人必须学会正确地应对新媒体，只有如此，人才会充分适当地将新媒体环境带来的利益最大化。基于此话题的讨论凸显了另外一个重要的论题——人之理性。面对新媒体环境的虚幻性，人的主观优势的发挥更是要求承载人的理性思考。在泥沙俱下的新媒体环境中，人的理性思考尤其可贵的。

（一）网络搜索是大学生解决学习疑问的主要途径

在大学校园中，上网几乎成为多数大学生每天必做的事情。大学生是网民中的主力军，他们对网络的利用率比较高，网龄普遍较长，对各种网络性的技术问题，大多数大学生能够做到应对自如。这一点对于在校大学生尤其如此，而那些刚刚毕业、走出校园的毕业生对网络的利用率也非常高。许多刚参加工作的大学毕业生对于居住环境的要求普遍不高，但是他们对网络硬件环境的要求是非常高的，"居住地一定要能上网"也就成为他们租住房屋非常重要的一个条件。

（二）网络社交在大学生人际交往中普遍受到推崇

新媒体在很大程度上拓展了人们的交流视野，延展了人们交往的空间范围。在交流的沟通状态上呈现出明显的交互性。新媒体的使用可以实现双方和多方的不在同一现场即异场域的同时交流，及时互动、交换意见、表达思想，分享彼此之间的心得体会。新媒体的方便迅捷是传统媒体所无法比拟的一个优越性，其所能实现的交互性有助于人们在同一时间实现与双方甚至多方的信息沟通与互动交流，形成自己定期或不定期的交往群落，甚至可以随自己的意愿减少或增加自己的交往对象。同时，新媒体所呈现的交互性也使资源共享成为现实，而在资源共享的前提下，人们不仅可以通过多种渠道获取更多自己所需要的资源，也可以非常容易地实现资源的互相交换。新媒体是资源的集散地，各种丰富海量的信息资源构成了一个又一个丰富的信息库，而每个人既可以是信息库的使用者，又可以是信息库的补充者和传播者，自觉地起到了信息源的作用，从而在一定程度上实现新媒体背景下的互联。新媒体环境下的这种交流渠道是传统媒体所不能提供的。尤其是人们不用受交流场域的限制，能在不同的地方实现信息的交互，人与人之间的交往场域在新媒体环境下不断扩大。在新媒体环境下，人们可以素未谋面、却可以在网络上成为无话不谈

的知己；虽然远隔万里，人们却能在键盘的轻轻触碰中分享一次次"重逢"的喜悦。新媒体拉近了人与人之间的时空距离，使人们的交流更加自由方便、适时迅捷。人成为一个一个的点，这些点由无形的纽带联结在一起，又呈现多维度、多方向的无限延伸，构建出新媒体环境下特殊、新鲜、灵活的交流场景，呈现出新媒体温馨的一面。

（三）网络购物流行于大学校园

新媒体环境下，网络购物成为大学生日常生活中一现比较重要的内容。大学生愿意接受新鲜事物，网络购物在校园风行也非常符合大学生群体的年龄特点。大学校园中，大学生们对当当、卓越、京东、淘宝等网络商城的名字耳熟能详。多数大学生已经习惯于在网上购买自己所需要的物品，这种并不需要亲自去商场购物、只消点点鼠标就可以实现购物的生活图景在传统媒体占主导的时代是无法想象的，而今天则已然成为大学校园的一道风景线。目前，在大学校园里，送货快递员出现的频次非常高，快递员已经成为与大学生日常打交道比较多的一个群体。网上购物兴起的速度令人目不暇接，尤其是网上鳞次栉比的网络商店对于追求刺激的年轻大学生有极大的吸引力，足不出户、轻击鼠标、坐等送货上门这种新服务形式让新媒体消费文化迅速风靡于大学校园。

（四）网络快餐式阅读日益取代传统阅读方式

新媒体环境给大学生带来了非常明显的变化是影响了他们的阅读习惯。其中一个重要原因是新媒体环境下电子版读物增多，有的读物甚至可以免费阅读，这减少了大学生的成本（主要是买书的金钱成本），也更为方便快捷，在某种程度上的确是一件好事。但是从另一个层面来分析，这里面就有许多现象值得注意。从阅读的时间看，由于大学生上网时间偏长，相对挤占了课余时间，使得他们原本就不多的课外阅读纸质版的时间明显偏少（纸质版的教材除外），关于这一点，最近也有一些调查可以佐证。

应该说，新媒体正在影响着大学生的阅读习惯。现在的大学生更加倾向于快速阅读，所谓的阅读也已经不再是泛着书香的原汁原味的阅读，而大学生的网络阅读由于掺杂了太多的娱乐和消遣的成分而转化为浏览，能够进入大多数大学生浏览目录又排在前列的往往是插入图片的漫画、杂志，这种浏览无须费脑费神，轻松快乐。对于那些经典意义上的文学名著类作品，即使有文字版的电子读物，有些学生也不愿意去做费时费力的原文阅读，而是更愿意看经过影视剧演绎的作品或者百度一下故事的梗概，知道个大概即可，不愿去深入其原作领悟作品所蕴含的丰富思想感情和厚重的文化底蕴。快餐式阅读无疑是省时省力的，然而却是蜻蜓点水式的、肤浅的阅读，折射出阅读者的浮躁的心态，助长了不愿意思考而愿意"吃现成饭"的囫囵吞枣式的阅读习惯。快餐方式的阅读喜好与阅读内容选择的偏消遣娱乐化趋向无疑也是社会节奏加快的一种反映，然而从长远看，对于阅读者知识的增长和视野的开阔甚至对传承中华民族厚重的文化底蕴而言都是极为不利的，也是不应该倡导的。

新媒体环境下大学生的生活状态对大学生个人的影响很大。生活在新媒体环境下的大学生们，享受到新媒体时代太多的便捷，这些便捷渗透在他们日常的学习和生活中，他们的学习与生活也因为有了新媒体的存在而变得日益丰富多彩，充满新奇的色泽。新媒体环境下，大学生每天都要接触大量的信息，多元立体、无限纷繁复杂的信息流，借助于先进的技术及时、广泛、持久、深入地影响着大学生的生活方式、思维方式和思想观念。可以说，在新媒体环境中，大学生生活场景发生了变化，一方面，大学生是现实场景中的"现实人"——现实中的学生身份使他们行进在传统的学生生活中；另一方面，大学生在一定程度上又是生活在虚拟场景中的"虚拟人"，因为在数字化的场景中，他们有时是隐身的，以虚拟的身份与人交流。大学生的这两种生活场景不断地交错，而他们也在"现实人"与"虚拟人"的身份间进行转换。从实际情况看，这种在不同场景中转换的人生对大学生的日常学习和生活也带来了一些负面影响。有的大学生分不清虚拟世界与现实世界，在虚拟世界中扮演的角色往往与现实生活中的自己不能重合到一起，在虚拟世界中是一面，在现实世界中又是另一面，这就造成了大学生以"双面人"的形象出现，而且他们也容易将虚拟世界中的问题带到现实生活中来寻求解决途径。有的大学生整日沉迷虚幻世界，长久以往，这种生活必将对大学生的心理健康产生负面的影响，或多或少地引发出一些心理问题，使其不能正视自己，不能很好地珍惜宝贵的大学时光，不能把握和规划好大学生活也不能妥善地处理好发生在现实生活中的一些问题，从而影响自己的学业和未来的人生。在新媒体环境下大学生接触的信息极其广博，有些负面的信息传播也会影响大学生对人生价值的定位。"还有一些大学生个人主义意识有所增强，爱国主义、集体主义意识有所淡化。这些都给社会主义、共产主义理想信念教育、爱国主义主义教育，世界观、人生观、价值观教育带来不容忽视的挑战和困难。而大学生现有的生活状态必将影响高校思想政治教育的实效性，这个问题是奋战于主渠道与主阵地的高校思想政治教育工作者所必须重视的现实问题。

第二节　新媒体环境下高校思想政治教育的困境

一、新媒体环境对高校校园文化建设的影响

（一）网络社交空间突破了校园文化中以"校园人"为主体的交往群落

在传统媒体环境中，大学生的主体交往群落为本校师生。在这种交往范围看似稍显狭窄的彼此交往中，大学生所交往的"校园人"其实已经在自觉或不自觉地传

承着某所大学的校园精神。随着与周围人的频繁交往，大学生自身会逐渐彰显出某所大学人特有的文化品格，并慢慢地将其内化在自己的思想和行为中，久而久之便潜移默化出自己学校人的独特气质并生发出以身为"某某校人"而自豪的校园情结，自己的大学生活也日渐融进某所大学特有的校园文化氛围中，大学的制度文化的优良传统、大学精神的精髓也就随着时间的推移而在"校园人"之间传承、推展。校园文化在本校"校园人"之间的身心相传中得以存续、发扬。因此，相对于新媒体环境而言，传统媒体条件下大学生生活在特色较为浓郁的校园文化氛围中，交往对象比较集中、单一，在这种状态下，校园精神的传承和校园文化的建设更加凸显出身心相传的效应。

新媒体环境下，网络社交空间成为校园文化中非常活跃的文化元素。校园论坛、人人网、微信、微博、博客等众多的交流渠道形成了众多网络社交空间。目前，网络空间已是大学生们表达思想、交流情感的平台，极大地拉近了人们彼此之间的距离。这种不同于以往传统媒体条件下的社交方式拓展了大学生交际范围，丰富了大学生的交往经历。大学生借助于网络社交空间甚至可以与生活中并不熟识的人成为关系密切的网上交往对象。以往大学生交往的以本校"校园人"为主体的交往群落只是当下大学生丰富交往对象的一个组成部分。随着大学生对网络社交空间的重视程度越来越高，他们对本校师生为主体的交往群落的依赖性也就愈发淡化。而在大学生当前丰富的网络空间交往中，多元文化的交汇与碰撞既为校园文化的传承提供了不同于传统媒体条件下的物理空间，也使校园文化特质的身心传承在大学生网络化交往范围内愈加边缘化，从而淡化了其原有的特殊性与鲜明特色。

（二）新媒体时尚文化的强势冲击力不容忽视

新媒体环境下，追求高科技电子产品、网络式阅读与网上消费、网络流行语成为校园时尚文化的组成部分。这些新的时尚文化丰富了校园文化的内容，也增加了校园文化的表现形式。对于校园文化建设而言无疑是有积极意义的，使校园文化建设具有了与时俱进的时代性。

但是，在新媒体时尚文化的催染下，大学生求新求异的意识也被催发。以新媒体语言文化为例，新媒体语言文化催生了汉语表达中的一些流行的新词，虽以其新鲜、个性的表达丰富了中国传统语言的表述，但刻意追求新奇的、有着调侃与娱乐倾向的语言，破坏了中国传统文化中正常的表达语序与习惯，在一定程度上也让人无所适从。新媒体消费文化也滋生了一种不健康的消费心理——盲目攀比，在大学校园剧中，大学生对新媒体技术衍生的更新速度极快的物化产品如数码产品的求新求奇心理更是突出和常见，这对大学校园文化中长期提倡的勤俭、勤勉的文化传统必然会产生一定的冲击。目前，有为数不少的大学生是抱着某种"玩"的心态上论坛的，不负责任地随意发表观点、在论坛上毫无道德地攻击对方甚至用恶俗的语言谩骂或诋毁别人，追帖子、"盖楼"等诸多现象也在频繁地出现。由于自律性较差，有的大学生沉湎于"水坛"而不能自拔，浪费了大量宝贵的学习时间，这些都使校园网络论坛文化的健康发展不容乐观，也给健康向上的校园文化的健康发展带来一定的负面影响，更是高校思想政治教育面临的难题之一。

（三）新媒体游戏文化对大学生课余文娱时间的消解

新媒体游戏文化是新媒体环境下校园文化重要的组成部分。近年来，新媒体技术的另外一种载体形式——新媒体游戏在大学校园也颇为风靡。不可否认，游戏能给同学们在繁重的课业学习之余带来愉悦和放松的感觉，也能让大学生在游戏中享受各种新鲜的体验。但是，有些内容不健康的游戏占据了某些大学生太多的时间，有的大学生迷醉于自己所扮演的游戏角色，在虚拟世界中打打杀杀，分不清现实生活中的自己，因为玩游戏而逃课、挂科荒废学业的学生也大有人在；现实生活中，有的大学生沉醉于新媒体技术的影视作品中，崇拜所谓的"二次元"世界中的角色，将其视为"本命"偶像，在生活中刻意模仿其言谈举止，对现实生活（他们称之为三次元世界）反而反感以至于逃避，对现实生活中的优秀人物不屑一顾。沉迷游戏的大学生往往对学校、学院组织的校园文化活动缺乏积极性，不愿意参与其中，长此以往，必将造成这些沉迷游戏的大学生与现实生活的严重脱节，从而对大学校园文化建设产生一定的负面影响。

大学生既是校园文化的传承者，也是校园文化的创造者。大学生群体是推动校园文化建设的主要力量，这个群体在新媒体环境下拥有了一些新的生存方式，而据此形成的牵别于传统媒体时代的校园文化形态，也必将会影响校园文化的整体建设。当前，如何恰当地引导、监督，成为大学校园文化建设中必须面对的一个严肃问题。

二、高校思想政治教育的效果问题

（一）教育者相对于受教育者的"权威性"日渐削弱

新媒体带来的信息开放平等使教育者与受教育者双方的地位变得愈来愈平等，甚至在一定程度上，淡化了教育者的主体身份地位。在新媒体环境下，信息资源都是面向全社会开放的，便捷以外的更新速度也是其一个显著的特色。从资源利用的角度而言，高校思想政治教育工作者可以在丰富多彩的信息资源中及时获得与教育教学有用的各种教育资源，并将其整合到自己的工作中为我所用以充实教育内容。由于新媒体环境的开放性，这种信息资源的获得速度快，极大地节省了文献资料查找的时间，在一定程度上也是节省了思想政治教育的时间成本与人力资本；而在课余时间，受教育者——大学生群体同样也可以很容易地获取各种信息资源，查阅各种资料，帮助自己更好地理解学习内容，提升学习效率。而网络社交使"网络的无边界性彻底打破了大学校园的空间概念。大学师生即便身处校内，也可以十分便捷地与外界进行思想的交锋与碰撞。更为重要的是，新媒体条件下，传播层级的消解有利于削弱意见领袖的权威。具体到大学校园，则体现为知识权威、学术权威、行政权威等各方面权威的削弱。与传统媒体时代相比，大学文化的价值选择更为多元。"

因此，从师生的角度去看，新媒体环境的开放性，已经为高校思想政治教育提供了可资利用的良好的平台，而这个平台既对教师开放，又对学生开放，师生双方都可以根据自我需要各取所需，从而实现教育教学资源利用的最大化。然而，在新媒体环境下，教师并不意味着比学生拥有更多的信息享用权，教育工作者的信息量与学生的信息量在客观上是等量的，教育工作者与学生获得信息的渠道与路径基本上也都是平等的。对高校思想政治理论课而言，新媒体环境下这种开放的平台使教学不再仅仅局限于课堂教学，教学延伸在课堂之外的、无形的新媒体环境中；而学生自我获取知识和信息能力的相应提高，使学生自我教育实现的可能性日益增强。因此而言，在新媒体环境下，教育工作者的"权威"身份确实存在被淡化的趋向。

事实上，高校思想政治教育工作者已经认识到新媒体的技术优势给高校思想政治教育的方式带来的变化，也就此达成了比较一致的共识：与以往的传统媒体时代相比，新媒体在很大程度上提升了高校思想政治教育的科技含量，使高校思想政治教育拥有了新的平台与广阔的空间，为高校思想政治教育注入了新的活力，为高校思想政治教育的改革带来了新机遇。今天，在新媒体环境下的高校思想政治教育的教育方式已经发生了某些变化，比如借助于校园网的平台，组织一些有教育意义的活动；高校的思想政治教育的课堂教学，更是引进了新媒体教育的素材，更加注重调动学生的主动性以及师生之间的课后交流等等。基于高校思想政治教育工作者的清醒认识以及为之付出的努力，已使高校思想政治教育者面临的教育者的主体身份地位渐趋淡化的现状有所改进，但依然是当前新媒体环境下高校思想政治教育无法回避的一个非常重要的现实问题。"学校思想政治工作者有目的、有组织地营造思想政治教育氛围的主动性、计划性与广泛而复杂的社会网络信息流交织在一起，思想政治工作者掌握的信息，只是庞大信息流中很小一部分，在时效性方面也没有任何优势甚至处于劣势，这样主体地位在一些地方不能不被削弱甚至被代替，思想政治工作者在大学生思想成长过程中的主导地位受到严重冲击。"

（二）教育教学质量的提升难度加大

高校思想政治教育如何在实践中提升说服力和感染力也是必须面对的问题。在高校思想政治教育的环节中，大学生思想政治理论课是高校思想政治教育实施的主渠道，党和政府历来都非常重视。与新媒体快捷、方便、灵活的表现形式相比，高校思想政治理论课每周有限的课时、相对固定的教学内容以及以教师主讲为呈现手段的方式，在各方面都显得不占优势。新媒体虚拟空间的内容充斥于大学生的学习与生活之中，影响着（有时甚至是消解着）大学生思想政治课教育的所要达到的效果。思想政治理论课教学有陷入瞬时与短期效应的危机，受到来自新媒体环境的严峻挑战。在新媒体环境的影响下，在庞杂的信息流的冲击中，高校思想政治教育如何在实践中提升说服力和感染力，在培养大学生正确的世界观、人生观、价值观方面对大学生成长凸显出自身的优势，是高校思想政治教育工作者必须思考的紧要任务。以教学为例，如何让思想政治理论课真正能够入脑入心，成为大学生真心喜欢、终身受益、毕生难忘的课程，是摆在高校思想政治教育工作者面前一个现实问题。

重视对大学生社会主义核心价值观的培育是高校思想政治教育工作的神圣责任，也是传承中华传统文化精髓的题中之义。社会主义核心价值体系是我国的兴国之魂，是社会主义先进文化的精髓，决定着中国特色社会主义发展方向。近年来，党中央多次强调在建设具有中国特色社会主义事业的伟大进程中，必须把社会主义核心价值体系融入国民教育、精神文明建设和党的建设全过程，贯穿改革开放和社会主义现代化建设各领域，体现到精神文化产品创作生产传播各方面，坚持用社会主义核心价值体系引领社会思潮，在全党全社会形成统一指导思想、共同理想信念、强大精神力量、基本道德规范。要坚持马克思主义指导地位，坚定中国特色社会主义共同理想，弘扬以爱国主义为核心的民族精神和以改革创新为核心的时代精神，树立和践行社会主义荣辱观。党的十八大报告强调："要深入开展社会主义核心价值体系学习教育，用社会主义核心价值体系引领社会思潮、凝聚社会共识。""倡导富强、民主、文明、和谐，倡导自由、平等、公正、法治，倡导爱国、敬业、诚信、友善，积极培育和践行社会主义核心价值观。"

习近平总书记在省部级主要领导干部全面深化改革专题研讨班开班式发表的重要讲话中指出：推进国家治理体系和治理能力现代化，要大力培育和弘扬社会主义核心价值体系和核心价值观，加快构建充分反映中国特色、民族特性、时代特征的价值体系。坚守我们的价值体系，坚守我们的核心价值观，必须发挥文化的作用。民族文化是一个民族区别于其他民族的独特标识。要加强对中华优秀传统文化的挖掘和阐发，努力实现中华传统美德的创造性转化、创新性发展，把跨越时空、超越国度、富有永恒魅力、具有当代价值的文化精神弘扬起来，把继承优秀传统文化又弘扬时代精神、立足本国又面向世界的当代中国文化创新成果传播出去。只要中华民族一代接着一代追求美好崇高的道德境界，我们的民族就永远充满希望。

在新媒体环境下，要使得广大学生在纷繁多样、良莠并存的社会现象面前不迷失方向、在形形色色的思潮面前不受迷惑，树立坚定的社会主义核心价值观，实现健康成长，不仅对大学生个人、大学生群体意义重大，更对我们国家的未来发展有着至关重要的地位。高校思想政治教育只有增强说服力和感染力，提升教学质量，才能承担起这项神圣的使命。高校思想政治教育的说服力和感染力的提高，最根本

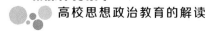

的是提高教育的信任度，使教育工作者的教育内容能让学生产生共鸣，形成共识，从而能够帮助学生在面对新媒体环境各种多元的信息流进行判断和选择的时候，能够具有自身敏锐的鉴别力，从而做出正确的取舍。

三、新媒体条件下教师群体工作环境变化的现实性问题

（一）某些教师的新媒体技术有所欠缺

在高校思想政治教育工作者中，有些教师对新媒体使用缺乏应有的技术储备，由于技术上的某些欠缺，导致在新媒体使用上出现一些偏差或不足，造成了在具体教学实践中有意无意间对新媒体使用的忽略或使用不当，也是客观存在的现实情况。比如有的教育工作者不太善于使用网络教学平台。在被调查的教师中，就有教师从未使用过网络平台的收发作业功能，更不用说借助平台对学生的作业做出及时批改和有针对性的点评；对大多数教师而言，学校教务处的网络教学平台的日常使用也仅限于登陆成绩所用。有的教师对于通过博客、播客以及QQ与学生进行实时交流比较疏离，有的教师还尚未在实践层面进行过此类的操作。在一些教师的日常工作中，新媒体的使用还仅仅局限于制作教学PPT和放映一些教学视频资料片。这种由于技术的欠缺而导致的未能有效使用新媒体的情况随着教师年龄的增大而趋向严重。所以，在新媒体环境下加强教师新媒体知识的相关培训是一个现实的需要，而据调查反馈可知，教师的这种需求也比较强烈。

结合目前高等教育的实际状况分析，之所以会出现新媒体环境下教师技术上的欠缺主要有几个方面的原因。首先，教师的新媒介素养还需提高。面对新媒体环境，有的教师还未完全准备好，心理上虽给予认同，但实际工作中仍然沿用传统的教学手法，在一定程度上阻碍了对新媒体环境下教学方法的更新，传统教学习惯对一部分教师的影响较大，制约了他们对新媒体技术的关注与学习；其次，学校方面的培训呈现滞后性。新媒体环境的到来是不以人的主观意志为转移的，它悄然而至并影响了高校思想政治理论课的日常教学，这一点无人可以否认。但是，从目前情况看，教育者群体对新媒体技术的接受和掌握却是不均衡的。这种不均衡性表现为部分高校思想政治教育工作者的新媒体知识相对薄弱，未能很好地适应新媒体背景下的教学环境。目前，大部分高校都开展了针对新进校教师的多媒体应用技术的培训，而这部分人的年龄普遍较低，属于高校教师中的年轻群体，在新媒体技术层面知识层次也相对较高；从实际情况看，多数高校思想政治教育工作者是通过自学获取新媒体技术知识的，高校针对思想政治教育工作者的专门性而系统性的技术培训比较薄弱，缺乏统一的技术培训，这是导致教师新媒体技术欠缺的一个原因；再次，教师本身的精力与时间对新媒体背景下的教学投入显呈不足。造成这种现象的原因是与目前高校教师的生存现状直接相关的。从目前的情况看，高校思想政治理论课教师

的教学任务相对而言比较繁重，为完成现有的教学任务，教师们已经付出了大量的时间与精力；而除了教学工作量之外，教师的综合性评价在某种程度上越来越向科研倾斜，教师在完成课程教学之外，还要承担和完成大量的科研工作，而发表文章、申报课题，出版专著、编写教材等也需要大量的时间与精力的投入，受此制约，有的教师在教学手段的更新上显得力不从心。就此而言，新媒体环境下高校思想政治教育工作者对新媒体技术钻研的时间与精力的有限性，也在一定程度上制约了他们的新媒体技术水平。

（二）一些教学单位的新媒体教学设施更新滞后

1.硬件的更新问题

在教学中，如果要使用新媒体技术教学，计算机是必不可少的设备。如今，多媒体教室在高校已经相当普遍。但是，在有些学校的多媒体教室中，电脑设备过于老化，操作起来会影响速度和效率的情况也是存在的，亟待更新换代。在课题组一项对思想政治理论课教师进行的调查中，认为应"配备足够的电脑设备，维护电脑的正常运营"占被调查人数的86.1%。

2.软件的更新问题

除硬件的问题外，软件更新的问题相对而言更为突出。多媒体教室的电脑杀毒软件滞后，致使在使用U盘等配件时容易染毒；另外，网速也是一个现实问题，网速慢衍生出各种有关网络环境的问题也不容忽视，这些问题看起来虽是小事，但若在课堂上出现就会直接影响教师新媒体教学手段的使用效果；在课题组一项对思想政治理论课教师进行的调查中，认为"软件需要更新和完备的"占被调查人数的87.6%。

3.网页的更新问题

在使用新媒体技术的过程中，网络无疑是非常重要的。依托于网络所设计的网络教务平台是师生交流信息的集散地，作用突出。但是有些网络平台功能单一，虽也设有师生交流类的栏目，但是页面更新较慢，内容单薄，网页陈旧，很长时间看不到新一条的信息上传，这样的页面是吸引不了老师与同学来登录的。网络平台的实际作用在现实中对于师生双方而言并未凸显其预期的显示度与效果，此外，缺乏相应的专人管理也是造成这种局面的一个原因。

（三）部分教师对新媒体资源的利用显呈不足

据课题组一项对思想政治理论课教师进行的调查显示，认为应该建立思想政治课程教学资料库的教师占被调查人数的94.2%，这也十分清楚地表明：新媒体环境下，教学资料库的使用至少就现状而言是不够充分的。而针对现有的资料库利用现状，认为"很多资源因收费，常常阻隔了获取通道，建议多开放数字资源平台"的占被调查人数的78.8%。新媒体环境下，信息资源的开放性已经具有了非常好的条件。各种层次尤其是教育部组织的关于思想政治理论课教师的培训、定期举办的课程年会也为高校的思想政治理论课教师之间的沟通与交流提供了平台，精品课程的录像也能在网上点击播放。分享心得、交流经验等较以前都有了一定程度的改善。但是，各高校之间在这方面的交流与沟通目前还不是很理想，各校之间的好经验、好方法还没有得到充分的交流和分享。

可以肯定的是，教师对新媒体环境给思想政治理论课带来的前所未有的机遇和挑战是有共识的，关键是如何建设能够应对新媒体环境变化的需要，建设一支素质过硬的教师队伍，是高校思想政治教育目前亟待解决的问题。

新媒体区别于传统媒体的诸多新特征在很大程度上增加了高校思想政治教育的难度，形成了新媒体环境下高校思想政治教育特有的困境。当前，在新媒体环境下的高校思想政治教育还有一些不尽如人意的地方，存在一些亟待解决的问题。诸如在高校思想政治理论课的教育内容上，"教学内容的时代感和针对性不够强。尽管思想政治理论课教学内容在不断充实、丰富，但在迅速变化的形势面前，仍显得相对滞后，教学内容和学生的需要和期望之间存在较大差距，与学生的思想实际结合不紧。只有将新媒体资源整合在教育实践中，才能实现新媒体环境的优势最大化，使新媒体环境下高校思想政治工作呈现令人满意的效果。

第三节　新媒体环境下高校思想政治教育的发展趋势与教改原则

新媒体环境下，高校思想政治教育工作者必须充分关注新媒体环境对大学生思想道德以及行为的深刻影响，并据此实施积极有效的思想政治教育改革措施。这一点已经为高校广大的思想政治教育工作者所认识，并在教育实践中给予了重视。随着技术的不断演进与提升，新媒体环境也会发生一些变化，其变化势必会影响到高校的思想政治教育的发展。基于现实的经验和对未来的思考，我们认为新媒体环境下高校思想政治教育的发展将会呈现出一些发展趋势，而从教育者角度而言，新媒体环境下高校思想政治教育的改革也必须坚持某些原则，秉持而进，才会收获丰硕的成果。

一、新媒体环境下高校思想政治教育的发展趋势

（一）开放程度越来越高

新媒体环境是一个开放的环境，它所带来的信息、技术等成果附属品都是面向全社会公开的。新媒体环境将每个个体的人置于其下，人作为受众，已经成为新媒体的一部分而不可避免地受到新媒体环境的影响。随着技术的进步和形式多样化的普及，新媒体环境的开放程度也会越来越高。高校思想政治教育离不开也不可能离

开新媒体这一个"大环境"而实行"象牙塔内的关闭教育"，高校思想政治教育的实施既然必须在新媒体环境中进行，教育层面的改革也必须要考虑到新媒体环境甚至必须运用新媒体技术给予支持，教育效果的检测也必须与新媒体环境相联系才能反馈出真实性。而更重要的是因为高校思想政治教育的实施过程与其中的步骤、环节都与新媒体环境密切相关，新媒体环境的开放性决定了高校思想政治教育环境也将会越来越开放，这是新媒体环境下高校思想政治教育发展的一个鲜明趋势。

新媒体环境为高校思想政治理论课教学提供了开放的教育平台，使高校思想政治教育在教育主客体上的平等性和交流互动性都在日益增强。一方面，教学主客体面对的环境是同一的，获得信息资源的渠道是平等的，体现了新媒体环境下资源共享的平等性。因此，在这个意义上，没有教师比学生有优先的对比，双方都有获得相同信息资源的权力，而这种权力的对等性在以一种平等性的关照体现于高校的思想政治教育中，教师看到和得到的资料，学生也同样能看到和得到，区别只是在于双方看待问题的视角不同：大学生朝气蓬勃，有着大学生这个年龄段特有的青春气息，他们从自己的角度关注世界，获取和感受信息；教师由于阅历，看待问题的视角自然与学生不同；另一方面，在新媒体环境下，教学主客体的表达渠道是平等的。教师与学生都运用新媒体环境下的各种形式表达自己的意见、发表自己的观点，双方在沟通与交流的状态中体现为平等的对称性。一般情况下，除却设置专门的权限，教师与学生谁都没有比谁更优先的发言权，大家的交流是开放和平等的，是一种平等的参与。正是鉴于这种师生双方表达渠道的畅通平等，新媒体环境下教师与学生的距离拉近了，交流机会增多了，不再局限于面对面的探讨，也不仅仅受限于传统意义上的电话询问或是纸质信件的往来，而是在越来越多的交流路径中实现互动。由于减少了交流与沟通的障碍，拓展了交往的渠道，时空限制的影响大大缩减，师生双方交流在新媒体环境下变得更为快捷，而博客、播客、微博等的使用也为师生的交流提供了更多能够及时互动的条件，便于双方迅速了解对方的所思所想，并给予及时的反馈。

（二）思想政治教育手段日益灵活多元

教育手段日益灵活多元是高校思想政治教育在新媒体环境下发展的又一趋势。作为数字化技术的应用载体，新媒体在实践手段上是多样化的。源于此背景下的新媒体技术的使用，更是丰富了高校思想政治教育的表现形式，使思想政治教育手段日益呈现出多元化发展的态势；而为了适应新媒体环境所进行的思想政治教育教学改革，在某种程度上也会促进教育手段的丰富，这也是增强思想政治教育的说服力和感染力、提升教育实效性的必由之路。

目前，关于高校思想政治教育手段的探讨已经取得相应的进展，灵活性与多元化的发展趋势也日益明朗。以高校思想政治课教学为例，部分教师根据教学的需要，

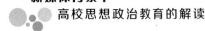
适当地在教学中穿插与课程内容相关的视频资料，或者即时插入学生根据自己对学习内容的理解而制作的DV短剧作品等等，这些手段的融入与运用，相对于单一刻板的教师主讲式的口授形式，增强了教学内容的感染力和说服力，能更好地帮助教师清晰而生动地表达课堂教学内容，对课堂教学具有很好的辅助作用。网上提交与批改作业也是一些高校思想政治理论课教学中常用的举措，这不仅省却了收发作业的烦琐，教师还可以及时对学生的作业做出批注，学生也可以及时了解到自己的作业情况；另外，师生也可以通过博客、播客实现交流，双方可以就一些感兴趣的问题进行探讨。可以说，这些教学手段的引入突破了单一的授课地点与固定学时的局限，师生双方缩小了距离，多了交流思想、分享心得的机会，拓展了师生沟通的渠道，也逐渐创建了一种新媒体环境下新型的师生关系。

在新媒体环境下，创建教辅专区也是常用的一种手段。新媒体环境为教辅专区的创建提供了技术上的支撑。教师可以将自己的教案与课件挂在网上固定的空间（比如上传至教学公共邮箱等）并做到随时更新，也可以将课堂上没有时间讲解的案例等做成文件包，让学生在课前课后自主学习，实现有针对性的预习与复习，从而强化学生对课堂教学内容的理解和消化；还可以创建习题库，提供与课堂教学内容相关的各类题目，让学生可以根据自己的时间去调整其学习计划，随时而不必拘于课堂有限的时间去完成，以检测自己的学习效果，有效地实现教学反馈；教学团队还可以利用新媒体资源与条件，就大学生关注的现实问题和理论教育中的重点、难点问题等构建实验教学模型，例如建构体验式的虚拟实验室，通过模拟场景让学生进入模拟的教学情境。当今社会，信息科技飞速发展，大学生每天接触庞杂的信息流，多元的文化观、价值观也在潜移默化地影响着他们的身心成长。价值建构实验室采取多样化的灵活方式，运用仿真技术设置模拟环境包括对大学生成长环节以及今后人生中的一些场景的模拟，让学生在具体的体验过程中接受教育，提升素质，在多重性的可能中自己做出选择，形成自己的价值判断，树立正确的世界观、人生观和价值观。这种实验教学手段以具体而鲜活的体验向学生呈现教学内容，尤其通过实验结果数据的分析，可以检测课堂教学的实际效果，获得真实的教学反馈资料，实现课堂教育和日常教育的延伸功能，对于跟踪研究思想政治教育的长远效果大有裨益。高校思想政治教育工作者还可以利用新媒体环境创建类似于"论坛中心""心灵家园"等互动社区，把大学生的关注点引导到特定的方向和问题上来，提高大学生的思想认知和心理健康水平。

利用新媒体环境创建各种游戏也是高校思想政治教育改革中的一种新尝试。教育者根据教学内容的需要，与技术公司一起研发教育题材的游戏，比如励志游戏、红色主题游戏等等。在游戏的设计上秉承寓教于乐的理念，格调健康向上，在游戏中植入核心价值观，使学生在游戏中潜移默化地提高思想意识。另外，教育工作者根据对游戏的使用效果所进行的跟踪分析则对新一轮的游戏研发提供了宝贵的建设性意见，以促进良性循环的形成。

总之，就目前而言，新媒体教育手段的丰富在一定程度上打破了高校思想政治教育的单一刻板，以生动多元的表现形式增强了高校思想政治教育的感染力和说服力，从而提升了思想政治教育的实效性。但是，随着新媒体环境的开放程度愈来愈高，高校思想政治教育的难度也会越来越大，对教育手段更新的要求也会越来越高。所以，关于教育手段的探讨将会永远持续下去，这就必然带来教育手段的日益灵活和多元化。

（三）新媒体环境对教育工作者的新媒介素养要求将会越来越高

新媒体素养是高校思想政治教育工作者在新媒体环境下所必须具备的综合素质。与传统媒体主导时代的高校思想政治教育相比，新媒体环境下，高校思想政治教育工作难度加大、任务艰巨，如何在错综复杂的新媒体环境下，落实好高校思想政治教育工作，使之真正增强感染力和说服力，真正实现育人功能，是新媒体环境下高校教育工作者时刻都要面对的议题。随着新媒体技术的深入普及，对教育工作者的综合素质要求也将会越来越高。新媒介素养大致包含两个方面，一是技术层面的媒介素养，二是建立在人文素养基础之上的、对于媒体产品与媒体信息的评估选择层面的媒介素养。

新媒体是基于数字化技术主导的一种延伸，在信息技术迅猛发展的时代有着广泛的使用空间。数字化是以计算机技术为依托的技术处理过程，新媒体又是在数字化技术背景下出现的新的媒体形式。新媒体也只能在数字化技术背景下才能实现其多种多样的功能，为人们的学习和生活提供广阔的使用空间。新媒体有别于传统媒体的新特点给高校思想政治教育带来了突出的变化。媒介素养是新媒体素养中的一个基本方面。身处新媒体环境下的高校思想政治教育工作者，必须掌握一些基本的操作技术来应对这种环境给高校思想政治教育带来的变化。面对着新媒体环境，"目前关于如何利用现代科技手段，促进积极健康的文化传播的理论研究也比较滞后。由于大多数高校思想政治工作者不是信息技术方面的专业人士，对以互联网为代表的现代科技缺乏直观的认识，应用不多，介入不够，因此导致对问题剖析不够全面深入，解决问题的方案缺乏针对性，特别是缺乏技术层面的支持。"其实，这也是目前新媒体环境下高校思想政治教育面临的一个现实的问题，教育工作者在技术层面的缺憾尤其在面临一些具体问题时的尴尬是高校思想政治教育界需要正视的现实。而随着新媒体技术的发展，对高校思想政治教育工作者新媒体技术层面素养的要求只能是越来越高。

新媒体的传播形式多样、迅速快捷在一定程度上影响了高校思想政治教育教学，增强了高校思想政治教育教学的难度。新媒体背景下，学生获得信息的渠道多种多样，而某些不健康的文化思潮对正处于人生成长关键期的大学生们是不利的。在新媒体环境下，如何真正发挥思想政治教育的主渠道作用，为培养高素质人才做出更大贡献，是当前高校思想政治教育工作者面临的一个严峻任务。要解决好这一现实的问题，就必须关注新媒体环境下教育者的人文素养。如果说媒介素养是一个硬件层面的要求，新媒体环境下的媒体素养就是一个软性的综合层面的要求。媒体素养虽然是对师生的双向要求，但更主要的针对群体是高校思想政治教育工作者。新媒体素养所包含的内容十分广博，其中深厚的人文知识底蕴是必要的前提，高校思想政治教育是一项系统工程，对于教育者知识积累的要求非常高。新媒体环境下，简单的说教式早已不能适应教育的需要，不仅在形式上过于陈旧落伍，在深度上也显得过于肤浅。而新媒体环境下的信息流量巨大，每天面对庞杂的信息，如何甄别真假，进行正确的选择，这需要具有丰富的知识储备作为依托，只有"底子厚，视野宽"，才能具有拒绝消极负面信息的能力，选择恰当的教育素材，在教育中方能给予学生正确的引导。可以说，新媒体环境下，教育工作者良好的人文素养也是保证高校思想政治教育实效性的重要条件之一。

道德法律层面的素养也是新媒体素养中的重要内容。在新媒体日益开放的环境下，人的主动性、自由参与度日渐彰显，可以说，新媒体环境为实现人的某种主观诉求提供了现实的路径。新媒体环境虽是开放性的，但是在某种程度上对个体而言又是隐匿的，诸如"网络社会中传统道德基础的消解现象是值得关注的。传统社会由于交往面狭窄，在一定意义上是一个熟人社会，在这个社会里，依靠熟人的监督和道德他律手段的强大力量，传统道德得到相对较好的维护，然而一旦进入反正没有人认识我的网络社会中，那条由熟人的目光、舆论和感情筑成的防线便很容易崩溃。"所以，新媒体时代的自由应该是有限度的，需要人的道德自律与法律约束层面的主观意识。面对新媒体时代，越来越需要清醒理智，谨言慎行。例如在网上发言，要负责任地说话，面对不同意见的争论时，更要以理服人，注意文明用语，更不能僭越法律，这样才能营造健康的新媒体氛围。高校思想政治教育是系统的育人工程，这一工程的具体实施要靠师生双方，但是对教育工作者的要求更高。就目前情况来看，教育者在这方面的素养还有提升的空间。而随着新媒体环境的愈加开放，人的主观自由感在新媒体平台上也随之增强，在这种场景中，思想政治教育工作者的道德法律素养是高校思想政治教育有效实施的重要保障，直接关系到新媒体环境下高校思想政治教育的实效性。

总之，高校思想政治教育的主力军是教育工作者，他们既是教育理念的实施者，也是教育手段的践行者。在新媒体环境下，教育者的良好素养是高校思想政治教育工作与时俱进的必然要求，也是实现教育目的的有力保障。

二、新媒体环境下高校思想政治理论课的教学改革原则

（一）技术性原则

新媒体环境下，高校思想政治理论课教学工作对教育者整体素质的要求日益提高，教学工作对教育者而言也愈发具有挑战性。除却必须具备的知识素养之外，技术层面的要求也已经纳入了对教育者综合素质的评价中来，并成为日益迫切的一种现实需要。

新媒体环境下，高校思想政治理论课教学工作者使用新媒体技术手段是时代发展的必然要求。新媒体已经成为一种不以人的意志为转移的客观存在，而且还在迅速地发展，教育者必须重视和正视这一现实。教育者对新媒体技术的运用程度在很大程度上直接决定了教育教学的效果。传统的教育手段在强势的新媒体面前，其优势在逐渐淡化。如果秉持原有的教学观念、固守传统教学的习惯，在新媒体技术日新月异的今天显然是行不通的。新媒体是数字化技术的重要组成部分，高校思想政治理论课教学工作者必须将新媒体技术性与教学艺术性融合在一起，才能适应新媒体环境的变化。而凸显新媒体在高校思想政治理论课教学中的长远效应主要取决于教育者，教育者个人对新媒体的使用水平与其自身对新媒体技术的掌握程度有直接的关系，影响着教育效果的实现；仅从技术的角度而言，在现实中，许多大学生诸如一些理工科专业大学生的新媒体技术水平在一些方面还高等教育者，呈现出师生之间的新媒体技术的落差。如果这种局面不能得到相应的改观，师生之间的技术落差有随着新媒体技术的提高而逐渐拉大的趋势，从而会直接影响教学效果。因此，新媒体环境下的高校思想政治理论课教学改革是绕不开"技术"的，技术已经成为高校思想政治理论课教育工作实施的要素，不掌握相关的新媒体技术，就不能切实体悟新媒体的魅力，教育者就会在与学生的交流互动中渐趋落伍，不能及时掌握学生的思想动态；在教育改革中抓不住真正的要害，达不到预期的教改效果。关注技术、提升技能，是新媒体环境下高校思想政治理论课教学改革最基础的认识之一，而技术性原则也因此而成为新媒体环境下高校思想政治理论课教学改革的一项重要原则。

（二）适度性原则

新媒体给高校思想政治教育提供了开放的平台、丰富的素材以及更多灵活的表现形式。但是在一定意义上而言，新媒体的使用需要适度，过犹不及都不妥当。要把握好火候，注意分寸，即适度性原则。

在新媒体环境下高校思想政治理论课教学的现实场景中，在面对改革问题的时候，往往容易出现两个极端：一是认为新媒体是可用可不用、可有可无的东西，在思想政治理论课教学中是属于点缀的花边，所以主张少用或基本不用，这种认识反

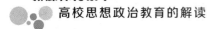
映在现实中就表现为持这种意见的工作者在工作中还是比较注重传统教学手段和方式，对新媒体手段较为排斥，诸如认为新媒体就是多媒体课件的使用与在网上收发电子邮件，对于其他新媒体形式则很少涉猎，更谈不上在工作中的具体使用。由此而产生的后果是其教学手段缺乏新意，在吸引力上不能满足教学的需要，呈现出教学理念和教学实践上的滞后性；二是夸大了新媒体在思想政治理论课教学中的作用与地位，极度弱化了传统教育教学手段的作用，在教学实践中过多地运用新媒体，导致的结果是新媒体技术手段使用过度，处处用、时时用，声光画电应接不暇，使用中极易出现扑朔迷离的"乱花渐欲迷人眼"的混乱局面，而不分场合地使用新媒体的教学效果同样也是不理想的。

教学手段作为教师将教学内容呈献给学生的载体，可以划分为传统教学手段以及新媒体教学手段，二者各有所长。以高校思想政治理论课的课堂教学为例，传统教学手段是在长期的教学历史中形成的以教师讲授为主导的教学方式。"一支粉笔、一块黑板、一张嘴巴"是传统教学的生动写照。传统教学方式在长期的教育教学历史中，积累了丰富的经验和鲜明的特点，凝结的精华需要传承和发扬。在传统教学手段主导教学的背景下，教师根据自己对教学内容的理解，将教学内容经过精心的剪裁与整理，用自己的语言传递给学生。在教学中，教师的主体地位是突出的。教师可以利用的辅助手段不多——挂图、幻灯片是比较常用的。传统教学模式下虽也有师生之间的互动，但是在信息的来源渠道与数量的把握上，教师较之学生而言则有相对的优势，因此师生之间的互动基本上也是以教师为主导的。传统教学手段的特色是比较集中，教师对整个教学过程的掌控是主动的，教学的中心主题不容易分散；但是也会产生一些问题：例如教学形式比较单一，容易造成课堂教学的单调、呆板。新媒体教学手段丰富多样，融合了声、光、影等新技术，使用方便，感性强，新颖、直观，会给人带来震撼的效果。但是，如果新媒体手段在教学中使用不当却容易带来一些问题，容易使教学偏离主题。过多的新媒体手段在教学中的使用，也会造成学生注意力的分散，弱化教学的中心主题；另外一个问题是教师的作用容易被弱化。教师在课堂上用新媒体手段呈现教学内容确实可以实现多样化的丰富效果，但是教学时间是有限的，声光影技术手段的多频次载入，无疑会缩短教师讲授的时间，而若一学期、一学年都是如此，教师的作用将如何体现？新媒体技术手段使用不当很容易造成教师的作用淡化，导致教师与教育现场的疏离，而教师的言传身教却是学生更想要的，也是效果最好的。还有一点需要注意的是：新媒体使用要求具备必要的场景条件，如事先准备好在课堂上点击链接网页上的某个视频资料，而真正在课堂上使用时诸如现场的网络环境不好或教学设备出现意外的故障时，就会出现无法使用的问题，最终势必会影响课堂教学的效果。

新媒体环境下高校思想政治理论课教学改革的适度性原则其实是关系到传统教

学手段与新媒体手段结合的重要问题。在新媒体环境下，尤其在大学生的生活和学习已经越来越多地受到新媒体技术影响的情况下，离开新媒体的情境谈高校思想政治理论课教学是极其不现实的，必须将传统教学与新媒体手段有机结合，适度使用，选择适合的时机、恰当的新媒体素材，通过合适的途径，才能体现出良好的教学效果。新媒体环境下，正确处理好二者之间的关系、真正将二者相辅相成地融合在一起，才能体现思想政治理论课的教学实效性。

（三）持久性原则

教育改革的持久性是新媒体环境下高校思想政治理论课教学改革的又一个原则。新媒体环境使高校思想政治教育进入了新的情境："新媒体技术的快速更新，往往是体现在新媒体操作技术、新媒体外在形式以及新媒体环境下的交流方式的更新。这些改变，不断对大学生思想政治教育工作者提出新的要求，包括思想观念的转变、信息技术的操控、交流方式的改变以及心态上的适应等。随着科学技术的发展，新媒体技术的更新将会更为频繁。"这种情境将随着数字化技术的不断成熟而日益深化，这也是一个客观的现实存在。作为高校思想政治理论课教师，要应对这种教育情境，就必须持久地关注新媒体技术，在心理上和思想意识中树立持久性、长远性的认识，从而在教育教学实践中自觉地践行对新媒体的正确使用观，持久地做好各方面的跟进。

新媒体环境对高校思想政治理论课教学的影响将是长期的。在信息技术突飞猛进的时代，新媒介的形态不断变化，影响的领域也在不断延伸，新媒体的使用已经成为信息时代的主要特征。从国际范围而言，新媒体的使用拉近了世界各国的距离，使得国际间的交流与合作更加迅捷方便。新媒体技术的研发受到各国科技界的极大关注，各种软件层出不穷，数字化产品的更新换代更是频繁，新媒体伴随着科技的腾飞，飞快地实现技术跨越，影响力也日益显著。今天的信息化时代其实就是新媒体的时代，新媒体以声音、文字、图片、影像等互为融合的多彩形式呈现在人们的视野之中，书写着与传统媒体不同的时代印象。人们的生活被纳入新媒体环境中，新媒体环境下的人们离不开新媒体的影响。高校思想政治理论课处于新媒体环境之中，新媒体时代的无可比拟的覆盖性以及无时空限制的开放性，必然会对思想政治理论课教学产生影响。今天的高校思想政治理论课已经打上了新媒体时代的鲜明烙印，离开了新媒体时代的影响去谈思想政治理论课教学将是空洞而缺乏生气的；而随着新媒体对大学生生活和学习影响的持续深入，其对高校思想政治理论课教学的影响也体现出持久性的特点。高校思想政治理论课的教学改革也因此不能止步，而要循序渐进地持续进行，不断地研究新情况、解决新问题，探索适合新媒体环境下高校思想政治理论课的教学模式。

（四）创新性原则

在新媒体环境下，高校思想政治理论课面临着从传统意义上的教学向新媒体环境下的教学的转换。这种转换是在原有传统教学经验积累的基础上实施的转换。而要成功地实现转换，必须在教学改革上着力，拓宽教育思路，探索实现思想政治理论课教学实效性的新路径，创建灵活多样的、新的教育方式，做到寓教于乐，寓情于理，以体现新媒体环境下高校思想政治理论课教学的新特点。

新媒体技术为高校思想政治理论课教学改革提供了强大的技术支持。新媒体技术具有其独特优势，在传播速度、效果感染力等很多方面具有传统媒体无可比拟的特点，这也是新媒体能够长驱而入、日益影响人们日常生活的重要原因。新媒体技术给高校思想政治理论课教学带来了挑战，也带来了发展、创新的空间。教学改革是依据各个历史时期所能提供的技术条件决定的，各个时期的教学也都会带有鲜明的历史烙印。在新媒体技术日渐多样而渐趋完善的今天，如果不能很好地利用新媒体时代赋予的诸多的技术元素，则是一种巨大的浪费，也不会推动高校思想政治理论课教学水平的整体提升。充分研究利用新媒体新的技术手段，结合高校思想政治理论课教学规律，探讨将这些新媒体的技术元素恰当地融入教学实践中来，改进和创新思想政治理论课教学的模式、路径与方法，是新媒体时代赋予当下高校思想政治理论课教师义不容辞的时代责任，也是一个非常现实的问题。"要在坚持课堂教育、主题活动、社会实践、志愿服务等传统思想政治教育手段的基础上，充分利用新媒体技术，既可与原有教育方式结合，使其创新发展，也可以丰富思想政治教育的新方法、新途径，以满足不同形势、不同阶段、不同群体条件下开展思想政治教育的需要。因此，新媒体环境下坚持思想政治理论课教学改革的创新性既是一个永恒的主题，也是教师务必坚持的一个原则。

新媒体环境中的高校思想政治教育具有了新的情境。一方面，正是因为新媒体对大学生潜在而巨大的影响，使得高校的思想政治教育面临着诸多挑战，也在一定程度上加大了思想政治教育工作的难度；另一方面，新媒体在信息的收集、传输、处理和共享等诸多方面体现出其鲜明的特点——信息容量丰富、技术手段多样、信息集成和传播快捷、场景生动形象等，这些技术优势又给高校思想政治教育的改革和创新提供了技术原动力。当前，在使用新媒体技术的实践过程中，仍存在着一些不尽如人意之处。而处理好这些问题，提升和完善教育工作者的新媒体素养，在遵循思想政治教育的规律中探索传统教学崔式与新媒体技术手段的有机融合，是提高高校思想政治教育实效性的关键所在。在高校思想政治理论课教学改革的问题上，既要认清高校思想政治理论课教学在新媒体环境下未来的发展趋势，又要在改革的过程中遵循一定的原则，这是做好新媒体环境下高校思想政治理论课教学改革的必由之路。

第三章 新媒体背景下呼唤大学生道德的自律

新媒体环境下，传统道德规范并不能安全涵盖人际交流的价值尺度，道德规范的相对弱化，主体自我评价和自我分析意识的降低、符号语言与情感淡漠消减了传统社会中的人际温情，虚拟与现实造成的人格二重分裂以及不道德的网络行为的兴起等等一切现象都无不呼唤着继续和发扬网络慎独精神，提高网络道德自律，从而树立高校学生正确的网络价值观和网络道德理想，最终形成健全的道德人格。

第一节 慎独与道德自律

一、慎独范畴的内涵

（一）"慎"的内涵分析

中国古代的典籍对"慎"字的内涵有三种理解。第一种是"心谨"为"慎气《说文解字》："慎，谨也。"心谨是"慎"的字面意思，慎有谨慎、慎重之意，也就是所谓的小心或者谨慎。第二种是"心真"为"慎气从字面上看，"慎"字又由"心"与"真"构成，从"心"从"真"，以"认真"解释最为贴切，谨于心，本于心，从而发已心，忠己心，达己心，安于心，即保其心之真。第三种是"心诚"为"慎"。《尔雅·释话》云："慎，诚也。"《论语·子张》曰："君子一言以为知，一言以为不知，言不可慎也。"诚起自心之真，真是静，诚是动。《中庸》有言："诚者，天之道也；诚之者，人之道也。"因此勿自欺，勿欺人，真诚显慎。

（二）"独"的内涵分析

"独"除了指空间上的独处、独居意思之外，而更重要的是心理上的"未发"，指内心的意志，意念，"独"作动词讲就是"内"，"独其心"即内其心也，是一种精神状态。从知行两方面解读"独"字，独知独觉是说人的认识能力，见于《大学》中，含义就是"自明"，独立独行是说人的行动方式，《广雅·释话》云："特，独也"，"独"字用于人就是指个性。《庄子·在宥》曰："出入六合，游乎九州，独往独来，是谓独有，独有之人，是谓至贵。"

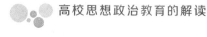

（三）"慎独"的蕴义分析

"慎独"的蕴义可谓"高山仰止，景行行之"，虽不能至，吾心向往之。总结起来，扩展为四层含义。第一，律己。强调的是在茫茫人海中，行合于天地人伦的大道，言行举止合于社会道德要求，无论是有人监督还是无人监督的环境下，都能按照社会所要求的去做，时时不忘约束自己。在大众中求诸道。第二，诚己。强调要做真实的自己，诚其心，正其道。遏制内心的伪善的欲望，擅长而欲消，故孟子曰"求学之道无他，求其放心而已矣"。"求其放心"即求其已失之心性，故"养心莫善于寡欲"。在人性中求诸道。第三，完己。强调个性不同，但同追求一个道。"天下一致而百虑，殊途而同归"，人是有各种个性的，个体的所思、所想、所言、所行都各不相同，但是，本性为一，求善的人性是不变的，所以个体要在个性中求诸道。第四，超己这是"慎独"的最高境界，强调人要追求一种价值，实现自我的外在和内在的双重超越，人不能甘于存在而存在。在崇高中求诸道。

二、道德自律的含义

（一）西方学界对于道德自律的解释

西方关于道德自律的讨论最早源于康德。自律与他律最初是由康德提出的一对哲学伦理学范畴，他说："人作为感性世界的成员，服从自然规律，是他律的。"他进一步强调，意志的自律是一切道德法则所依据的唯一原理，是与这些法则相符合的义务所依据的唯一的原理。在目的的国度中，人就是目的本身。他律意指除按照道德原则所作的意志决定以外的一切决定性地影响或支配意志的（内在的和外在的）根源。而人作为理智世界的成员，只服从理性规律，而不受自然和经验的影响。从这层理解上来讲，道德是自律的。康德自律强调的道德标准是人内在的尺度，是作为发自内心的自觉自愿遵循的原则。"意志自律"是一种服从理性的自律，而理性"作为实践能力，它的使命不是去完成其他意图的工具，而是去产生在其自身就是善良的意志。"

（二）经典马克思主义者对道德自律的认识

马克思、恩格斯从历史唯物主义出发，认为道德的根源是社会经济生活，"人们自觉地或不自觉地，归根到底总是从他们阶级地位所依据的实际关系中——从他们进行生产和交换的经济关系中，获得自己的伦理观念。"道德的本质是一种意识形态，属于思想的上层建筑，是由经济基础决定的。在马克思看来，在阶级社会里，为经济利益服务的道德没有一个统一的支点，或者说道德的基础是什么？既然正确的理解利益是整个道德的基础，那么就必须使个别人的私立符合全人类的利益。也就是说，"正确利益的道德"必须是符合人类社会发展规律的，并要求道德主体能正确理解并努力使自己的道德行为符合"正确理解的利益"，马克思在《关于费尔巴哈提纲》中指出："人的本质不是单个人所固有的抽象物，在其现实性上，它是一切社会关系的总和。"

三、慎独与道德自律的关系

（一）"慎独"讲求的理性自觉提升道德自律所要求的主体性意识

1."慎独"的理性自觉对主体性意识的补充

作为主体的人进入到道德领域，就成了道德主体。道德自律所要求的主体性意识是道德主体激活自身的自我需求、自我教育，在面对道德情境、道德问题时做出自觉的理性思考、判断和选择，从而克服困难、积极主动地践行道德，并对自己的道德行为及其结果负责。而"慎独"讲求的是个人理性自觉。理性，一般指人们内在的通过法理控制的自觉意识和行为的意图意向。理性自觉是指人超出人自身的本能去意识他自身及以外的东西，自觉的理性意识到了自足及自足的欲望需要满足，所以就出现了为自足而自足的行为自觉。在道德领域，理性自觉强调道德主体依据对自然和社会发展规律的正确认识，对一定历史发展阶段上的道德准则和规范进行认同，为自己道德行为选择方案，确定行动路线，通过自己的实践活动达到一定的道德目标。"慎独"精神所强调的理性自觉就是要求一个人通过内化道德规范以达到自我约束的理想道德境界，这与网络道德自律通过对主体意识的培养，所要达到的道德标准是相一致的。

2.借助"慎独"，道德自律主体性完善

"道德自律主体性"是一条主线，把"慎独"与主体性联系在一起，"慎独"强调在莫见、莫显的独处的时候，个体能够监督自己，自我控制自己，通过个体的理性自觉，用道德规范约束自己，成为一个真正意义上的具有完美道德的人。道德自律主体性的产生，首先是道德主体的主体意识的产生。主体意识是个体对自己的认识，对自己的一种意识，它对个体道德人格的形成与发展起着调节、监督和矫正的作用。道德主体的主体意识如何也决定着主体对自我的认知能力、内心反省能力、自我控制能力和自我改造能力的强弱。加之，在网络社会，道德领域已经大大地拓宽，在网络中，主体的参与能力加强，网络道德主体有着很大自主空间的道德判断、道德选择和道德行为的机会，主体的道德自我意识和主体意识大大的加强，"我的地盘，我做主"，道德主体的主体意识得到前所未有的发挥，但是，主体只有真正地做到自己对自己的行为负责，自己完全的管理自己，能够对自己的网络言行慎思明辨、理性思考，并作出正确的判断和决策，真正形成自我教育、自我管理和自我完善的主体能力和主体人格，这样，最终才能成为网络道德实践活动中真正意义上的主体。独处无人时，对自己的言行谨慎小心这是"慎独"精神强调的，也是符合网络社会网络道德主体要遵循的。这种精神的实质就是要求人们要注重主动性的发挥，通过

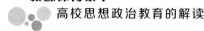

自觉地解剖自己，认识自我，不断清除有悖于社会伦理的东西，逐渐使社会道德要求内化为自己的道德信念，成为一种行为习惯，达到"从心所欲不逾矩"的道德境界。高扬一个理性自觉地主体，而不是为所欲为的主体，由此，"慎独"讲求的理性自觉精神与网络道德自律所要求的主体性，最终都是落于要确立起人们内在的、自觉履行道德行为规范的道德主体意识上。这也说明二者之间的互相融通性和互补性。

（二）"慎独"蕴涵的自律精神完善道德自律所追求的自律目标

1."慎独"自律目标对道德自律的目标补充

慎独精神的最终落脚点是慎微慎隐，隐处自律，做到毋自欺，勿欺人。网络道德自律要求在网络环境中，在外部的干预、监督和控制较少的情况下，人能够理性地控制自己的行为，遵行道德规范，恪守道德准则。道德力量并不能创造奇迹，但它却驱使人们去行动，正是由于人们的行为，才创造了奇迹——建设文明或毁灭文明。所以网上的道德言行主要是依靠个人内心信念来维系，是一种儒家强调的以"慎独"为核心的自律性道德。用"慎独"所追求的毋自欺，勿欺人，做到隐处自律，才能实现网络社会中的道德自律目标。

2.借助"慎独"，道德自律的目标实现

用通俗的话讲，自律就是遵循法度，自加约束。唐朝张九龄在《贬韩朝宗洪州刺史制》道："不能自律，何以正人？"在道德领域内，自律就是要求道德主体要依据客观规律，选择、认同并坚持履行道德规范和行为准则。在网络社会，虚拟性，自主性等都构成了人们缺少现实生活中的外部监督，缺少他人监督的一种环境，加之，现实社会中的他律手段在网络环境中，往往是起不到作用的，道德舆论压力和价值评判无从实施，由此也就看出，在网络社会中，能够维系正常的道德关系，就看个体的道德自律。网络社会道德建设的根本目标就是要形成道德自律精神并发挥道德保障作用。"慎独"讲求一个"独"字，正如网络环境下，个体也是独立的，因此，个体在独处的时候，在网络空间中独行的时候，也要能够恪守"慎独"。在没有任何外在的约束的时候，把社会的道德规范和伦理秩序内化为自我的理性自觉，在做出行为之前，要经过自我的反思，并自觉自愿地去履行道德规范，把道德规范这个外在的东西，内化为自身内在的规律，把社会对主题的客观道德要求，转化为主体自身的道德需求。这样，一旦独处独行的时候，内在的道德规范就自觉地对自己的行为进行约束和调节，真正发挥主体的道德自律作用。由此可以看出，"慎独"精神显示出来的自觉自省的自律精神与网络社会道德自律精神的培养目标是一致的。

（三）"慎独"强调的自主性加强道德自律所培养的道德责任意识

1."慎独"的自主性对道德责任意识培养的补充

网络道德教育将道德责任意识的培养作为重要内容，让人们知道在网络中也有权利和义务，也存在自由和责任的关系，这种道德责任反映在个人身上就是指包含了道德认识、道德实践和精神风貌的可贵品质。"慎独"强调一个"独"字，这要求一个人在独知独觉、独立独行、独处独居时始终要意识到自己是责任和义务的个体，在独立自主的处理自己的行为过程中将道德规范内化为内在的道德品质。"慎独"思想所体现的个体独立自主的精神与网络道德教育要完成的道德责任意识的培养是内在统一的。

2.借助"慎独"，道德自律与道德责任意识增强

道德责任反映了社会发展客观规律和道德原则规范。自觉遵守和履行自己在各方面所承担的道德责任，是每个人应具有的品质。履行道德责任，要靠内心信念和高度的道德责任感。在网络社会，人们的思维和行为空间得到大大的拓展，人们在接受新的网络信息的同时，传统的道德教育已经逐渐弱化，他们不受约束的行为，使得人们放弃了原有现实社会中的道德责任。在这种新的情况下，我们极需要网络道德的责任意识。通过"慎独"精神的培养，要让在网络中的人们能够接受道德教育，使其在网络社会中遵循道德的责任与义务；要让网络道德主体也明白，在网络中享受方便快捷的信息时，在拥有不断扩大的网络自主权和自由度的时候，也要主动承担相应的网络道德责任，时刻做到对自己的网络行为的控制，不违背网络社会的道德准则。正如"慎独"所讲的，个人无论在何种环境中，都始终能清醒地认识自我，片刻也不能放松自己，对言行能够做到自我监督，严格要求，不靠外在力量约束和他人监督，而是靠高度的道德觉悟和自觉精神来实现行为理性选择。处在理性自觉的个体，时刻都认识到自己不是一个孤立的个体，人是在处在各种的社会关系中的人，那么人就要遵循社会的规范，承担一定的义务和责任，做到自我主宰的同时，也要逐步把社会道德规范内化为自身的道德需求。因此，道德责任是自我主宰精神形成的基础，同时，在网络环境中人们承担自己的道德责任，通过不断地自我主宰使得自律行为最终形成。

（四）"慎独"至德至善君子品格塑造道德自律所要求的道德人格

1.君子品格对道德自律的道德人格的补充

"慎独"精神强调至德至仁、至诚至真的理想人格，完成"身恒居善""真善一体"的完美道德人格。依据马克思主义的基本观，道德人格是指个体在现实生活实践过程中，将特定社会的道德要求经过主体的个性化整合之后，积淀而成的一种具有稳定性的道德化自我。道德人格决定主体的道德全貌，是主体一切道德思想和行动的起源和归宿。追求崇高的道德人格是网络道德教育的最终目标，培养人的自觉性、主体性、自制性等健康的道德人格，从而实现道德目标。"慎独"精神所追求的理想人格和网络道德教育追求的道德人格是相一致的，两者最终在落脚点上达到契合。

2.借助"慎独"，道德自律人格品质升华

道德人格是人格在道德方面的规定性。主体一旦形成自己的道德人格之后，这种固定的道德人格就会促使主体在道德行为过程中，能够坚持自己的信念、价值和道德选择，最终实现自己的道德目标。网络社会，人们在享受着无限的网络资源的时候，也放纵了自己的道德行为。在技术崇拜的时代，人们的道德的滑坡，道德失范行为的屡屡发生，已经使得人们漠视自我的道德人格的塑造，甚至最严重的是，有些人把网络社会作为发泄自己不良道德和情感的空间，借助于网络把现实生活中不敢违的恶，全部放到了网络中，貌似网络是一个不需要道德的空间，从而使得个体的人格扭曲。因此，在网络社会中，要达到"慎独"所追求的"至德"理想人擗，就要在任何时候、任何情况下都坚持不懈，持之以恒，时时纠正自身错误，处处以正确规范要求自己，不断弥补自己的不足，才能在反躬自省、解剖自己、克己自律修身过程中，形成良好的人格素质。培养个体的自觉性、自主性、自制性等道德人格，以健康、积极、向善的心态参与网络生活，主动地履行网络道德规范，严格自律，"慎独"精神最终的目标就是要形成崇高的道德人格，在这个层面上，"慎独"所要求达到的理想人格的修养境界与网络道德建设所要形成的自主型网络道德人格的终极目的也是明显统一的。

总之，"慎独"精神与网络道德建设有着多层次、多维度的，不可割裂的统一关系，这是不容争辩的事实。将"慎独"精神融入网络道德建设不仅是应该的，而且也是可能和可行的。

第二节　新媒体环境中慎独精神与道德自律的需要

一、新媒体环境中的慎独精神与道德自律

（一）"慎独"精神在新媒体中的体现

互联网有利于由他律约束走向自律约束，这就意味着，传统社会中的道德及其运行机制在网络社会中并不完全适用，传统道德的规范作用显得比较弱化。所以，网络社会更需要人们的自律。网络道德是一种以"慎独"为特征的自律性道德。"慎独"意味着人独处时，在没有任何外在的监督和控制下，也能遵从道德规范，恪守道德准则。要建立一个"干净"的网络空间，需要法律和技术上的不断完备，更需要网络中每个人的自律和自重。

1.网络的自主性呼唤"慎独"精神

所谓自主性，是指网络环境中人们的道德呈现出了一种更少依赖特性和更多自己做主的性质。在这个相对自主自由的网络社会中，网络道德主体的思想和行为都具有极大的自由性和自主性。网络主体可以自由选择自己所需要的信息，畅所欲言

地发表自己的意见，自由参与网上活动。网络主体自由和夸张的个性可以得到极大的张扬和发挥。因此在这个没有权威，人与人之间隐匿的空间里，如何建立网络道德？在当今，网络道德一直都体现着个人自我确证、自我肯定和自我发展的需要，反映着个人的一种追求意向，也包含着个人的一种追求活动。从本质上来说，网络道德就是一个高度自主的人的领域，靠的是道德主体的内心自觉信念和主体意识，特别是权利、责任与义务意识的觉醒，因此这样一种网络社会的建立需要儒家"慎独"精神，在一个法律监督很有限的社会里，如何发挥主体意志和品格，如何实现主体地位，如何进行自我管理，自主自愿的活动，都需要"慎独"精神。

2.网络的开放性选择"慎独"精神

在网络社会中，不同肤色、不同民族、不同思想、不同文化背景、不同地域、不同层次、不同语言的网络主体可以相互交流，了解他人思想。因此，网络道德也由一种封闭的状态走上开放的趋势，各种信息可以及时自由的发布，不同的价值观、伦理观意识形态等文化观念在相互碰撞与融合中形成了新型的道德关系。人们的思想观念、道德情感、价值取向发生了实质性的变化，进而激发新的道德需求。而这些都与现实社会中的一整套道德规范体系有着极大的差别，那么在当今网络道德规范还不能马上进入一种规范化的状态中，又如何维系网络道德呢？这就需要儒家"慎独"精神的作用，开放的网络环境要求道德主体真心诚意地去维护。

3.网络的自律性追求慎独精神

从本质上讲，理想的道德应该是一种自律行为，是人们内心对自己行为的自觉要求。网络社会中，传统社会中道德他律的种种"外力"在一定程度上已经失去了作用。相对于传统社会来讲，在一个相对自由的时空中，人们的道德行为更多地体现出自我克制、自我约束，也就是儒家所强调的"慎独"精神。在网络活动中，道德主体应该是具有道德权利、道德责任和道德义务意识的，是能够意识到自己的道德需要和道德的"责、权、利"，并以之作为自己的活动和行为的依据和向导的人。黑格尔认为，自由的实现必须在责任的限制内发生。因此儒家的"慎独"精神从根本上来说是一种自律精神，自律的动力来源于自身，来源于道德实践者的内心信念和主观价值体系，这也是"慎独"精神的精髓和核心部分。

（二）道德自律在新媒体中的要求

1.道德自律的意识层面

自我意识是道德起源过程中的关键环节，道德意识是道德行为发生的前提，也是他律向自律转化的前提。在道德自律意识对网络不道德行为的分析中，发现了网络交往容易导致网络主体"去主体化"；亦即个人同一性意识下降，使得自我控制意识和控制水平都降低。这种状态依然降低了网络主体自我分析和自我评价意识，更是降低了人们对于社会的关注，最终导致人们沉溺网络、人格分裂等问题。所以，自我意识的培养是网络社会发展初期道德自律的首要问题。

（1）主体意识

在网络社会中，人是网络生活和网络行为的主体，网络主体与网络之间是一种行为者与工具关系。进入道德领域，"人的主体性是一切道德活动的内在依据"。网络主体当然是网络道德活动的主体，网络对人的道德主体性发挥的影响是双方面的。其中，有利的一方面是，网络可以唤醒网络主体的道德意识，培养网络主体的道德判断、推理、选择的能力和道德践行的能力。但是不利的一面是，网络所带来的自我认同感的破坏等一系列的问题制约着人的主体性发展，甚至严重导致网络主体的"异化"。所以，借助于网络是增强人们自身的道德主体性，还是受制于网络而丧失自身的道德主体性呢？这并不取决于技术本身而取决于人本身。

（2）责任意识

责任意识是主体对自身所担负的义务、职责、使命的意识，它是主体自主地从事道德活动的内在动力。黑格尔指出，道德是从义务开始的。道德义务具有对权利的先在目的性和主体自律性，这种自律性就表现为一种道德责任感。在网络社会，社会共同利益与主体个人利益形成了两种利益格局，因此，网络主体在选择和决定网络行为之前，应该考虑并承担相应的道德责任，我们在享受网络带来的便利时，应该主动承担起对他人和社会的义务，网络主体要在个人利益与整体利益发生冲突时服从整体利益。

（3）规范意识

网络主体之间的关系说到底还是人与人之间的关系，是人在网络空间的交往中所结成的社会关系。因而，为了维护网络环境，健康有序的发展，为了形成和谐的网络伦理关系，建设文明的网络道德，各种网络行为都必须遵守一定的"游戏规则"，即网络自律规范。网络主体在网络自律规范的具体内容、表现形式、实现方式以及形成过程中，应该充分发挥主体作用，积极提出自己的意见和建议，这样网络规范才能真正发挥道德的约束与导向作用。从这个角度讲，道德规范既是对网络主体的约束，也体现了网络主体的一种权利。

2.道德自律的实践层面

在道德实践层面，不断进行自我约束、自我保护和自我完善，是网络社会的新要求。

自我约束层次：由于网络自律规范建设的滞后性以及缺乏有效性，加之网络中人与人之间的交往是间接性的以及社会舆论监督的力度也不够，从而导致网络主体的自律性心理下降。网络主体只会遵循"自我快乐原则"，为了满足自己的最大快乐，以本能的冲动做出各种不合道德的行为，网络似乎一下子就成为个人可以为所欲为的公共世界。因此，网络主体加强道德自律首先要约束自己不恰当的欲望和情感，遵循基本的道德原则、自律规范，对自身行为进行约束，做到网上网下一个样。

自我保护层次：在马斯洛的需要层次理论中，生理需要是第一需要，网络让生理需要的满足变得更为丰富和快捷。安全需要反而成为网络主体最低层次的需要。事实上，网络的开放性与网络的安全性恰恰是一对矛盾，从理论上说，网络的安全性与其开放程度成反比。网络主体的自我约束仅仅只能保证自己不去侵害他人，而不能保证不受他人侵害，"我不犯人，人不犯我"的处事原则在网络中显然是行不通的，即便没有受到私人邮件被拆读，电子信用卡被盗用之类的"有形"侵害，网络上大量不良信息对网络主体精神上的"无形"侵害则是更为严重的。因而，互联网信息良莠不齐、真假难辨、是非难断，网络主体要培养较强的信息识别能力和免疫能力，避免在不知情的情况下莫名地掉进了已经挖好的"网络陷阱"。

自我完善层次：自我完善是指个人为实现自身全面发展所采取的自我教育和自我修养的步骤、方式、方法和过程。道德自律除了约束人的作用外，更重要的，它是一种推人积极向上、促进自我完善的精神力量。自我完善要求网络主体要立足于自教自律，要求网络主体要加强道德磨炼，并把现实生活中的道德自律潜移默化地移入网络社会中，要求网络主体要在网络活动中不断地加强道德修养，实现个体内在知行统一、网络实践与现实实践的统一。因此，只有通过不断地自我完善，网络主体才能培养出真情实感，才能锻炼坚强的网络道德意志，才能培养出良好的网络行为习惯。当网络道德行为作为网络主体的自觉自愿、持之以恒的行为出现时，道德自律便真正地实现了。

二、新媒体环境中慎独精神的需要

（一）新媒体环境中"慎独"精神的现状

1.网络主体缺乏网络发展所需的伦理道德

目前网络主体普遍对网络社会发展所需的伦理道德一无所知，处于一种缺失状态。面对网络社会出现的一系列新问题，旧道德与新行为不相适应，它凭借自身的分析能力无法对获得的知识和信息进行有效的梳理整合，迫切需要德育的帮助和指导，充实自己的精神世界。

2.网络主体缺乏自主道德判断能力

在网络社会中，虽然也有一些人自发形成一些道德规范，但道德规范尚未成熟，存在着某些不清晰的地方，故其对行为的指导作用就显得比较模糊。网络社会的成员拥有不同的风俗习惯、宗教信仰、道德价值观，不可能用一种统一的道德作为标准来衡量人们的行为，很多时候也可能会存在评价标准一元化的情况。然而，正是网络社会中普遍存在的这种盲从，越来越多的人步入网络行为的误区却毫无察觉。网络社会里无处不在的信息崇拜便是一个极好的例子，它导致了"人性异化"，这正

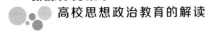
是网络主体缺乏自主道德判断能力的突出表现。

3.网络主体缺乏自我道德约束意识

在网络空间中，现实社会的部分道德规范也可以用于指导人们的网络行为。然而，现实表明这些现成的道德规范实际处于无力约束或约束乏力的现状，人们没有形成进行自我道德约束的意识。网络成了规模壮观的戴着假面具的舞会，到处充斥都是一些熟悉的陌生人，诚实、平等待人反而成了一种奢求。人们都在按照自己的原则或不要原则地说任何话，做任何事，自由到在画滥用自由的程度。这一切现象都表明了，目前网络主体极度缺乏自我道德约束意识。

（二）新媒体环境中"慎独"精神的缺失

1.历史原因造成的传统文化缺失

从清朝的天朝上国思想到后来的崇洋媚外，从新文化运动对旧道德、旧文化的改革到对中国传统文化精髓的全盘挨弃，再想想改革开放前后，被白话文稀释的中国语言遭到史无前例的漠视。中华民族的民族性赖以生存的土壤——传统文化渐渐流失，当然也包括"慎独"精神。

二十世纪初，新文化运动对传统文字文言文的颠覆，无疑是对传统文化致命的一刀，割断了文言文，也就如同割断了文言文所蕴含的深明大义。白话文开始占据主流地位，这一弊端在当时并不明显，因为发动新文化运动的人本身是受中国传统文化教育成长起来的，而在他们的下一代，直接接受白话文成长起来的人，就像是断了母乳的人。文言文中虽然有些部分生涩古奥，但它是一种成熟而凝练的语言，充满韵律美与形式美，其中沉淀的精髓更使它成为千百年来中国汲取营养的源泉。这一丢，就把很多精神都丢了，也包括"慎独"精神。

2.网络社会的特殊性造成的"慎独"缺失

传统的伦理标准建立在现实物质基础之上，人与人之间，人与社会群体之间以及群体与群体之间的外部环境是现实的世界，交流的双方彼此具有固定的社会角色和固定的交流群体。而网络世界完全是一个虚拟的世界。在这里，人的活动与现实世界有不同的特点，特别是上网者的身份比较隐秘。正如比尔·盖茨在《未来之路》一书中描绘的那样："在因特网上，没人知道你是一条狗。"这种虚拟的空间在很大程度上把人们抛离了以往既有的现实社会生活秩序的轨道，造成各种不同的价值观念和角色定位之间的矛盾冲突，诱发网民破坏网络秩序和实施不道德行为。更为突出的是，这种隐匿性，激活了人们的侥幸心理，提供了人们在网上做"恶"的良好契机。心理学的研究表明：当人处于其行为可以不被发现，并且可以逃避监督和处罚的情况下，无论是什么身份和地位的人，都极有可能不遵守道德准则。

三、新媒体环境中道德自律的需要

（一）新媒体环境中高校学生道德自律的现状与问题

所谓网络道德，是指以善恶为标准，通过社会舆论、内心信念和传统习惯来评价人们的上网行为，调节网络时空中人与人之间以及个人与社会之间关系的行为规范。网络道德是人与人、人与人群关系的行为法则，它是一定社会背景下人们的行为规范，赋予人们在动机或行为上的是非善恶判断标准。网络道德作为一种实践精神，是人们对网络持有的意识态度、网上行为规范、评价选择等构成的价值体系，是一种用来正确处理、调节网络社会关系和秩序的准则。网络道德的目的是按照善的法则创造性地完善社会关系和自身，其社会需要除了规范人们的网络行为之外，还要提升和发展自己内在精神的需要。

1.符号语言与情感淡漠

感情淡漠现象普遍。网络条件下的人际交往，其表现方式是人与网络终端之间的交往，网络作为交换信息的通道而存在。人们长期处于这种状态下交往，将会产生内向、孤僻、少语、活动范围窄、身体状况差等结果。沉溺于网上交往的青少年由于过分关注人机对话，缺少现实人际交往这种面对面的情感交流，会使其产生孤独感和心理压抑感，上网时间越多，下网后的孤独感与压力感就会越强。许多迷恋上网的青少年都反映，他们下网以后变得更加空虚与失落，更加厌恶与人交往，因此不得不再到网上去寻找慰藉，如此恶性循环会加剧他们的交往障碍。这对人的成长，尤其是青少年的成长极为不利。

2.虚拟与现实的反差造成人格分裂

网络的发展给网民创造了一种新的交往方式，即虚拟交往。它既有别于人们独立的、封闭的、自由的精神生存方式，也有别于现实的、面对面的、受到各种制约的社会生存方式。精神落差是指在网络交往中，现实交往中的人与网络交往中的人在内心受上有很大的反差。网络最终导致了网民人格和自我意识的分离，形成双重人格。

3.产生不道德网络行为

不道德的网络行为是违背"善""正当"等标准的网络行为，它是在网络交往中故意损害他人利益的行为。在一个完全开放、自由的网络社会中，人们会在一定程度上丧失真实感并产生放纵感、迷乱感，进而导致其行为脱离道德规范的约束，随意放纵自己的言行，从而滋生大量的不道德行为。目前，网络社会比较突出的不道德行为主要有：传播谣言、散布虚假信息；制作、传播网络病毒；"黑客"恶意攻击、骚扰；传播垃圾邮件；论坛、聊天室侮辱、谩骂；网络欺诈行为；网络色情聊天；窥探、传播他人隐私；盗用他人网络账号；假冒他人名义；强制广告、强制下载、强制注册；炒作色情、暴力、怪异等低俗内容。网络上的这些不道德行为，不仅影响了网络的正常秩序，而且对真实世界的道德产生直接的抑制和冲击，给社会带来严重的负面影响。

总之，"道德的网络行为"是社会所提倡的，它体现了网络活动中的"善"；"不道德的网络行为"是社会所禁止的网络行为，它表征了网络活动中的"恶"；"非道德的网络行为"是善恶不明显的网络行为，它表明了网络活动中社会意义上的"常态"。

（二）新媒体中高校学生道德自律问题产生的原因

1.网络道德自律问题产生的网络根源

科技作为人首要的物质创造力量，负载着利益和价值，科技的进步伴随着利益的纷争和价值的冲突。计算机网络技术的发展像任何其他技术一样，是把"锐利的双刃剑"，它在为人类道德进步提供历史机遇的同时，也带来了某些负面的、消极的影响。在西方马克思主义学者中，很多学者发现了技术给人带来的"异化"现象。哈贝马斯、马尔库塞等哲学家对技术发展带来的负效应，进行了批判。在信息化技术极其发达的今天，网民道德的缺失和网民的"异化"现象的产生，与网络自身的特点是分不开的。

网络的开放性带来网民的无序性。互联网是一个没有国界、地域、没有一个统一权威的领导者，它面向所有的联网人开放。不同国家和地区的网民，由于在价值观上的差别，必然会造成网络交往中的混乱。

网络的虚拟性带来网民的随意性。网络是虚拟的生存空间，网民进入网络没有严格的身份限制，在网上发布的信息或发表的言论也不再受太大的伦理道德约束，可以随心所欲地发布信息。

网络的共享性造成网民的依赖性。在网络空间，信息资源共享。网民不再靠传统方式获取信息，而是直接到网上查询，造成了网民对网络的过分依赖。因特网可以迅速、广泛地传播大量有用的信息，但也存在大量信息垃圾和虚假信息。如何区别网上哪些信息是真实的，哪些信息是被歪曲的，科学技术本身难以做到这一点。在21世纪，科技伦理的问题将越来越突出。科技伦理核心问题是：科学技术怎样做到服务于全人类，服务于世界和平、发展与进步的崇高事业，而不能危害人类自身。

2.网络道德缺失的社会原因

网民道德缺失的外在原因，包括家庭、学校、管理等社会各方面因素。

一是教育方式没有跟上。传统的教育方式是应试教育，而缺乏素质教育。中国在校大学生，多数情况下还保持着为考试而学习的方式。可大学考试很少，他们没有应试的动力了，加之日常空闲时间极多，因此感觉无所事事，于是整天沉迷于网络之中。在对待网络上，教育也存在问题，走极端的做法都是不可取的。

二是管理水平没有跟上。互联网络的管理对象，应包括网民、网络内容、网络技术等。由于管理水平还不够高，所以时常会出现网民沉迷、网络失控等问题。目前中国网民规模达到4.57亿，面对发展速度极快的网民和网络用户，我们在硬件管理与人员投入上存在不足，管理难度明显加大。

三是制度保障没有跟上。尽管我国已经出台了一些相关的网络法规和政策，但是效果不是很明显，很难保障这些制度落到实处。《全国青少年网络文明公约》使得全国亿万青少年从此有了自己的网络行为道德规范。中国互联网协会发布《文明上网自律公约》，号召互联网从业者和广大网民从自身做起，在以积极态度促进互联网健康发展的同时，承担起应负的社会责任，始终把国家和公众利益放在首位，坚持文明办网，文明上网。但是，条约、法规并没有落到实处，没有起到真正的制约作用。

四是监督力度没有跟上。由于网络交往在一定程度上是个人的事情，社会监督、学校监督、家庭监督、舆论监督往往作用很小，造成网民道德问题越来越严重。

当然，外在原因也是多重的。网民道德的缺失，与上述几方面都有着密切的联系。

3.缺乏自律的个人原因

网民道德缺失的原因，纵然与网络技术、社会其他原因有关，但最主要的原因还在网民自身。网民作为网络行为的主体，网络行为中出现的道德或者是不道德的行为，归根结底来自网民自身行为的结果。由于在"熟人社会"中的他律失效，在无人监督的虚拟空间中，网民的行为失去了外在的道德衡量。以往的现实社会里，个体都是依靠他人监督，或者靠法律手段、舆论压力等他律手段来遵循道德原则的，然而到了网络环境中，没有一个人是认识你的，没有一个熟人盯着你，这种道德防线很快就会降低，他律的外在力量在网络社会也失去了作用，使得网络成了网民放纵行为的道德真空地带。自我原因是网民道德缺失的主要原因。网络原因和外在原因，对于网民道德缺失来讲，都是客观因素，是外因，而自我原因则是网民道德缺失的内因。

（三）新媒体环境中对道德自律的呼唤

1.他律性的不完善凸显道德自律的重要性

从手段来看，道德是一种自律性的手段，而技术和法律、法规都是他律性的手段。从目前的社会管理来看，他律性手段在解决网络社会的道德问题上还是存在着明显的缺陷和不足。从网络技术来看，杀毒软件、防火墙等网络安全技术一直在不断地升级，更新，但是"道高一尺魔高一丈"，黑客和病毒的侵袭就没有中断过，速度和水平比安全维护更高，技术与反技术成为了一个反复循环的怪圈，面对网络上的各种漏洞，目前尚没有哪一种技术可以一劳永逸的解决。再看法律，法律的制定的确是在一定的程度上解决了网络社会中存在的部分道德问题。现实社会的"大多数的法律都是为了原子的世界，而不是比特的世界而制订的"①，将现实社会的法律规则延伸适用到网络空间中，也能解决一些网络问题，但显然不能解决全部问题。在一个国界模糊的网络空间中，比如在国外设置服务器，在本国是违法的，而在国外是合法的，这样就出现了一个法律的国家应用范围问题，到底该运用哪一个国家的法律？另外，法律的权威性和强制力使得立法程序是严格而缓慢的，与异乎寻常的网络发展速度相比，有着明显的滞后性。这种滞后性也严重的局限了法律作用的发挥。

2.道德自律是网络社会特性的内在要求

"符号——人"的交往模式为网络主体道德自律提供了一种前提性的可能，在网络空间中，作为终端的个体始终是独处的，虚拟网络中，个体可以隐藏自己的真实身份资料，现实社会中的道德压力，如社会舆论、风俗习惯等失去了明确的对象，由此，网络主体的内心信念，即良心将发挥更为重要的作用。

道德自律是对每一个网络道德主体最基本的道德要求。我们在认识到调控网络道德问题的他律手段的不足时，也要意识到，只有把他律转化为自律，才是真正的目的。目前的网络秩序和网络道德主要是依赖于个体的自我约束和自我管理，但是自由和责任是辩证统一的，在网络社会中，网络主体在拥有极大的自由的同时，对网络行为承担的责任也越来越大。只有网络主体把法律、法规和道德规范自觉自愿在内心中拥护，把这些外在的他律，转化为内在的自律，转化为一种自觉自愿的行为，这样他律才不会形同虚设。在虚拟社会中，自律是网络主体维护网络道德的保障，在庞大的网络链接中，每一个网络主体都能够做到自律的话，那么信息网络社会就是真正意义上的伦理自由空间。道德自律是网络时代道德伦理发展的必然趋势。

3.网络社会的道德失范呼唤道德自律

随着上网人数的不断增加，网络主体道德建设已经成为我国公民道德建设的重要组成部分。另外，从我国互联网行业发展的情况来看，至少从两方面努力，一是要网络管理者强化管理，不为或尽量少地为违背道德、伦理约束者留下活动空间；二是让网民增强道德自觉意识。两者比较，后者更为重要。正如学者们所强调的："道德的基础是人类的自律精神。"网络世界是虚拟的，但参与网络活动的人永远是真实的，网络行为中的人的主体性不会变；道德无法约束网络，但道德规范"网民"的言行应是理所当然。营造洁净的网络文化，网民的网络不违规、不失范，最终将取决于"网民"的道德自觉性和自律性——网民的各种行为是否合乎道德伦理规范，主要取决于自律，而非外界监督。网络道德自主性和自律性的重要意义，由道德本身具有自律和他律特征。根据网络世界匿名性等特点，是非常重要的，甚至是决定性的，自觉与自律程度决定着"网民"们的行为道德规范程度。

第三节　新媒体环境中慎独对道德自律的现代价值

一、新媒体环境中慎独对道德自律的价值

（一）新媒体环境中"慎独"对道德自律的价值

在中国传统儒家思想中，"慎独"最早被认为是一种道德修身的方法，但是从精神。"慎独"的本质来看，"慎独"包含了慎微、慎隐和慎欲、慎省四个方面的在网络社会中，"慎独"的内涵对网络道德自律有着其现代价值。

1. "慎微"与"慎隐"对网络道德自律的现代价值

传统儒家思想中的"慎微"是平时要拘小节，在生活点滴上也要严格要求自己，防微杜渐。古人认为："轻者重之端，小者大之源，故堤溃蚁孔，气汇针芒。是以明者慎微，智者识几。"但是错误的言行，在微小或者是萌芽状态的时候往往被人们忽视，导致由一个小错误演变成了一个大错误，甚至滑向了大道德的深渊。"慎微"就是告诉我们，真正的道德首先要从那些不显眼的细微处开始的，由此，身处在网络空间中作为网络主体的我们，也要对这个问题有一个清醒的认识，要做到"勿以恶小而为之，勿以善小而不为"，更要做到要从小细节、从小事入手，这是做到自律性道德的起点。

"慎隐"是指在独处、无人监督、有可能做坏事而不会被人发觉的情况下，做到严格自律，不做有违道德的事，更不该"处显而修改完善，在隐而为非"，"慎隐"是"慎独"的很高境界。因而，能够做到"慎隐"往往也是很有难度的。在当下，道德主要是通过社会的舆论监督和个人内心的信念来发挥社会作用的，但是我们知道的是，社会舆论监督只有在人们的思想和行为是公开透明的情况下才有可能起到作用。网络本身具有隐蔽性、虚拟性，网络主体身处"人所不知而已所独处"的"虚拟社会"里，只有"天知、地知、我知"，"你不知"，所以，网络主体在失去外界监督的环境下，能否真正做到"慎隐"，主要还是要个人自律，自律是每个人保持正直和诚实的最后一道防线，只有自律，才能约束个人意志，才能达到"慎隐"的境界。

2. "慎欲"与"慎省"对于网络社会道德自律的现代价值

"慎欲"指人们要正确地对待自己的物质、精神利益需求，在国家法律和道德许可的情况下，追求自己正当的个人利益：面对各种诱惑，能节制自己的欲望，并坚决抵制。个体在做出某种行为之前，内心中必定有想法，即意欲或者意念的产生，由于它是人的一种内心活动，所以是藏在个体心中的不为人知的"秘密"，只有自己知道，自己的动机如何。所以，"慎欲"就是要强调人们要树立一定的道德观念，

"道也者，不可须臾离也"。在网络社会中，网络主体更要做到用自己的道德意志控制自己的行为，处在自己的"阴暗面"的时候，也能"戒慎乎""恐惧乎"，坚持道德原则和道德规范，以坚定的信念战胜诱惑，征服人所不知而唯已知的邪恶念头，只有"慎欲"才能做到一个网络上的真"君子"。

"慎省"就是说要认真检查自己的思想和行为。孔子说："见贤思齐焉，见不贤而内省也。"曾子有"吾日三省吾身"的名言。荀子"君子博学而日参省乎己，则知明而行无过矣"，在人们嘴边常常念叨。孟子也强调"君子必自反也"。朱熹的"日省其身，有则改之，无则加勉"，这些讲的都是"慎省"。在网络社会中，网络主体的行为具有很强的隐匿性，个体在充分享受自己的意志自由的同时，失去社会舆论的监督，更容易忘记自己应该履行的道德义务，忘记自己应承担的道德责任，更是不愿意听取别人的忠告和批评。所以，"慎省"要求网络主体在网络道德活动中，要在行为前认真考虑和思量，做出正确的道德选择，使得自己的言行符合网络道德规范，并且时时不忘事后检查自己的言行是否符合道德要求，如果有错，及时的纠正，敢于承认错误。"慎省"就是"自己跟自己内心做斗争"，这种斗争越深刻、越普遍、越自觉，说明道德水平越高。

（二）"慎独"在道德自律环节中的价值

1.道德认识的形成与培养

道德认识是对道德现象、道德关系、道德原则和规范的认识。包括道德经验的积累，道德价值概念的形成，道德理论知识的学习，道德判断力的提高等。认知，道德自律精神的培养，首先是道德认知水平的提高。道德认知是道德内化和道德行为的先导，起着理性指导作用，它是促使道德信念形成的认识基础是自律道德的导向性机制。一个道德认知水平低下的人不可能自发地产生自律行为，首先要有"慎独"的思想，才会有自律的行为。

2.道德情感意志的丰富与培养

道德情感是人的道德需要是否得到实现及其所引起的一种内心体验，也就是人在心理上所产生的对某种道德义务的爱憎、喜恶等情感体验。道德意志是一个人自觉地调节行为、克服困难、实现一定道德目的的心理过程，是人们在履行道德义务或责任中克服内心障碍和外部困难的能力和毅力，表现为实际行动中果断、坚决、勇敢、自制和坚持不懈的精神。意志、情感是道德自律的关键，以"心诚"和"理性自觉"为出发点，引导道德主体不断积淀网络道德情感，促进网络道德修养的自我养成。

3.道德行为的形成与训练

道德行为是在一定道德意识支配之下所采取的各种行动。它是实现道德动机的手段，是道德认识和其他心理成分的外部标志和具体表现。以"真善一体"为衡量标准，敦促道德主体不断反思自身网络言行，反复检验网络道德的合理性"慎独"境界。也只有以"慎独"这种依靠内在的信念和意志力量铸造个人品性的道德活动来指导自己的网络行动，才能真正从心诚和理性自觉着眼、真善统一着手，不断强化自身网络道德修养的自愿性和检验自身网络道德的合理性；也才能真正把"毋自欺勿欺人"落到实处，最终促进自身高尚网络道德品质的养成。通过反复检验自身网络道德的合理性，明确自己有哪些网络品行是不道德的、恶的，有哪些网络品行是道德的、善的。并有的放矢地进行自我监督、自我调节、自我批评，自觉去恶从善、改过迁善，逐渐养成良好的网络道德品质，为最终能成为一个实际合乎网络道德的人，做网络世界的真正"慎独"者奠定基础。

二、新媒体环境中慎独对道德自律的价值实现

（一）实现的原则

1.主体性与主导性相统一原则

主体性是网络主体在网络行为中对网络道德准则、网络行为规范的自主性、积极性和创造性。主导性是指网络主体能够支配自己的行为，自己能够支配自己的"心"，主要表现在：一是网络主体身份的虚拟性、交往的间接性使之摆脱了外界约束和压力的负担，从自我道德需要出发，以轻松自在的心态培养道德意识，确立自己的道德主体地位和自我主导力量。二是促使网络主体道德主体意识的觉醒。交往范围的扩大使各种冲突空前加剧，网络主体势必会反思，网络伦理道德需要和意识日益觉醒，为维持网络的正常秩序而自觉地行动起来，能够自觉主导自己同各种不道德行为、违法犯罪行为进行斗争。三是促使网络主体道德素质的不断提高。计算机网络技术的运用提高了网络主体的知识水平、自身素质和能力，在知识文化的应用中，网络主体的道德思维能力、道德践履能力都得到相应锻炼，为道德自律的实现提供主导性保障。

2.规范性与多元性相统一原则

规范性是指道德的约束性。使得网络主体既是网络道德的实践者，也是网络道德规范的实际创造者和制定者，使得网络空间的规范应以自律性规范为主，"自己为自己立法"，自立规范、自己遵守。而只有那些真正反映了网络主体的真实利益和需要的网络道德规范，才可能对网络行为起到指导和约束作用。比如，一些以协议或告示的形式出现在网站论坛上的伦理行为规范，虽然没有形成完整的系统，也不具有真正意义上的强制性和惩罚性，但为广大用户约定俗成并自觉遵守，体现出网络的自组织性。

现实生活中，一般只能有一种道德居于主导地位，其他道德则处于从属或者被支配的地位，体现了一元性的特点。"第四媒体"的互联网真正实现了信息交流的无

国界性，不同文化之间的交流通过网络传播变得更加直接和简便，这种异质文化的对话与融通，可以实现不同文化的共存与繁荣。但是，由于网络技术的西方化内蕴、网络传播历史的西方文化渊源以及西方大国有意识的操纵，使得依托网络传播的文化交流失去了平等性和交互性，变成了不平等的单向渗透，发达国家还竭尽全力地在网上兜售自己的行为准则和价值观念，力图对中国这样的社会主义国家实现其"西化""分化"的政治图谋，显然，就现阶段而言，一个全球的社会共同体的存在只是人们美好的愿望，社会历史现实不可能因高科技的发展而被超越，政治国家和各民族历史与文化价值观也不可能被超越，网络空间也是一个具有政治性和阶级性的空间。这就要求网络主体既要以开放的心胸汲取其他道德精华，同时要增强信息的辨别力和免疫力，无论是网络用户还是业界，都应该具有优化我国网络文化的责任感，加强网络文化中爱国主义、集体主义、社会主义建设，主动占领网络文化阵地，使网络"为我所用"。

3.虚拟性与现实性相统一原则

尽管网络道德有着不同于现实道德的特质，如自主性、开放性、多元性。但就网络道德与现实道德的基本关系而言，网络道德依然是现实社会道德的延伸，而不是独立于现实道德的新道德。首先，从网络与现实社会的关系看，网络作为一种电子空间，只是一种虚拟的物理存在，而之所以具有社会道德意义，主要是因为借助于网络主体——人在网络空间中的交往活动才具有道德意义的，而人的生存和发展始终都离不开现实生活。

其次，从技术与道德的关系看，技术本身并不能产生道德，道德的发展主要取决于社会生产关系，网络只是部分地改变了人们的交往手段和方式，远没有涉及社会生产关系的变革，在网络发展领先的资本主义国家，资本主义的整个制度框架并没有因网络运用的普及而发生根本变化。

再次，道德是普遍性和特殊性的统一，作为在人类长期社会实践中形成的一种特殊的社会意识形态，道德具有相对的稳定性、延续性和完整性，其表现形式也是多种多样的，如职业道德、家庭美德、社会公德等等。网络道德是人在特殊的交往方式—网络交往时形成和遵循的行为规范，是一种特殊的道德形式，不但不能脱离人类的一般道德规范而独立存在，反而恰恰应该体现出人类的一般道德规范。坚持网络道德与现实道德的统一性，突出网络道德实践是现实社会道德实践的重要组成部分，在网络主体的道德自律中有着重要意义，既可以避免一些网络主体借二者差异性而逃避现实社会道德的约束，还可以避免网络主体在角色不断变化的过程产生人格分裂，对心智正在发育的青少年而言，可以避免道德认知上的模糊性，有利于形成正确的世界观、人生观和价值观。

（二）实现的方法

1.体用"慎独"道德境界，加强网络社会个体自我道德教育

在当前的社会中，我们把"慎独"精神的实质已经丢掉了。亚里士多德认为，伦理德性与理智德性的重要区别就在于，道德德性地获得是要后天的实践并通过习惯而逐步养成的，而不像人的理性品质那样仅靠知识的传播的认知就能有效。因此，"慎独"精神要得到人们的重视和体用，最重要的还是要加强养成教育，并且道德不是仅靠"学"，而要"习"。当网络主体的道德行为是在一种发自内心的责任感和良心衡量中作出的，那么网络道德的规定性和他律性就被抛弃了，网络道德也由他律逐步向自律阶段转化。以往那种靠外在力量和外在的惩罚所要达到人们对道德规范的敬畏和遵守的他律性道德，是我们要抛弃的，我们要培养自主性道德，靠"慎独"，自觉自愿的道德实现与网络社会的对接，因此，我们必须加大"慎独"精神的宣传力度和教育强度，必要时进行理论灌输，让主体掌握"慎独"理论知识，然后充分利用大众媒体对网络主体进行"慎独"教化，宣传正义、诚心、自省等思想，树典型，表行动，只有这样，才能保证"慎独"精神被大众所接受，并且能够深入影响到个体的思想发展和行为导向。由接受"慎独"精神到践行"慎独"精神是需要过程的，但是，能将这种精神内嵌于个体的内心，变成个体内心深处的强烈责任感时，形成一种普遍的共同的网络道德自觉才会成为可能。

2.健全网络行为道德规范和法律监督体制是"慎独"实现的外部条件

实现个人的"慎独"，需要建立网络行为监督机制，将道德监督和法律约束机制引入电子空间，健全有关网络的法律规定。法律作为道德规范的基准，使得大部分人可以在此道德范围内进行他们的活动。网络道德规范就是网络主体在利用网络信息时应遵循的道德标准，网络道德规范可以制约人们利用网络传播、获取和利用信息的行为，又可以对人们利用网络道德传播、获取和利用信息的行为进行判断和评价提供标准。法律作为一种有效的社会调控手段在网络世界里同样可以发挥其应有的功能。法律只是作为"慎独"实现的外在条件，有利于网络"慎独"的养成。网络世界正处于"洪荒时代"，一切道德标准和法律都需要与时俱进，适应网络社会的需要。网络的道德来源于现实的道德，网络的法律也来源于现实的法律。因此，强调我国传统的"慎独"思想对于提高网络主体的道德素质和完善网络空间的道德体系都有着不可估量的作用，同时对于网络法律的制定也有着可信度较高的参考价值。

3.应用"慎独"德性修身方法，增强优化网络文化的社会意识和责任感

任何道德问题的出现必然与相应的文化氛围和文化环境的不佳状况分不开。网络文化有着强大渗透力和扩散性，容易让人感受到强烈的超前意识和时代新潮，也使人充满着新奇、激情和想象并拥有全新的自由体验。很大程度上，这是一个谁也难管但谁都想充分利用的天地。对于网络天地，相比之下，拥有超前网络技术或主

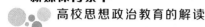
导技术的国家或民族将最有影响力和干预力。不管怎样，增强优化网络文化的社会意识和责任感，是一个有着超前意识和时代责任感的国家和民族应当关注的课题，因为这直接关系到对网络文化是消极放纵还是积极引导，是主动占领制高点还是被动放弃这一文化阵地、任由消极的文化将其覆盖。优化网络文化，形成有助于增强自律的文化氛围和文化环境，让处于其中的人们不知不觉中形成一种自我约束与自我控制力，需要人们做大量的工作。无论是人文工作者、科技工作者，还是关心网络文化未来发展趋势的大众，都有着转变工作方式与思想观念，积极参与网络文化建设与优化，积极向网络社会输送优秀文化的责任和使命。

4.以"慎独"为纽带，建立完善协调的道德自律体系

网络道德是传统道德规范在互联网环境中的一种特殊表现方式。一切网络行为必须服从于网络社会的整体利益，要求当个人参与网络活动时，不得以任何形式损害网络社会的整体利益。尤其对于未成年人来说，上网的道德底线是"于己无害、于人无损"。

首先，网民要加强自律。与传统道德相比，网络道德的一个突出特点或发展趋势，在于从道德他律到道德自律的明显变化。网络社会中的道德不像传统道德那样，主要依靠舆论来规范个体行为，而是靠网民以"慎独"为特征的道德自律。因此，网民要自我约束自己的网上行为，在网上只发布对社会有用和有益的信息，不做有损于网络道德的事。

其次，网络行业要加强自律。网络行业要进一步增强做好网络文化建设和管理工作的责任感和使命感，采取先进技术手段将不健康的内容拒之门外和及时清除出网。网络把关人要恪守"客观、公正、真实"的原则，遏制虚假、色情和垃圾信息在网络中的传播流通，使信息传播沿着健康的轨道发展。

所以，我们要逐步加大网络管制和监督力度。网络道德构建，需要一个良好的网络文化环境。在网络中发布信息具有很大的自由度和随意性，目前存在的最大问题是，对上网的各种信息缺乏必要的过滤、质量控制与管理机制。网络管制最有效的方式是法治，只有网络立法，才能使网络空间主体有法可依、有章可循，遵守法律规则，恪守网络规定，并通过法律约束其道德规范，做到网络空间违法必究，确保网络世界的健康发展。

（三）实现的目标

1.自我品性的修养

道德主体要加强自我品性修养，提升网络伦理道德的认识水平，呼吁人文精神。自我品性的修养首先是心灵的净化，对欲望的消解，反观人的自心，体会生命的本质。古人修身也正是遵循"志于道，居于德，依于仁"，完成对道德的体认和坚守。网络社会中，人的私欲可以说是得到了极大的膨胀，人们的猎奇心理比在现实社会

中更加的强烈，所以心灵净化对网络社会道德主体尤为重要。其次是意志的磨炼，"海纳百川，有容乃大；壁立千仞，无欲则刚"，"慎独"以对欲望的征服而成就自我的坚强，对外物是"勿意，勿必，勿固，勿我"的态度，在欲望与诱惑间坚持对道德的操守。网络社会也是最能考验人的意志的，在无人监管的环境下，意志的强弱直接导致的是否有违道德，意志控制着个人守住道德的底线。最后达到境界的升华，从世俗的功利境界走出，在慎独境界中，自我体认的不只是一己之"我"，还有他人之"我"，自然万物之"我"，由此我的生命就承担着不可推卸的责任与义务，"战战兢兢，如临深渊，如履薄冰"，超越小我，完成大我。在网络社会中，道德主体要有强烈的道德责任感，完成超我，不以私欲或者个人利益，而触动道德防线，抛弃小我，完成自我的超越，成就大我，完善人格。因而，传统"慎独"精神所强调的自我品性修养，就是要道德主体在网络环境中，时刻意识到自己的道德责任，真心为善，弘扬人的道德自觉和道德理性。高扬人的价值，注重人的思想，维护人的尊严，不要沦为技术的奴隶，呼唤网络人文精神，避免和制止信息异化和符号异化，理解网络道德的范畴、规范和原则，对自身的道德行为做出判断和评价，促进网络道德的内化。

2.道德目标的追求

道德主体要树立崇高的道德目标，把握正确的道德行为，实现内在真正的自由。道德目标追求表现为"慎独"对现实的精神性超越实现对自由的追求。自由包括外在束缚解放的自由与内在精神超越的自由。第二种自由是"慎独"所要追求的人性完美与自我实现的人生境界。无待于他物，无待于他人，是自我精神运动，是体认与关怀我心的真正自由，是绝对的持守己心的"独"。网络社会中，网络主体作为符号背后的虚拟人，感受不到ID背后的真实的人的存在，所以个体行为不受各种制约，大多数表现为不负责任、任意的点鼠标，为所欲为。"慎独"以对现实的精神性超越实现对自由的追求，求得是内心的精神的超越。人类摆脱外在束缚的自由追求过程就是马克思所说的人类改造自然的实践过程。马克思把人类的发展划分为逐步走向自由的三个阶段，"人类从诞生之初的人的依赖关系发展到以物的依赖为主的人的独立性，到建立在个人全面发展和他们共同的社会生产能力成为他们的社会财富这一基础上的自由个性三个阶段。"在现实中，外在的自由只能永远在实现中不断地去追求，所以，"慎独"不把外在的自由作为绝对的目标来追求，内在精神超越的自由是"慎独"所达到的，除了持守己心之"独"，要想达到真正的自由，则更需要"慎"。只有既"慎"且"独"，人的精神才能达到绝对自由。所以，内在精神超越实现的不是对外物的追求，而是对自我的持守，在网络社会，只有道德主体实现自我精神的持守，追求内在精神的超越，才算是达到了"慎独"的精神境界，道德主体在这一境界中实现了精神的绝对自由。

3.人生道义的承担

道德主体要勇于承担人生道义，促成正确的网络道德意识，健全网络道德心理。"慎独"精神讲求的人生道义的担当是从修身开始的，"修身"意在齐家、治国、平天下，由对家庭道义的承担，进入对民族道义的承担，最后做到对人类道义的承担，是一个向外生发的动态过程。在网络环境中，如果长期沉溺于"人——机——人"的相对封闭的空间中，很大程度上自我失去了与他人、与社会直接接触的机会，常常陷入孤立疏懒、空洞乏味的人生状态和空虚苍白的心理状态，从而失去对人生道义的承担，否定自我价值。健全的网络道德心理的发展是一个由外化到内化的复杂过程，而网络道德意识的形成，必须是知、情、意相统一的健全的网络道德心理为基础，儒家"慎独"提倡是以自觉的态度进行自我监督、自我调节和自我反省，这就要求网络道德主体加强其网络道德心理的自我调适力度，加速网络道德认识向网络道德情感和意志的转换，健全其网络道德心理机制，形成正确的网络道德意识。

第四章 新媒体背景下高校思想政治教育的跨界思维

所谓思维是人用头脑进行逻辑推导的属性、能力和过程。思维是人类特有的，是人类心理和动物心理的本质区别。诗人海涅曾经这样强调过思维的重要，他说：思想走在行动之前，就像闪电走在雷鸣之前一样。正确的思维方式是人产生正确的行为结果的重要因素。在新媒体时代，高校思想政治教育所面临的困境是客观存在的，需要我们从思维方式转换的角度探讨思想政治教育，实现高校思想政治教育全方位的转变，而跨界思维正是实现其正确发展的一个思维向度和逻辑起点。

第一节 高校思想政治教育思维方式的困境及现代转换

研究新媒体时代高校思想政治教育工作的特点和规律，加强和改进思想政治教育工作，必须探索和研究思维方式的改进问题。不同的思维方式有不同的作用，只有创造出体现时代精神的新的科学思维方式，才能成为人们从整体上认知和理解客观世界的思维工具，也才能为人们改造客观世界提供观念性的指导。

一、思维方式的含义与基本特征

（一）思维方式的含义

思维方式是指在人类社会发展的一定阶段中，思维主体按照自身的特定需要与目的，运用思维工具去接受、反映、理解、加工客体对象和信息的思维活动的样式或模式，它是反映思维主体、思维过程关系并且是在实践基础上形成的思维结构，同时又是由思维诸要素相互作用、相互结合而形成的相对定型、相对稳定的思维样式。思维方式具有整体性和综合性的特征。思维方式是定型化的思维形式和方法，是比较稳定的思维模式。思维方式与思维形式和思维方法有很多不同点。思维形式是指人们在实践基础上形成的概念、判断、推理等抽象思维和形象思维以及灵感等，人们是借助这些形式来表示思维内容和进行思维活动的。思维方法则是人们认识客观事物和把握客观事物的工具和手段，它在很大程度上规定着人们的思维路线、过程、逻辑程序和具体形式，并常常转化为人们观察处理问题的具体方法。

（二）思维方式的基本特征

由人类的生产、生活活动所造就的各种思维方式，虽然各有其特殊性，但也有一些共同的特征，这些特征主要表现如下：

1.时代性

一方面，思维方式的产生与形成具有时代性，任何一种思维方式总是在特定的历史条件下产生的，是特定时代生产方式的内化或者说是特定时代生产方式的观念形态，是那个时代的精神标志；另一方面是指一种思维方式的作用与前途受制于社会历史条件和社会的发展状况。一种思维方式在一个社会中的作用和地位，首先取决于该种思维方式自身的品质。另外，还受社会条件即时代状况的制约。一般说来，一种符合历史和社会发展要求，有着强烈现实性的思维方式，就必然会对社会发展起着巨大的推进作用。相反，与历史和社会发展相符合的思维方式，虽然在短时期内可能会在现实中有一定的市场，但是，当人们认识到它的局限性和危害性时，它就会被剔除，从而被新的思维方式所取代。

2.相对稳定性和独立性

思维方式作为一种观念形态的东西，它有自身独特存在与变化的规则，它与历史的变化、发展之间保持着一定的张力，即思维方式的发展与社会历史发展之间的关系并不是完全同步的。因为社会历史的变化对思维方式的变化发生影响，要经过诸如社会心理、情感等许多中间环节的过滤与反冲。同时，思维方式的变化是多种因素综合作用的结果。思维方式相对的独立性与稳定性主要体现在思维方式具有超前性与滞后性，以及思维方式的发展具有自身的规则与规律上。

3.群体性

思维方式的群体性就是对群体中单个具体的人的思维活动所具有的共同特点、特征的概括，它显示着该群体思维活动总体面貌。它表征着任何一个群体都有其独特的思维方式。按照不同的标准可以将人类分为诸如民族、阶级（阶层）、党派、行业、学术团体、家庭（家族）等大大小小的群体。一个群体与另一个群体之间思维方式的差距，是他们的社会生活所具有的差异性在观念领域中的反映而已。思维方式的民族性、阶级性、行业性和团体性等特征都是思维方式群体性特征的具体表现。而任何一个生活在一定群体中的个体，他的思维方式虽然具有鲜明的个人特征，但是，同样不可否认，他的思维方式必然带有该群体思维方式的特征。

恩格斯说："关于思维的科学，也和其他各门科学一样，是一种历史的科学，是关于人的思维的历史发展的科学。"思维方式和社会存在方式、实践方式紧密联系，因而它具有时代特征、区域特征、民族特征。不同的时代的思维方式都有其明显的时代特征。相对于思维方式的共性特征，新媒体时代的思维方式将呈现如下特征：

（1）系统综合性

亦称系统综合、辩证综合，而非机械综合。新媒体时代，现代实践面对的是复杂性客体，现代实践的规模越来越大，经常需要经济的、政治的、社会的、生态的、心理的、美学的等各种学科、各种技术的整体配合和协同工作。这就要求我们的思维突破"实体一属性"的范围，深入到"关系"之中，使思维从事物的实体质上升到关系质、整体质、系统质。按照系统综合，整体不再等于部分的简单总和，产生了系统的整体质。

（2）动态开放性

由于新媒体是动态的，动态思维，立足于发展的不可逆性、多样性（个性、可选择性、包容性）、随机性（弹性）和主体的能动性，是思维的目标、程序和方法的自我调节。同时新媒体也是开放的，由此无论是目标的控制还是程序方法的控制，都是思维在与周围环境的信息交流中实现的。

（3）自觉创造性

以新媒体的强大信息功能和逻辑思维为基础，人们具备了多角度的思维视野，提高了思维效率。人的个性化和全面发展，人们的智慧潜力进一步得到释放。因此主体的发明、创造能力被大大地激发。

（4）反理性

逻辑思维与辩证思维都属于理性思维。新媒体时代的思维方式充分估计人的兴趣、情感、意志、性格、潜意识、各类文化等非理性对理性思维的影响，是理性思维与非理性思维的相互作用和相互促进。现代实践的总目的是可持续发展和人的全面发展的需要，充分满足主体的个性化需求。如现代企业要按照用户千奇百怪的需求进行有效生产和服务，被称为"个性化服务"或"敏捷制造"。

（三）正确处理社会现代化与思维方式之间的关系

新媒体时代的思维方式，是一种现代思维方式，它与现代化的要求是相吻合的。从根本上来说，社会现代化与思维方式的现代化之间是互相促进、相辅相成的。这是因为：

现代化是由传统文明向现代文明转换的动态过程和动态描述，是物质、政治、精神领域里的一场深刻的历史变革，是社会和人的现代特性的发生、发展的过程和结果。人是推动社会发展和历史进步的决定性力量，现代化不仅指"物"的现代化，同时包括"人"的现代化。而实现"人"的现代化的关键是人的思维方式的现代化，人们要具有现代的思想观念和意识形态，具有现代价值取向，具有现代的思考方法，也就是说，要具有现代的思维方式，这不仅是实现社会现代化的要求，也是适应新媒体时代的要求。只有在现代思维方式的指导和支配下，"传统人"才有可能实现向"现代人"的转变。

更深入一步来说，人的思维方式的现代化也是人的现代化的先决条件。这是因

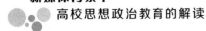

为思维方式与社会现代化是相互依存、相互作用、紧密联系、不可分割的。其相互作用的关键点在于：一定时代的生产力水平，特别是科学技术的发展水平，决定着这一时代的存在方式和人们的社会心理与价值取向，这种社会结构以及与其相联系的社会心理和价值取向一起决定着人们的思维方式，而思维方式的变革则会影响以至改变人们的社会心理和价值取向，并通过社会心理和价值取向的变化去促进社会结构的变化，最终促进生产力的发展。可以看出，这几种因素之间的关系不是一种机械决定论的因果关系，而是多因素同时相互作用的立体交叉的网状结构的辩证因果关系。思维方式作为人们思维活动中用以理解、把握和评价客观对象并借以确定自己的行为方式的基本依据和模式，它的变化在社会发展中是一个带有根本性的变化。特别是哲学思维方式，作为时代精神的结晶，集中地表现了时代发展的本质趋向和内在要求。因此，要实现从传统的农业文明向现代文明的转变，不仅必须经历哲学思维方式的根本变革，而且人们只有改变了看待一切问题的思维方式，才能彻底改变社会形态，进而实现整个社会生活的深刻变革。因而，没有思维方式的变革，就没有社会现代化的肇始；没有社会一般成员的思维方式的普遍变革，现代化就不能实现。而社会一般成员的思维方式的普遍变革则依赖于社会结构的变革。思维方式的变革既是社会现代化的原因，又是社会现代化的结果。

二、传统高校思想政治教育思维方式的困境

思想政治教育工作属于社会精神生活层面，肩负着塑造人的灵魂的重任，在人的现代化过程中意义重大。高校思想政治教育工作者思维方式的现代化既是社会现代化和人的现代化提出的要求，又是思想政治教育工作现代化赋予的使命。

（一）哲学层面对思维方式的审视

高校思想政治教育因时代的发展与变革而提出了新的机遇和挑战，从困境中突围，我们需要依靠哲学，因为哲学作为世界观和方法论的学问，能反映时代精华。新媒体时代高校思想政治教育，需要以反映时代精华的哲学思想为理论指导，只有在与时代精神相契合的哲学理论指导下构建，依据哲学思维方式的变革来指导思想政治教育的变革，才能促使时代、哲学与思想政治教育良性互动，才会显示出旺盛的生命力。

这里所说的思维方式是哲学层次的思维方式，从逻辑而非时间意义上讲，即"是一定时代人们的理性认识方式，是人的各种思维要素及其结合，按一定的方法和程序表现出来的相对稳定的定型化的思维样式，是主体观念的把握客体，即认识的发动、运行和转换的内在机制和过程。"简单地说哲学思维方式，即人们思考哲学问题的基本思路，特定的思维方式只能用来追问特定的对象。不同于一般意义上的思维方式的预演具体方法和操作技巧，哲学思维方式趋向于人们的认知取向和实践态

度。哲学所追问的对象有且只有两种可能：一为现成的对象；一为非现成的对象。以哲学思维方式为标准，可以将哲学划分为两大类别：以现成论为主导思维方式的古典哲学和以生成论为主导思维方式的现代哲学。

现成论思维方式的关键词是已完成性。即已"是其所是"，所追问的是"它是什么"。在现成论的思维方式中，一切都是已完成的，都有一个本质，这个本质决定着对象的"是其所是"，具有一定的预设性，带有绝对化的倾向。实际上，该思维方式包含着"本质先定、一切既成"的本质主义思维。

生成论思维方式的关键词是未完成性。因为未完成则意味着永恒处于生成变化之中，这是一种追问是"它如何""它怎样""它可能怎样"的思维方式。在生成论思维方式中，一切都是生成的，都处于永恒的变化之中，不再存在一个预定的本质"任何自身"——"自己本身"，都不是现成的，而是在一种相互引发、相互作用的过程中发生和成为自己的。现成论将思想政治教育的重心切换到为知识探究或道德推论上，在这种思维方式的投射下人们着眼于人之"是其所是"之根据，过滤掉了人之"是其所应是"的生活内涵。当今的思想政治教育要想进入受教育者心灵的通道，缩短教育双方之间的"卡夫丁"峡谷，就需要从现成论思维方式之遮蔽或遗忘的困境中走出来。不是以体系建构为鹄的，也不以统一性理论的论证为基础，而是切入生活的细枝末节，彰显人类处境中"人之是其所应是"的生活向度。

（二）实践层面对思维方式的反思

传统高校思想政治教育普遍运用现成性思维方式，人们主要运用这种思维方式去认识世界、解释世界，从而把握规律、寻找本质。在过去的实践过程中，该思维方式在推动思想政治教育从传统向当代的转型中也发挥过重大的作用。但随着时间的推移，这一思维方式却成为高校思想政治教育的羁绊，对预设性和确定性的片面追求，造成了教育过程中对人的全面自由发展的遮蔽，成为高校思想政治教育取得实效性的思维障碍。

1.抽象隔离性

现成论思维方式，曾几何时，它极大地推动了人类哲学和智慧的发展，但随着科学的发展和哲学问题的深入，这种思维日益暴露出其缺陷。在计划经济体制时代，以阶级斗争为纲的基本路线和简单整齐划一的日常生活条件下，指令式、教条主义语言和高度概括的抽象语言便应运而生。但随着现代人类社会环境的日益复杂化，特别是新媒体技术的产生，现成性思维会无法解决现实生活中的许多突发问题。在现成论思维的指导下，与国家意识形态有着内在一致性的高校思想政治教育，呈现出诸如教学目标的预成性、教学内容的抽象性、教学方法的灌输性等特点，这是历史的必然。但是现成论思维方式将思想政治教育的重心置于为知识探究或道德推论上，其思维逻辑就是二元对立、非此即彼，欲求"放之四海而皆准"的教育规律，在这种思维方式下使人们把人理解为抽象的外在研究对象。关注学生"是其所是"之根据，与学生的生活内涵及关系背景相隔离；忽略了学生的主体地位，更不可能考虑到学生的人性关怀，甚至出现简单粗暴的"强权式"教育；导致思想政治教育的实践状态与生活状态却产生了隔离，只要求学生牢记内容并按其要求行事，而不去解释原则的内在原因。这种思维方式，必然导致思想政治教育所传授的规范、规则与学生身心无法形成交融，无法与学生的内心世界产生共鸣，也会逐渐削弱思想政治教育的生命力。

2.凝固僵化性

现成性思维方式，势必将教育活动看作可以预定的不变的现成存在的机械运动，容易使一些概念凝固化。思维方式的凝固化，其结果必将是无视环境的变化而把教育对象也看成僵化的、一成不变的人。这种形而上学的对象性思维方式对现实中的人是不能完全适用的，思想政治教育必须运用生成性思维方式，把对人的解释、理解从传统哲学思维方式还原为关于现实世界的思维方式，才能使学生真正获得主体性。可见当前绝大多数情况下，现成性思维方式与思想政治教育之间存在着内在的冲突和矛盾，无法体现思想政治教育的特征，影响了思想政治教育的实效性，也使思想政治教育处于低效状态。"整个所谓世界历史不外是人通过人的劳动而诞生的过程，是自然界对人说来的生成过程。"问题的解决首先需要改变传统的思维方式，由现成思维转向生成思维。

第二节　跨界思维的内涵及其内在合理性

一、内涵

跨界，本源自欧美乐坛，后被设计、营销等广泛引用，目前是各行业领域中的一种流行概念，其意为对界限的跨越。跨界思维是一个全新的概念，是指用多角度、多视野地看待问题和提出解决方案的一种思维方式。它强调互涉、交叉与跨越，也有综合之意，是一种时尚的生活态度，也是一种新锐的思维特质。跨界思维不是封闭的，而是灵活多样、开放的，一方面要多视角看问题，另一方面要寻找它们的关联交叉点，要把多领域知识进行融合。新媒体时代，跨界思维作为寻找和发现新的交叉点、定位点的一种理性向度，它要求高校思想政治教育工作者要用更高的思想、更广的视野、更深的素养、更多的生活体验来整合思想政治教育，以达到最佳的思想政治教育效果。

跨界思维具有以下四个主要特征：

（一）多视角性

跨界思维本身需要多视角性，即站在不同立场观察和思考问题，寻找到交叉点。在现实生活中，由于人们的阅历和经历的差异，不同的人看待同一事物的角度会不同，往往得出的结论也会完全不一样。善于从多视角看待问题，正是避免看问题不全面或者处理问题的方式方法不当的最好良策。对于思想政治教育工作者来说，要做好思想政治教育工作，就不仅要站在教育者的角度，还要站在受教育者的角度；同时也要站在社会、学校、家庭等多方面的角度去思考问题，跨越看得见或看不见的因素，从尽可能多的视角性出发，我们就可以寻找到最佳交叉点，从而更好地发挥思想政治教育的作用。

（二）多关联性

跨界思维强调关联性，需要多领域知识的融合。由于新媒体不仅兼具了人际传播与大众传播的功能，而且还具有强大的信息整合能力，它需要思想政治教育工作者具有对不同学科的综合归纳能力，善于将这些知识和信息加以融合。跨界思维所具有的多关联性，不仅有效地迎合了这种需求，而且也有利于思想政治教育作用的发挥。

思想政治教育是一个系统的过程，各要素之间是相互关联的。当教育者、教育对象、教育内容和教育方法等要素都独立存在、无相互关联时，现实的教育活动就无法实施；只有当这些要素相互关联、相互作用时，才会产生现实的活动，成为教育的现实表现形式。因此，只有跨界思维，将各级各类因素统筹考虑，使各要素之间相互关联，才会使思想政治教育发挥最大的运行效力成为可能。

（三）多样性

人是一切社会关系的总和，环境和人的多样性构成，不仅是客观存在的，也是跨界思维所需要的。由于各种各样的人所处的环境、所涉及的领域是丰富多彩的，显然依靠传统思维是无法胜任的，唯有跨界思维才具有运筹各种思维的整合能力。比如，高校思想政治教育中，大学四个年级中，大一新生的思想状况与大四毕业生的思想状况是不一样的，而每个年级中的每个学生的思想状况也是不一样的，这就要求思想政治教育工作者具有运筹各种思维的整合能力，首先不仅要面对多样性的受教育者，还要面对多样性的自己，更要面对多样而复杂的育人环境。同样，就受教育者自身而言，要接受各种各样的信息，要面对未知的依然复杂的环境，单纯以固定的思维模式显然不足以应对多样化的生活。

（四）创造性

跨界是指不同领域间的跨界合作，是思维嫁接的体现，但这种嫁接绝不仅仅是思维的叠加，而是一种全新的再造。创造性思维的多向性发展，在继承了所跨之界各自的优秀特性的基础上，其自身也呈现出了超乎寻常的创造性价值。这种创造性价值是体现在多个方面的，其中的重要一点就是基于独特的思维理络。

二、新媒体时代高校思想政治教育跨界思维的内在理路

（一）合理性

1.生成性思维方式的价值实现

跨界思维是一种动态的变革和超越。高校思想政治教育是一个动态的、综合的过程，需要突破"思想政治教育是什么"这个界，完成"思想政治教育如何是"的现实思考，其中，重要的问题不在于"是什么"，而在于"如何是"。现成性思维之下的思想政治教育，看不到人与环境、人与自身、人与社会、人与自然的四重关系，看似是最重视人的教育，而实际效果却是"人"仅仅被赋予了政治的手段，远离了价值的诉求。在放之四海而皆准的权威理论教育下，被教育者仅仅是"被"教育，距离社会渐行渐远。马克思主义在其实践论里提道：一个人怎样生活，他就是怎么样的人；一个社会是什么样的，不在于它生产什么，要看它怎么生产，一个社会怎么生产，这个社会就怎么样……旧事物向新事物的转变必然要选择它作为基本的思维方式，才能推动历史，推动新生事物的发展。它要求人们认识事物既能结合历史，又能把握现实规律呈现动态化和历史化的有机结合。马克思主义经典作家认为人并非"与世隔绝""离群索居"的，人类正是通过活动形成了客观的社会关系，进而又在这种社会关系中形成、完善自己的性格特点、价值取向和生活方式。社会关系的存在是道德赖以产生的客观条件，思想政治教育理应是"关系中"的教育活动。"具体地说，就是理解一个事物时，不是从此事物去理解此事物，而是从与此事物相关的他事物去理解此事物，即从彼事物的存在去把握相关的此事物，或从此事物的存在去把握相关的彼事物。"21世纪的思想政治教育必须重视新媒体时代的特征，在互动关系中动态追问"人成为怎样的人""人怎样成为人"，利用各种介质的互渗互斥发挥对被教育者的导引作用。基于此，新媒体时代，高校思想政治教育跨界思维是生成性思维方式的价值实现。

2.人才培养之必须

思想政治教育作为研究、培养人和发展人的一门学科，要从"现实的个人"出发。马克思、恩格斯在《德意志意识形态》中指出："我们的出发点是从事实际活动的人，这种观察方法并不是没有前提的。它从现实的前提出发，而且一刻也不离开这种前提。它的前提是人，但不是某种处在幻想的与世隔绝、离群索居状态的人，而是处在一定条件下进行的、现实的、可以通过经验观察到的发展过程中的人。""现实的个人"思想是马克思、恩格斯所阐述的唯物史观的重要前提和出发点，具有丰富、深刻的内涵。新媒体时代，"现实的个人"的生存状态已经发生了变化，如果我们还固守着原有的思想政治教育思维方式，不能从已经变化了的"现实的个人"

出发去进行思想政治教育工作，思想政治教育的实效将会大大降低。传统思想政治教育在现成性思维方式的指导下，把人当作先验存在物，因而在教育实践中背离了人性所特有的过程和规律，使本来应该充满人性魅力的思想政治教育变成无视学生主体能力、令学生厌烦的灌输和说教。新媒体时代高校思想政治教育必须正视现实语境的变异，不能再单纯地依靠传统的理论框架和概念介绍的方式来进行讲授，而应该跨越理论框架与当前现实生存语境的界限，努力使理论教学与现实语境形成视域融合。思想政治教育需要突破封闭的束缚人的心灵自由的知识传授和思想规训，进入到一种诗性智慧的启迪。如果不能关注或解释当代的现状，它存在的合法性就会变得可疑，就无法为学生所接受，很难达到较好的教育效果，更别谈什么实现师生间的视域融合。所以，我们必须要跨界，跨越理论与现实语境的界限。

3.课程改革之需要

新媒体时代高校思想政治教育不能局限于对性质、特点和一般规律的纠缠，而跨越理论与实践的界限，引导学生从多元视角和方法来观照当下的现实案例，通过对具体问题的探讨来提升理论素养，不再让学生有"学习思想政治教育有什么用"的疑惑。90后大学生是伴随着各类新媒体成长起来的，他们手里拿的或包里背的不是所谓的经典读本，而是流行泛滥的大众文化产品，如时尚生活期刊或流行视听产品，他们介入的不一定是纯粹的理论知识，而是对大众文化产品的消费。对这些产品的追求，呈现出日益个性化和多元化的学生们表现出浓厚的兴趣。从这个意义上说，我们的思想政治教育需要跨界。因为，兴趣是最好的老师，单单就课程而言，与其他课程相比，思想政治理论课与学生热衷的这些日常大众文化产品之间有着更为密切的天然联系。为了吸引学生，我们可以跨越纯理论课程与社会文化的界限，利用"主体间性"，通过对这些文化的评析来促进学生对理论知识的掌握，让学生通过切身体会式的学习来奠定将来必不可少的理论基础。

4.人的全面发展的诉求

教育目的的理论基础是"人的全面发展"。从本质上来说，"人的全面发展"是一种理想信念。对人的完善、和谐的追求，一方面体现了人性的内在向往和本能的自然追求；另一方面，也体现了社会进步和发展的外在要求，它是主客观的统一。根据对马克思关于"人的全面发展"学说的理解，"全面发展"包含三个层次，即完整的人的发展、健康的人的发展、和谐与自由人的发展。传统高校思想政治教育在现成性思维方式的引导下，强调工具性价值，即对人的社会适应性功能，要求学生遵守预设的社会规范以维持社会稳定，忽视了思想政治教育更为本质和重要的生成性功能，即为学生的全面发展和终身发展服务。在当今社会，人与世界、主体与客体、人和自己对象之间的相互关系是新媒体背景下，思想政治教育要跳出工具性价值，实现价值的跨越，重视人类自我完善与发展多样性、丰富性的趋势。以培养和造就既能胜任工作又能学习、生活的全面发展的人，是高校思想政治教育工作者最为重要责任。要完成这一责任，关键在于充分理解和尊重人的需要及能力，重视人的发展的多样性和独特性，更要重视和尊重人在生活实践中自由选择和创造的权利与责任，只有这样才能真正体现思想政治教育的育人价值。

总之，新媒体时代的高校思想政治教育的实践中，要养成跨界思维，以"理解"作基础，以"对话"为形式，以"载体"为手段，以"内容"为核心，不断创新教育方式和方法，在新的社会环境和教育环境中，潜移默化，循序渐进。高校思想政治教育唯有主动、提前进入这一新的思维领域，才可能更好地产生教育效果，完成其历史的、现实的重大任务。

（二）可行性

1.为思想政治教育跨界思维提供了条件

目前，新媒体作为思想政治教育载体的形式，主要有两大种类：一是手机，包括通话和短信；二是网络一包括博客、播客等个性化网页和虚拟社区、门户网站等；QQ，MSN等聊天工具（特别是QQ群）；也包括个人数码助理，一般指掌上电脑，甚至包括具有对话功能的在线网络游戏。与传统媒体（书信、电话、报刊、电影、电视等）相比，新媒体既可以纳入正式思想政治教育渠道，成为学校行为，也可以是学生或者施教者的个人行为，成本都很低；另一方面，受教育者在进行提出反馈意见等活动时，隐蔽性增强，因此享有更大的安全保障可能。新媒体的无屏障性、灵活性、平等性和快捷性等特点，与跨界思维的多视角性特征相适应，为思想政治教育跨界思维成为可能。

2.为思想政治教育跨界思维提供了物质基础

寻找思想政治教育的交叉点，是跨界思维的着力点。在思想政治教育载体选择过程中，新媒体信息传播的开放性，工具的先进性，媒体工具转变为各种影响力量都可共享的信息平台，这为尽快寻找到思想政治教育的交叉点提供了信息资源和工具上的便利。因此，使用新媒体，只要拥有一个信息终端，就可以发帖子、发短信、QQ聊天、写博客，甚至网络游戏等，都可以架构一平台，在共享平台上进行思想政治教育。这种能够使媒体工具迅速转变为信息共享平台的特点，与跨界思维的多关联性特征相吻合，为思想政治教育载体选择的跨界思维而成为可能。

3.为思想政治教育跨界思维提供了保障

由于新媒体以灵活性和快捷性见长，其互动性能够加速信息的传播与扩散，使得思想政治教育的渗透性得以提升。对于成功的创新者来说，往往他们能在相互关联的项目上开展工作。无论是教育者还是受教者，在进行媒体选择的时候，都可以通过新媒体来进行互动和传递信息，比如思想政治课堂教学，可以引用先进的多媒体技术，也可以链接网上资源，更可以在线讨论，从而改变传统教学中的单一的方式。新媒体所具有的多种形式特点，与跨界思维的多样性特征相衔接，为思想政治教育载体选择的跨界思维而成为可能。

第三节　实现高校思想政治教育跨界思维的策略选择

跨界作为突破新媒体时代高校思想政治教育困境的一种思维向度，它要求教育者在实践中要选择正确的策略，切实解决好跨什么界、如何跨界的问题，使之更好地适应高校思想政治教育创新发展的要求。

一、理论与实践间的跨界结合

信息总是沿着含有门区的某些渠道流动，在那里，或是根据公正无私的规定，或是根据"守门人"的个人意见，对信息或商品是否被允许进入渠道或者继续在渠道里流动做出决定。现成论思维方式的宿命是讲授比直接呈现给我们的东西隐蔽和费力得多的理论知识，往往会抽象得让学生望而却步。但众所周知，理论是来自实践又要回归实践的，理论与实践就像一间房子的两扇窗户，虽各自独立，又相互贯通，二者之间保持着和谐有度的张力。高校思想政治教育要打破理论与实践间的壁垒，努力实现理论与实践间的跨界结合。应采取的举措有：一是教学要走出狭窄的理论领域而跨界进入到开放宽泛的社会生活领域，将理论教学适当扩大到实践教学，让学生从社会、文化、消费等方方面面的不同视角来理解思想政治教育理论，引导学生"沿波讨源"，由道德实践获得道德认知和情趣；二是对抽象而晦涩的理论进行"减肥"和"消肿"，通过简化、淡化处理，精简出最为贴近生活领域的教学内容。应该说，教育教学的意义和效果不仅取决于教育者的教法，也取决于所传授的内容，更取决于师生间的视域融合。任何拔高理论的抽象玄虚，割裂理论与实践紧密关联的张力平衡关系，都将成为学习的障碍，无法达到视域融合，成效浅微。跨界思维意味着我们在传授理论知识时一方面要有理论节点，另一方面也要大量运用实践案例做支撑，也就是说话要接地气，反对说教。

二、学习资源的跨界融合

毋庸置疑，课堂教学仍然是高校思想政治教育的主渠道。跨界思维要求打破传统的课堂教学模式，充分发挥新媒体的话语权。在学习资源内容的设计上，完善学习资源内容的设计。在教学内容方面，演绎传统的课堂教学方式，发挥理论灌输的作用；在教学方法和手段上，擅用多媒体技术，使理论灌输富有新意。这里的学习资源内容包括三个层面：第一个层面是资源的核心内容，即高校思想政治理论课，如《马克思主义基本原理概论》《毛泽东思想和中国特色社会主义理论概论》《思想道德修养与法律基础》等课程。针对这些政治理论课程的特点，为吸引学生，应采用现代手段凸现出来，化抽象为具体，变枯燥为情趣，并创建精品课程，使之成为大学生乐于主动接受思想政治教育的主阵地和主课堂；第二个层面包括与核心内容相符合的背景知识介绍和述评，如教案、参考资料、典型案例以及与其相关的链接网站等；第三个层面则为核心内容的延伸，比如在讲述马克思主义基本原理概论课程的同时，大量收集新观点、优秀成果和名师讲座等，拓宽学生的视野，真正让学生树立科学的世界观、人生观、价值观和道德观。

三、部门间的跨界组合

利用新媒体技术，组合学校的物质要素（校园风貌、建筑风格）、制度要素（管理与服务）与学生共享，是新媒体时代提出的一项要求。其主要的组合方式是打造特色网站，如在校园网上建立"图片鉴赏"和"视频新闻"，可以将静态的学校风貌和建筑风格等以直观的视觉出击展现出来，通过图片的点击，传递大学文化和精神，这将有利于学生在不知不觉间受到感染和熏陶，启迪学生的理性，激励学生的意志，督促他们自觉地修身立德。通过"学校管理和制度"栏目的建立，以公开的方式让学生体验学校管理制度中体现"依法治校"理念，有利于培养学生的法治观念，养成学生遵纪守法的习惯。当代大学生的主体意识非常强，通过这样的举措，可以增强学生的参与意识和主人翁意识，发挥主动性。

四、教育主客体的跨界汇合

实现跨界思维，需要教育主客体之间打破师生之间的壁垒，创建精神家园，实现教育主客体的跨界汇合。这种汇合体现在两个方面：一方面是指在教育者团队建设方面，利用博客等新媒体与学生进行亲密接触，通过施教者对受教者的理论熏陶和魅力辐射来影响学生，激发他们的道德意识和学识力量。具体来说，则表现为教师和辅导员个人通过开设空间，撰写博客文章，上传学习辅导材料，讨论话题等，在网上公开自己的QQ、飞信等联系方式，建立飞信平台和QQ群，与学生进行心灵接触，保持信息快捷传递和工作通道的有序畅通。另一方面，通过类似在线和实体的"和风小筑"之类的精神家园的创建，可以积极引导大学生树立正确的人际观点，帮助排解心中的郁结。此外，像"南京大学小百合"等BBS板块，也是不错的沟通渠道，当然，这需要深入研究其中的舆论规律，坚持及时、正面地回答学生的问题并发挥其引导功能。针对BBS中出现的各种舆论，及时分析事件的性质、真相以及帖子本身包含的情绪，并对此做出合理反应，正面引导，解决问题。不可忽视的QQ群共享，则成为大学生学习、生活不可或缺的良师益友，学生和老师的共同参与，为及时了解和解决学生学习、生活中的实际问题创造了条件，这会成为学生们的延伸课堂。

五、精神文化升华的跨界联合

新媒体时代高校文化建设需要实现跨界联合，将新媒体文化建设纳入到校园文化建设中，拓展校园文化内涵，发挥校园文化功能。通过不断改进和加强大学生思想政治教育的信息化、数字化、网络化和多渠道建设，促进思想政治教育与新媒体价值影响的相互协调，形成高校校园文化建设和大学生思想政治教育之间的信息回路和资源整合，更好地营造健康向上、活泼生动的校园文化氛围。如在传统的校园文化即学术讲座、艺术交流、娱乐文化、辩论演讲、游戏竞技、动漫文化等活动过程中，大学生的风采会凸显出来，将这些彰显大学精神的鲜活的材料和生活在身边的优秀大学生先进材料及时地挂到校园网上，成为众人点击的目标，不仅发挥了榜样的育人作用，更使得这浓郁的校园文化氛围会在不知不觉中提升健康、高雅的人格。

当然，我们也应当看到，在实际生活中，难免有一些人会利用新媒体具有开放性、隐匿性和虚拟性的特点，发表不负责任的言论，或侵犯他人名誉权，对他人进行侮辱和骚扰等，造成媒介行为和道德行为的失范；有一些大学生过度使用网络和手机，大行"手中乾坤"，偏离了学习目标、降低了学习效率，甚而影响到周围的同学。此外，新媒体的方便易用、形象生动的独特优势，也使得一些教育工作者容易产生一定程度的依赖，从而降低思想政治教育载体的作用；同时，由于大学生自我控制能力相对较差，过多使用和依赖新媒介。所有这些，都需要高校信息监管部门行动起来，加强对新媒体信息的监控和引导，加强对信息资源的筛选、过滤、净化和管理，使大学生生活在一个生态的媒体环境中，共同营造跨界思维的有效实现环境。

第五章 新媒体背景下高校思想政治教育的话语变革

新媒体给高校思想政治教育提供了全新的环境，它的发展使思想政治教育主体的信息优势丧失、某些传统方式方法失灵，话语权也发生了变化。因此，加强对高校思想政治教育话语研究，系统探讨高校思想政治教育话语权的变化及其缘起，变革和重塑高校思想政治教育话语权，是新媒体时代提高高校思想政治教育有效性的一项迫切任务。

第一节 新媒体时代高校思想政治教育话语的特征与功能

一、新媒体时代思想政治教育话语的内涵

目前国内针对思想政治教育话语的定义有几种不同的观点，概括起来主要有三种：

第一种观点认为，思想政治教育话语是思想政治教育活动主体在思想政治教育实践中，通过一定方式表达出来的指向一定思想政治教育目的的话语。思想政治教育话语是思想政治教育得以实施的中介，是思想政治教育活动得以完成的必要手段，是影响思想政治教育有效性的重要因素。同时还指出了思想政治教育话语的三个特征，即思想承载性、主体主导性和内容契合性。

第二种观点认为，思想政治教育话语是思想政治教育活动主体在思想政治教育实践中，以口头或书面方式表达并指向一定思想政治教育目的的话语，并提出思想政治教育话语有控制式、劝导式和对话式三种形式，并逐渐从控制式和劝导式转向对话式，突出思想政治教育话语的人文关怀和以人为本的宗旨。

第三种观点认为，思想政治教育话语是指在一定社会主导意识形态支配下，遵循一定的话语规范、规则和规律，并在特定的话语语境里，思想政治教育活动过程中的教育者和受教育者用来交往、宣传、灌输、说服，以及描述、解释、评价、建构思想政治教育内容和主体间思想观念、价值取向和行为表征的言语符号系统。

基于新媒体时代思想政治教育的形式、内容等诸方面均已发生了重大变化，笔者在概括上述观点的基础，提出自己对话语的理解，认为话语的定义应当是：

新媒体时代思想政治教育话语是指思想政治教育活动主体运用新媒体技术，通过多形式、多模态的信息传播而展开的沟通活动，包括说话人、受话人、文本、沟通、语境等要素，以达到指向一定思想政治教育目的的言语符号系统。

二、新媒体时代高校思想政治教育话语的特征

与传统高校思想政治教育话语特征相比较，新媒体时代高校思想政治教育话语特征是有所不同的，主要有四个特征：

（一）思想开放性

传统高校思想政治教育所传播的思想主要是通过话语来实现的，没有话语也就没有思想。话语具有多种表现形式或者话语方式，任何一种话语方式都承载和传递着一定的思想内容；离开了这种"表达方式"，就不会有任何思想体现，无论是表达者还是接受者，都是首先通过话语方式来表达和理解语言信息的。而新媒体时代却使这种"表达方式"发生革命性变化，新媒体在传播时间、内容和方式上都表现出了极大的开放性。新媒体信息的传播可以突破时空界限，跨越千山万水，抵达世界的各个角落，成为真正意义上的"全天候媒体"。新媒体尤其是网络新媒体的广泛传播带来了海量信息，实现了"资讯无屏障"，使网络用户可以获取的信息"永不枯竭"。因此，新媒体时代高校思想政治教育所传播的思想，必须体现极大的开放性，它应当善于借助这种"开放性"的"表达方式"来承载和传递着一定的思想内容；可以说，离开"开放性"话语，思想政治教育活动主体的教育思想既无法表达，也无所依附。

（二）主体交互性

传统高校思想政治教育话语，通常是以思想政治教育工作者作为教育的主体的，所采用的控制式和劝导式话语方式与思想政治教育工作者在思想政治教育实施过程中的主体地位是相适应的，表现为"实施主导性"。新媒体时代，新媒体的传播方式是双向的，传播者和受众在信息交流过程中都有对等的控制权或主动权，每个人既是传播者，又都是受众，传播信息和接受信息几乎可以同时完成。由于在网络空间里每个主体都以相互区别的代号平等存在、平等对待、平等交流，要求高校思想政治教育话语的对话方式表征着教育者与受教育者之间是一种民主交往关系，双方拥有平等的话语权，教育者与受教育者可以采取自愿、自由的方式展开对话，并且这种对话不是封闭式而是开放式的，不是控制式或劝导式而是交互性的。施教者只有充分认识到思想政治教育话语主导性的变化，不断调整自己、完善和发展自己，才能更好地发挥自己在新媒体时代高校思想政治教育中的教育和引导作用。

（三）形式多样性

传统高校思想政治教育话语形式比较单调，主要通过课堂、讲座、报告会等形

式来实现。新媒体时代，由于新媒体技术的广泛运用，话语表现形式丰富多彩，就互联网而言，就有网络即时聊天、网络博客、播客、微博等多种形式。它们巧妙地绕开现有结构的控制，使得人们对信息的获取越来越快捷、方便、自由。新媒体所具有的多样性话语形式，不仅超越了报纸版面、电视时段、地缘等方面的限制，更突破了高校课堂、讲座、报告会等话语形式的局限，大大改善了传统媒体传播信息过程中受众的被动地位，在时间和空间两个维度都极大地提高了话语传播的可能性和有效性。因此，新媒体时代高校思想政治教育话语必须切实掌握这种"点对多""多对多"等话语形式，只有这样，话语意义才能通过这些新的形式以及不同的模态得以体现。

（四）内容个体性

传统高校思想政治教育话语的内容历来强调两点：一是思想政治教育话语必须与思想政治教育对象的日常生活及利益、需求相契合，具有相应的联系；二是思想政治教育话语的表达要与思想政治教育对象对信息认识、理解的程度相契合。即：思想政治教育话语所指向的思想政治教育目的、所表达的思想政治教育内容都要与教育对象具体的接受能力和接受特征相适应。但是在实际操作时，由于受到各种因素的影响，效果不明显，尤其是对有个性化需求的更难以有效。新媒体技术的运用，也为高校思想政治教育话语带来了两个革命性的变化：一是对等，在新媒体世界，没有老幼尊卑，人们随时享受到的是对等的关系、对等的权利。由此带给我们的是思想教育主客体关系本质的变化。二是点对点，过去"一令众应"的指令性话语发送在新媒体世界变成了"个性化"的问题解决，由此带给思想政治教育的是对传统的、相对粗放的工作模式的变革，是注重每个学生的个性需求，强调学生的主观能动性，更新固有的工作理念和方法的变革。新媒体时代高校思想政治教育应当注重话语内容的变革，融图形、文字、声音、动画等为一体，为大学生提供"点对点"的话语传播服务，尤其是针对不同需要的大学生提供个体性的服务，使得思想政治教育话语内容更具契合性和实效性。

三、新媒体时代高校思想政治教育话语的功能

新媒体时代高校思想政治教育话语的功能，概括起来主要有6大功能：

（一）载体功能

所谓高校思想政治教育话语载体，是指能够承载和传递思想政治教育话语内容的物体或工具。新媒体时代，新媒体技术为高校思想政治教育和学习交流搭建了一个数字化、网络化和智能化的话语载体。所谓网络化是指利用通信手段把分布在不同地理位置的计算机连接成为一个计算机的集合体，主要是指广域网和局域网的充分互联。互联网高度整合局域网上的各种教育和科研上的资源以及整个社会的知识

资源，是一个超越时空限制并且完全开放的教育和学习平台。所谓数字化是指利用现代科技信息技术将图像、文本、声音与动画等物理信息以某种数字格式进行录入与存储并进行传播。那些充分共享的数字资源发展成为全社会进行教育和学习的共同拥有的知识财富。所谓智能化是指包含超媒体、人工智能、多媒体与知识库等都在内的信息技术，与计算机网络进行统一，从而能够更有效地使用数字资源，进而创造出一种具备智能化的思想政治教育系统和环境。高校思想政治教育作为一种教育活动，需要有一种纽带把思想政治教育主客体有机结合起来。这种纽带就是高校思想政治教育话语载体，或者说是承载和传递高校思想政治教育话语内容的物体或工具，高校思想政治教育者可以通过运用和发挥这些话语载体功能，把高校思想政治教育的内涵传递给学生，使高校思想政治教育内容和信息作用于学生。没有这些话语载体功能作用，高校思想政治教育工作者和学生的关系就会断裂，无法实现二者的沟通和互动，教育内容自然无法传输给学生，思想政治教育的效果也就无法显现出来。

（二）导向功能

导向功能是高校思想政治教育话语最主要的功能。思想政治教育的话语实现，必须通过各种传播媒介，而传播媒介的发展，尤其是新媒体的出现，使得高校思想政治教育话语的导向功能更为显现。随着传播信息的扩展和传播速度的加快，当今社会信息传播方式大大丰富起来，现在人们通过手机短信，除了可以发送文本信息外，还可以发送音频、视频信息。同样，通过网络，可以以在线聊天的方式以文字、信息、视频等多种形式通话、聊天；可以通过博客、BBS发表自己的见解，阐述自己的观点；可以通过文本、多媒体播件传递各种信息，等等。总之，各式各样的信息都可以通过新媒体进行多种方式的传送，其形式变得越来越复杂多样。由此传统的思想政治教育的单向灌输话语不再可行，取而代之的是思想政治教育导向话语，通过思想政治教育的导向话语营造主流话语氛围。所以，思想政治教育话语的导向功能是时代所要求的基础功能，而其功能的体现必须借助新媒体才能实现。为体现高校思想政治教育话语在价值、目标和行为导向方面的功能导向作用，思想政治教育工作者可以利用新媒体即时性的特点，将学生感兴趣的思想政治教育素材发布到网络空间，促进高校思想政治教育学习的即时性；还可以利用新媒体的开放性、随意性特点，将自己在道德观、人生观、价值观方面的观点，通过简单凝练而富有哲理的文字形式发布到微博空间，对学生进行教育，从而提高思想政治教育的针对性。在网络环境中，由于每个人的认识能力和处理信息能力不同，大众媒体时代所遗留下的"权威性"仍将在网络新媒介中习惯性地发挥作用。当网络上出现大量不同议论、争辩激烈时，人们往往会自觉、不自觉地关注权威评论家的话语，希望"意见领袖"为自己答疑解惑。为此，应发挥好"意见领袖"话语的导向功能作用，加强

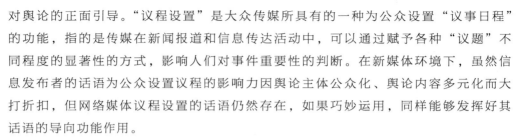

对舆论的正面引导。"议程设置"是大众传媒所具有的一种为公众设置"议事日程"的功能，指的是传媒在新闻报道和信息传达活动中，可以通过赋予各种"议题"不同程度的显著性的方式，影响人们对事件重要性的判断。在新媒体环境下，虽然信息发布者的话语为公众设置议程的影响力因舆论主体公众化、舆论内容多元化而大打折扣，但网络媒体议程设置的话语仍然存在，如果巧妙运用，同样能够发挥好其话语的导向功能作用。

（三）互动功能

思想政治教育是一个双向互动的过程。新媒体时代，网络改变了人际沟通的模式，使人际沟通与互动的广度和深度达到了一个新的层面。网络将私人空间与公共空间结合起来，给人们的沟通提供了前所未有的便利。这是一种心理与科技结合的渐进革命。在网络人际沟通中，个人以局部参与互动，实际上是个人自我认同的互动，但参与者共同组成的社会，支撑着互动的进行，个人甚至有时也援引在真实世界中的身份来推动这一互动过程。网络所有的多媒体特性都隐含了互动的功能。过去的人际传播是"点对点"的"对话式"双向传播，大众传播"点对面"的"独自式"单向传播。新媒体为人类传播活动提供了第三种传播形式——电子"交互式"的网络传播。这种话语的传播形式既综合了人际传播与大众传播的特点与优势，又不是两者简单的整合和延伸，而是一种全新的沟通互动功能的创造和体现。

从某种意义上说，新媒体时代高校思想政治教育话语既是广义上的信息传播和通信过程，它同样也是一种特殊的远程信息传播或通信、一种情感传播的过程，其话语的互动功能主要表现在：有助于高校思想政治教育工作者能够按照一定的教育目的要求，选择合适的思想政治信息，通过有效的媒体通道，把知识、观念和技能等远程地传送给教育对象，在教育者和受教育者之间实时地进行双向话语交流活动。同时，也有助于发话者在话语互动的过程中，能够立足话语接受者的实际，结合接受者自身特点，充分尊重个体差异，从接受视角出发，合理满足话语接受者的话语需求，优化表达语境，准确表达教育信息，及时提取反馈信息，从而使接受者在话语的互动中也能够积极主动地接受教育，并通过内化、外化形成良好的思想道德品质和品德行为。因此，可以说新媒体时代高校思想政治教育话语所具有的互动功能，是一种网络思想政治文化传播，是一种在时间和空间上拓展人的语言和情感的融政治性和思想性为一体的网络双向互动行为。正是从这个意义上来说，新媒体时代高校思想政治教育话语传播的主体不仅是教育者，还是受教育者，教育者往往同时又是受教育者，而受教育者往往又是教育者，是他们双方共同的行为和作用，促成了话语传播的进行。教育者和受教育者的关系是两个主体相互依存、相互制约的互动过程。

（四）渗透功能

所谓渗透功能指的是，新媒体时代高校思想政治教育工作者在进行思想政治教育的过程中，通过采用新媒体技术，将思想政治教育的话语渗透到受教育者实际生活的各个方面，从而使受教育者在渗透功能的影响下，潜移默化地接受这种思想政治教育话语并将其内化为自己的符合社会需要的思想观念、政治观点、道德规范的一种教育形式。新媒体时代高校思想政治教育话语的渗透功能主要体现三个方面：

1.利用校园网渗透高校思想政治教育话语

利用高校校园网这一途径可以使学生获得对各种新闻、观点和主题进行自主表达意见和评论的便利条件，即使这种自由评述是在虚拟的背景下进行的，而且有别于实际生活当中的自由对话，然而它与具有无形特征的文化、思想和意识形态有吻合之处，会对大学生的话语造成不同程度的正面或负面的影响。所以在大学生面对众多话语选择的同时，高校传媒的文化与意识形态领域的渗透方式应当更加潜移默化、令人难以觉察。高校传媒利用这种潜移默化的渗透方式改变大学生的观念、思想和舆论，功能发挥的方式更具有隐蔽性，在渗透中可以实现教育功能。

2.借助新媒体的隐匿性渗透高校思想政治教育话语

新媒体技术的匿名性、隐蔽性等特点，使网友的性别、年龄、身份、地位等社会角色得到屏蔽，网络在线的每一个人，只用符号就可以实现畅所欲言。新媒体技术的这一特征，在一定程度上缩小了人际交往的心理距离，去除了先入为主的交往恐惧，可以使人在精神完全放松的情况下交流认识和思想，这有助于教育者了解大学生的思想动态，获得真实而有价值的信息，解答大学生在成长过程中出现的困惑，并针对他们的各种问题及时准确地加以引导，提高思想政治教育话语渗透的有效性。同时，也可以通过互动互助的论坛、交友、电子邮箱等形式，引导大学生对学校的发展、管理等自己感兴趣的话题发表自己的观点，在话语的碰撞中充分发挥出新媒体"渗透式"隐形教育的功能，这样无形中的思想政治教育往往比面对面的交谈等思想政治教育方法更有效。

3.把握新媒体的广泛性渗透高校思想政治教育话语

作为高校思想政治教育新载体的新媒体具有覆盖无限空间的功能。以往的大学生思想政治教育经常以"一对一"的形式开展，通过促膝谈心，可以很好地解决个人的思想问题，但这种教育手段因为要受制于场地和时间等因素，覆盖面比较有限。新媒体的发展使高校思想政治教育话语传播可以突破时空的局限，使得高校思想政治教育话语传播得以进一步的发挥，更具有广泛性和影响力。随着思想政治教育话语渗透功能的拓展，渗透到组织规范制定和管理过程之中，可以让思想教育在大学生学习、生活的多个角度不知不觉地展开，对教育对象的思想、行为将会产生潜移默化影响和塑造作用。同时，由于这种渗透功能有意识地将思想教育话语渗透到人们各种活动之中，可以使过去与思想教育无关的部门、单位、人员和活动领域，成为思想教育的载体，进而形成多种社会因素和多方面人员参与的教育合力的功能，从根本上改变高校思想政治教育话语传播的有限性局面。

（五）规范功能

1.掌握话语"以快制快"的主动权

近年来，国际国内，大事频繁出现，对这些情况，高校思想政治教育工作者应当利用新媒体的快速反应能力，抓住问题实质，及时传播思想政治教育话语。例如通过网上开辟"时势论坛"，第一时间向广大师生"即时播放"信息，引导大家的思想评论，以形成良好讨论氛围，提高师生的政治敏锐性和政治鉴别力。尤其当不良风气在师生中刚露头时，就充分估计到可能带来的后果，及时弘扬新风尚，倡导新风范；当消极的东西只是表现为一般言行时，就意识到在思想上政治上可能带来危害，从而掌握话语主动权，把工作做在前头，把问题解决在萌芽状态。

2.掌握网络话语的"把关"主动权

网络话语的"把关"主要体现在三个方面：一为"时机把关"。当热点话语发生时，应迅速做出反应，给予合理解释，可以有效扼制问题话语的产生；引导显舆论的困难程度远大于潜舆论，当潜显转换时，对初露端倪的热点话语给予有效引导，可以把握话语引导的主动权，运用思想政治教育话语权力，制止有害话语的传播。二为"内容把关"。始终把宣传党的创新理论、社会主义核心价值观作为思想政治教育话语引导的根本任务和重要内容突出出来，精心设置话语内容，调控大学生话语导向。三为"网络把关人把关"。高校网络把关人既包括宏观上的网络主管机关和网络管理机构，也包括实践中的网络管理者和论坛版主等。网络主管机关和网络管理机构主要从法理的角度指定"把关"规则，实施宏观把关；网站则对信息的选择"把关"，用各种网络技术或编辑手段来体现自己的意图，使受众获得的信息总是在把关人设置的框架中，论坛版主则通过删改、关注主题等特殊权力对论坛内容"把关"。

3.牢牢掌握第一时间的话语的主动权

新媒体是把双刃剑，往往话语传播的快慢都可能给不良话语留下传播空间。因此，高校思想政治教育工作者必须在网上第一时间与网络亲密接触，有针对性地传播思想政治教育话语，使现行的高校思想政治教育模式更加贴近社会的实际，更加贴近生活的实际，更加贴近高校的实际，更好地体现以人为本的理念。

（六）评价功能

所谓高校思想政治教育话语的评价功能，是指对思想政治教育话语描述、传播、灌输思想政治教育内容的结果进行评价，这种评价既是对他者的评价，又包括对自身的评价，对自身的评价即自我评价，对思想政治教育话语效果的评价实际上就是话语的自我评价。

新媒体时代，高校思想政治教育话语的评价功能主要体现在三个方面：

1.正效果评价

所谓正效果评价，主要是指在高校思想政治教育活动过程中，思想政治教育话语描述、传播、灌输思想政治教育内容的积极效果，也即是有效结果。其表征：一是描述有效，是指高校思想政治教育工作者利用新媒体快捷传播的技术，使思想政治教育话语能够准确、恰当、及时地描述思想政治教育内容。二是传播有效，是指高校思想政治教育话语在描述有效的基础上通过自上而下的传播方式、又包括自下而上的传播方式（即传播的双向度）适时将思想政治教育内容传播到大学生中间去。三是灌输有效，是指高校思想政治教育工作者充分运用新媒体交往引入的特点，使灌输更加充满人文关怀和时代特征，即通过教育者和受教育者之间的话语交往引入，在交往的过程中达到灌输思想政治教育内容的目的，使有形的内容通过无形的方式实现灌输目标。

2.零效果评价

所谓零效果评价就是没有效果，它介于正效果评价和负效果评价之间。主要是指在高校思想政治教育活动过程中，思想政治教育话语描述、传播、灌输思想政治教育内容失效。具体而言，就是思想政治教育话语无法描述、传播、灌输思想政治教育话语内容，以及教育者和受教育者之间的对话难以取得任何效果。思想政治教育话语失效就意味着思想政治教育话语的存在失去意义，即思想政治教育话语失去存在的依据。导致思想政治教育话语失效的根本原因在于思想政治教育话语的滞后，这个滞后包括两个层面：一是思想政治教育话语滞后于思想政治教育话语内容，导致思想政治教育话语无法对思想政治教育内容进行描述和传播。二是思想政治教育话语滞后于时代发展，导致教育者和受教育者之间难以使用思想政治教育话语进行有效沟通。

3.负效果评价

思想政治教育话语的效果评价还存在另外一种状况，即负效果评价。高校思想政治教育话语的负效果评价主要是指在思想政治教育活动过程中，思想政治教育话语描述、传播、灌输思想政治教育内容所产生的消极效果或者是负面影响。思想政治教育话语的负效果是与正效果相背离的，是对正效果的一种消解和阻滞。它表明思想政治教育话语已经异化，即异化成为自身的对立面，从而导致随着自身的演变而不断消解自身的恶果。一般来说，思想政治教育话语的负效果，在正常的思想政治教育活动过程中不会形成，但是在特定的历史时期就有可能发生。

总之，要重视和发挥思想政治教育话语的评价功能，不管是正效果、零效果，还是负效果，都要进行理性分析和评价，在此基础上，扬长避短、趋利避害。重点

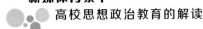

增强思想政治教育话语的正效果评价，而要使其实现，就必须建构思想政治教育话语的实效体系；同时，要从负效果评价中吸取教训，从而更好地推进新媒体时代高校思想政治教育话语发展。

第二节　新媒体时代高校思想政治教育话语权的转移现象与成因分析

一、新媒体时代高校思想政治教育话语发展面临的新机遇

在新媒体时代，高校思想政治教育话语发展面临许多新的机遇，主要体现在以下几个方面：

（一）新媒体拓展了高校思想政治教育话语的新空间

传统高校思想政治教育话语，主要基于地缘、职缘的交往范围，以点对点交往的形式来实现的，由于受话语传播局限性的影响，无论是话语传播的空间，还是话语传播的效果，都很难以达到预期目的的。随着新媒体的普及和高速发展，高校思想政治教育话语的拓展已成为迫切需要。

首先，网络世界、虚拟现实、虚拟空间、虚拟社会、虚拟世界等一系列的交往模式日益受到大学生的青睐。这就为思想政治教育话语向网络世界、虚拟世界拓展提供了新的机遇。思想政治教育教育对象的需要是思想政治教育话语发展的最根本因素。具体来说，一方面新媒体为大学生提供了相对自由的独立空间。网络语境的无中心性、情境性等为受教育者提供了一个相对自由的独立空间，使他们能够自主地浏览网页，选择信息，而不再被单一的信息渠道或价值观所束缚，也不再被任何话语权威所控制，他们可以通过对不同价值取向的比较，发现其中的善恶、优劣，培养独立的人格。另一方面新媒体为高校思想政治教育工作者拓展了教育范围。新媒体语境下的高校思想政治教育过程突破了以往点对点交往的局限性，超越了基于地缘、职缘的交往范围，通过网络进行全方位、多层次的信息传播，为受教育者提供了更为方便且范围更大的教育机会。

其次，新媒体为高校思想政治教育话语注入新的动力。传统的高校思想政治教育对新媒体关注不够，甚至在一定范围内导致新媒体环境下思想政治教育话语真空的现象。新媒体具有即时、简明、快捷、时代性强等特征，许多网络的话语形式、话语内容和话语方式为高校思想政治教育话语发展注入了新的血液。

再次，高校思想政治教育话语的宏观领域已经无法满足虚拟世界的需要，这就迫使思想政治教育话语向微观领域拓展，这个机遇虽然不是极为主动的，但是确实是个难得的机遇。高校思想政治教育话语向微观领域拓展，在一定程度上，才能形成真正的思想政治教育话语体系。宏观领域的思想政治教育话语体系算不上是真正

完美的话语体系=因此，高校思想政治教育话语向微观领域拓展才刚刚开始，大有可为，机不可失。

（二）新媒体创新了高校思想政治教育话语交流互动的新范式

近年来，学界对高校思想政治教育话语展开了深入研究，一些研究者认为高校思想政治教育话语作为一种实践性的话语，是主体间（包括思想政治教育者、思想政治教育受教育者和思想政治教育利益攸关者）沟通、说服、意义表达、意愿培养等实践活动的参与者和建构者。高校思想政治教育话语主要是针对大学生这个特殊的青年群体而言的，是高校思想政治教育者（专业教师、政工师、辅导员等教师群体）对大学生的沟通、说服、意义表达、意愿培养等实践活动的参与者和建构者，以促进大学生的身心健康发展，促进大学生实现人与人、人与社会、人与自然、人的内心的和谐发展，进而实现大学生的全面发展。

在当代中国，广大教师和大学生作为社会的特殊群体，他们以敏锐的社会眼光和深邃的洞察力紧跟时代步伐，关注社会动态、社会思潮、国际局势、全球性的各种浪潮等。他们广泛涉猎政治、经济、文化、社会、网络等各个领域的话语资源，尤其是全球性的社会思潮、浪潮的话语资源，使得主体在交往、沟通中不断丰富高校思想政治教育话语的内涵，为高校思想政治教育话语发展提供良好的实践平台。但是，由于传统高校思想政治教育话语的交流范式，是"面对面"的直接交流，不仅形式比较单一，更重要的是受教育者处于比较被动的位置，难以达到交流互动的效果。新媒体创新了思想政治教育双方的交流范式，它把传统的思想政治教育中主客体间的"面对面"直接交流，演变为新媒体语境所提供的虚拟的间接式的交流模式，隐去了每个人先天赋予的各种自然条件和后天形成的社会地位差别，传统社会对固定群体的身份认同不复存在，提供给每个人以平等的机会。这种交流范式，有利于加强教育者和受教育者之间的沟通，有利于教育者进一步了解受教育者的真实想法，有利于有的放矢地进行思想政治教育。简言之，正是由于高校思想政治教育主体间话语的丰富性和创造性，在他们的交流与互动中给高校思想政治教育话语发展提供了良好的发展机遇。

（三）新媒体提供了高校思想政治教育话语与全球化话语接轨的新机遇

与全球化话语展开对话是高校思想政治教育话语国际化发展的必然取向。从理论上来说，高校思想政治教育话语作为一种特殊的话语理论与全球化话语理论一样同属于一般性的话语理论范畴，具有一般性话语理论的共同的特征、属性和价值取向。换言之，高校思想政治教育话语与全球化话语在理论层面上具有某些共同性、相通性。高校思想政治教育话语与全球化话语可以在一定的环境和场合下相互沟通、相互吸收，而不是完全相排斥。而全球化话语是一个涉及全球性的话语理论，内涵极为丰富，其边界远远超出了高校思想政治教育话语理论乃至整个思想政治教育话

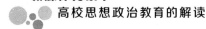
语理论的视域，这就为高校思想政治教育话语发展提供了新的广阔的空间、机遇和契机。从实践上来说，由于受到全球化话语的冲击，传统高校思想政治教育话语的滞后性，导致在高校思想政治教育活动过程中出现了话语失语、话语失效等现象。在文化全球化、信息全球化、网络全球化快速发展的时代，高校思想政治教育话语发展离不开新媒体，只有借助新媒体技术，去获取更多、更加丰富的世界各民族文化话语资源，才能够不断拓展自身的话语理论，搭建好高校思想政治教育话语与全球化话语接轨的平台，从而在国际舞台上获得更加广阔的话语空间。

（四）新媒体促进了高校思想政治教育话语理论更新的新自觉

当前，高校思想政治教育工作者或者习惯于传统思想政治教育方式方法，或者对新媒体时代的思想政治教育还难以适应，高校思想政治教育话语权已经或者正在失去，思想政治教育话语的空间也不断遭到挤压。此外，一些已经涉足新媒体时代思想政治教育话语的工作者，由于对思想政治教育话语基本定位在宏观领域，对微观领域涉足不多，往往对思想政治教育话语在微观领域中的解释退隐，或者解释力较匮乏，从而使得思想政治教育话语逐渐失去吸引力和战斗力。高校思想政治教育话语迫切需要进行理论反思，在反思中逐渐实现理论更新的新自觉。"全球视野""世界思维"是新媒体时代话语的新特点。高校思想政治教育话语应当把握新媒体时代话语的新特点，努力促进思想政治教育话语的理论更新，以此激发思想政治教育主客体之间的创造性，使得思想政治教育话语深入一个新的微观世界，从而为高校思想政治教育话语提供更加广阔的发展空间。

二、新媒体时代高校思想政治教育话语权的转移现象

新媒体时代高校思想政治教育话语在面临发展新机遇的同时，也面临着新挑战，这种挑战主要表现来自话语权转移，概括起来存在如下转移现象：

（一）解构了高校思想政治教育的话语权威和信息优势

在高校传统的思想政治教育中，教育者就是信息的传播者，有稳定可靠的信息来源，掌握着学生不曾了解抑或无法得知的教育资源。因此，教育者在教育过程中比较容易树立威信，其话语权的主体地位受到制度的确认和学生的尊重。而新媒体的广泛应用以及所呈现出的"海量共享"特性，极大地拓展了受众获取信息资源的机会和渠道，教育者不再是主要的信息源，学生可以直接从网络获取大量的信息，甚至是教育者所不曾掌握的信息，学生有了更多地参与教育活动的自由权、信息选择的自决权、价值认同的自主权、信息反馈的主动权等。传统思想政治教育的"一元话语体系"被解构后，取而代之的是师生间的平等互动、自由选择，思想政治教育工作者的教育行为只是给学生提供选择和引导。由于教育者和受教育者面临同样的信息环境，因而教育者的信息优势地位相对减弱，这无疑对教育者原先独有的话

语权造成了很大的冲击。这是不以人的意志为转移的客观事实。如果思想政治教育工作者不能适应这种新情况并采取相应对策，势必降低高校思想政治教育的权威性和话语权的影响力。

（二）削弱了高校思想政治教育的话语调控力和引导力

在高校传统的思想政治教育中，大学生主要通过电视、广播、报纸及各项校园活动来了解信息。高校思想政治教育工作者的话语权是建立在一定控制力的基础上，他们可以运用管理手段对来自这些渠道的信息进行过滤，尽量抹去不良信息。与此同时，思想政治教育工作者还能直接参与信息的制作，对大学生接触的信息具有较好的可控性。而在新媒体环境下，由于"信息传播无屏障"特性，任何观点、思想都可以在网络上自由的接收和传播，这使得高校思想政治教育工作者对信息源的限制和对信息的过滤变得力不从心，随着作为"把关人"的话语调控力的削弱，思想政治教育工作者的话语权也将无从谈起。

高校思想政治教育工作者的引导力是其发挥主导作用的关键因素，若引导力下降，思想政治教育工作者话语权也会受到很大的影响。本来，网络的多元化使多种思想和文化并存，更需要思想政治教育工作者发挥引导力。然而，大学生对信息选择空间越来越大，极有可能拒绝自己不喜欢的思想政治教育的网络信息。新媒体中充斥的各种非马克思主义甚至反马克思主义的东西与思想政治教育工作者向大学生"灌输"的马克思主义思想形成激烈交锋，在一定程度上给大学生的思想造成了混乱。大学生的好奇心和求知欲及不成熟的分辨能力，往往会增加其选择和接受错误思想观念的概率。高校思想政治教育工作者的引导力如果削弱，则其话语权也会遇到不可避免的冲击。

（三）降低了高校思想政治教育话语模式的吸引力

高校传统思想政治教育大多是单向的以"灌输"为主的教育模式，学生成为信息的"存储器"。教育者习惯于"自上而下"的路径，手段单一、方法简单、形式一律，而忽视对不同层次的学生及其身心发展规律的认识，教育者与受教育者的关系被演绎成知识传授与接受的关系，因而缺乏对人性提升的作用。相对于传统思想政治教育固定时段的课堂教学或者有限数量、有限形式的社会实践等第二课堂活动而言，新媒体为大学生提供了全天候的信息获取渠道和发布平台。任何学生在任意时间、任意地点以新媒体终端接入互联网，都可以自由获取资讯、应用服务、与别人分享观点。新媒体这种"全天候即时互动"的特性凸显了传统思想政治教育手段的乏力。从数量上看，有限时间的思想政治教育教学难以企及新媒体随时随地、潜移默化的影响；从形式上看，新媒体天然的即时互动特征更大地刺激了学生的参与热情，进而加强了互动的频率，扩展了互动内容的深度和广度。这无疑调动了大学生的主体意识，改变了大学生的认知方式。他们不再满足于单方面的接受灌输，更青

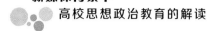

睐于以新媒体作为沟通的手段平等地与教育者交流，从而使教育者不再有依靠角色权威控制思想教育话语的优势。面对新媒体环境下的新变化，一些思想政治教育工作者并未及时转变居高临下的角色和传统的教育方式。如此，思想政治教育工作者在思想政治教育过程中面临尴尬，其话语权显得苍白无力、其话语模式失去吸引力已成为一种必然。

（四）影响了高校思想政治教育话语的实效性

传统的高校思想政治教育话语体系作为社会主流文化的具体体现，在内容与形式上有着语境的严肃性、话语的规范性、语词的固定性、叙事的宏大性等特点，教育语言缺乏个性、审美特征和生活化。教育者习惯这种语言表达方式，而大学生对于缺乏新鲜话语的思想政治教育兴趣不高，内心往往萌发出对教育者的排斥和反感。新媒体的显著特征之一是个性化。新媒体形式赋予了用户尽可能展示自己的工具，博客、微博、微信等的应用，使所有普通人拥有了轻松、随意表达个性的渠道和平台。鲜活的个性特征、丰富的精神需求、各异的态度观点在新媒体环境下自由绽放。传统的高校思想政治教育的"说教"方式在新媒体环境下遭遇传播瓶颈。一方面，一些教育者的创新意识和对于新鲜事物的接受能力往往不如大学生，因而对于流行于大学生群体中富有"个性鲜活"特性的网络语言难以适应，或者不以为然，更不能主动利用网络语言在网上和大学生交流。另一方面，网络话语的迅速更新使教育者的信息很难进入大学生所熟悉的文化语境，甚至可能与他们所认同的网络语言和文化心理产生激烈冲突。这样，教育者的工作便陷入了信息不对称、交流不畅通的困境。如果思想政治教育工作者不能有效的了解并利用网络语言，必然造成其话语权某种程度的旁落，影响高校思想政治教育话语的实效性。

（五）呼唤高校思想政治教育话语传播的组织方式更新

"碎片化"是近年来社会学领域的一个关注焦点，也成为新媒体下信息生产、传播的典型特征。表现为：一方面，人们应用新媒体的时间越来越零碎，高频率、短时间成为使用者在新媒体环境下互动的常态；另一方面，人们对信息的关注与需求越来越发散，传统的、倾向于无差异的普遍的广大受众，被分割为志趣相投的或者利害相关的"小众部落"气在"小众部落"的圈子中，人们更容易找到有着共同话语的伙伴，关注相似的热点话语。新媒体"碎片化"特征下，传统的高校思想政治教育话语传播的组织方式亟待更新。思想政治教育工作者必须主动进入大学生的新媒体世界，成为"圈内好友""粉丝"，才有可能第一时间了解大学生的即时状态、观点态度、利益关切，进而为在新媒体环境下传播思想政治教育话语奠定基础。

第三节 新媒体时代高校思想政治教育的话语重塑

一、新媒体时代高校思想政治教育话语重塑的基本原则

新媒体时代高校思想政治教育的话语重塑，应遵循以下基本原则：

（一）政治性原则

所谓政治性原则，就是指高校思想政治教育话语重塑要把握政治性，把握社会主义意识形态性。由于思想政治教育的政治性、意识形态性决定了高校思想政治教育话语必须要把握一定的政治性、意识形态性。而这些都需要通过高校思想政治教育话语来表达、描述和建构。在当代中国，高校思想政治教育话语必须要坚持中国特色社会主义理论体系为指导原则。新媒体时代高校思想政治教育如何坚持话语的政治性呢？首先要坚定马克思主义的话语立场。任何一种思想政治理论都包含有特定的立场，即理论本身反映"谁"的价值和主张，体现"谁"的利益和追求，为"谁"服务。新媒体背景下，各种社会思潮和理论主张五花八门。无论是高校思想政治教育工作者还是大学生如果立场不坚定，就容易眼花缭乱，陷入理论迷茫。因此高校师生要提高鉴别力、判断力，应对来自网络媒介的干扰，坚定马克思主义的话语立场；其次在主导思想和话语内容选择方面，要坚持不懈地用马克思列宁主义、毛泽东思想、邓小平理论、"三个代表"重要思想和科学发展观等武装大学生，深入开展党的基本理论、基本路线、基本纲领和基本经验教育，开展中国革命、建设和改革开放的历史教育，开展基本国情和形势政策教育；此外还要强化制度性资源话语。思想政治教育的长效机制，要更多地依靠法律、制度、政策来保障。通过制度化的规范管理，引导大学生的思想，规范他们的行为，使他们在长期遵循某种规章制度中潜移默化地接受蕴含在其中的思想观念，并逐步内化为自己的思想意识，进而规范自己的行为，提升自己的思想境界。

（二）主体性原则

所谓主体性原则，是指高校思想政治教育话语对象对思想政治教育信息和环境，具有能动地感受、选择、判断、内化和践行的能力。新媒体的发展使得大学生的独立意识、民主意识、自我意识进一步增强，对自己以及自己和周围的关系有自我的认识和评价。因此，新媒体背景下高校思想政治教育话语重塑必须要突出学生的主体地位，尊重学生的网络自主话语权。

（三）人本性原则

所谓人本性原则，是指高校思想政治教育话语传播要坚持以学生为本，既要坚持教育人、引导人、鼓舞人、鞭策人，又要做到尊重人、理解人、关心人、帮助人。

在新媒体背景下受教育者话语权的获取是对教育者话语霸权的一种消解，因此应采取平等、自由的对话式话语，使双方既阐明和叙述自己的观点，又能倾听和理解对方的意见，站在对方的立场展开置换式思考和沟通。在高校思想政治教育实践中，要突出服务性话语，从注重教育管理转向教育管理和服务并重，充分了解大学生的实际需求和困难，把思想政治教育寓于解决实际困难中，用实际行动来感动人、说服人、教育人、引导人。教育者要积极营造融洽的话语言说场景，真诚地尊重、关爱和激励学生，将积极的情感因素融注到思想政治教育话语中去，从而调动大学生内在的积极情感，实现双方有效的交流与沟通。

（四）现实性原则

所谓现实性原则，是指高校思想政治教育话语传播要坚持从实际出发，贴近实际，服务现实，服务生活，以此作为思想政治教育话语传播的落脚点。贴近现实，是新媒体时代高校思想政治教育话语创新的时代性要求，因为思想政治教育话语只有贴近现实，从现实出发，才可以帮助大学生实现思想认识上的飞跃；同时，思想政治教育话语只有服务现实，在服务现实的过程中经受社会实践的检验，才能真正体现出思想政治教育话语传播的效果。服务生活，贴近生活，是思想政治教育话语生存的根基，也是坚持思想政治教育话语现实性原则的深层体现。思想政治教育工作者必须走进大学生的生活世界，增加对学生生活的体验与认识。话语内容要更加贴近现实生活，通过归纳提炼和抽象形成通俗化、生活化的思想政治教育新话语，从而将学术性话语体系向生活性、形象性的话语系统还原，使大学生能在这种话语的熏陶中获得更多的对生活的真正感悟。

（五）创新性原则

所谓创新性原则，是指高校思想政治教育话语要坚持时代性，能够超越传统话语的束缚，不断创造适合时代需要的新话语。新媒体的快速发展，对思想政治教育话语创新提出了创新需要，这就要求我们要不断与时俱进，通过理论创新推动实践创新，使思想政治教育话语充满生机和活力。高校思想政治教育话语创新，其内容应该包含有目的创新、内容创新、方法创新，只有带有创新性的目的、内容和方法，才能更好地发挥思想政治教育话语传播的最大功效。

（六）开放性原则

所谓开放性原则，是指高校思想政治教育话语要以开放性为基本取向，在话语传播方面要立足国内，放眼全球，形成开放的体系。新媒体是开放的，这就要求新媒体背景下高校思想政治教育话语传播要把握时代脉搏，密切关注网络文化的发展变化，善于从网络话语中汲取新话语，从而丰富高校思想政治教育话语的内容。同时，还要求高校思想政治教育工作者要具有全球性视野，立足于全人类的立场，树立全球意识，着眼现在，远观未来，积极吸纳和借鉴包括发达资本主义国家在内的一些成功的经验和做法，与我国的思想政治教育方法相融合，创新与我国国情相一致的思想政治教育方式方法，同时比较同一背景不同社会制度下思想政治教育的共性，探求思想政治教育规律，深入挖掘多元文化背景下思想政治教育的时代性要素。这是增强高校思想政治教育话语开放性的必然要求。

（七）价值性原则

所谓价值性原则，就是指高校思想政治教育话语创新要体现一定时期的价值导向。大学生对新鲜事物的好奇心使得他们对当前社会各种思潮比较感兴趣，然而，他们又对社会思潮的多样性、复杂性等特征难以把握，很难看清楚各种思潮的真面目，容易产生价值混乱。因此，话语创新必须考虑一定社会主流价值观的导向性。

（八）有效性原则

所谓有效性原则，在这里包含两种含义：一是话语专业化。就是说高校思想政治教育话语与其他话语要有一定的区别和联系。毕竟不同的学科有不同的话语体系，高校思想政治教育话语不能用其他学科话语体系来代替。二是话语时代性。大学生是一定时期的特殊群体，高校思想政治教育话语创新要体现时代性，符合大学生接受心态和接受方式。如80后、90后之间的话语形式、心理接受方式往往有差别，这就决定了高校思想政治教育话语要取得实效就必须把握大学生的话语接受方式等。

（九）统一性原则

所谓统一性原则，是指高校思想政治教育的话语体系，必须坚持体系内部话语的统一性和一致性，应尽量做到协调、统一，减少重复、交叉。在高校思想政治教育话语传播过程中，只有做到内部一致的话语体系，才能表达统一的内在思想。如果在话语的运用上破坏了统一性原则，什么时髦用什么，表面上看可能很新鲜，也颇能迷惑一些人，但实质上往往会造成话语传播上的混乱和矛盾，很难发挥话语对人的正确引导作用。另一方面，在属性话语的运用中所发现的新话语，即新话语主词、话语观点或新题材提炼的有应用价值的话语，尽管与原有的思想政治教育理论观点不完全相符，甚至从现象上看是矛盾对立的，但是，伴随着思想认识的不断统一，这些话语可运用事物发展的对立统一原则加以论证，从而得出符合马克思主义哲学命题下的思想政治教育新话语。科学辩证地把握好统一性原则，高校思想政治教育就能在话语传播中较为自如地进行边缘属性与非常规属性话语运用方法的构建。

二、新媒体时代高校思想政治教育话语重塑的路径选择

新媒体时代高校思想政治教育的话语重塑是一项系统工程，需要从多方面进行重塑，可从以下几个方面选择路径：

（一）加强高校思想政治教育工作者的平等对话意识

1.建立新型的平等主体交往关系

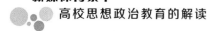

随着新媒体时代的到来和网络文化的形成，在很大程度上消解了高校传统教育环境下教育者的教育权威，使传统的教师权威模式受到极大挑战，教育者的话语不再具有唯一性，作为受教育者的学生逐渐通过新媒体掌握了话语的主导权。网络语言的形成，也在客观上要求教育者和受教育者双方消除身份、地位的差异，形成一种平等对话的关系，由传授型的对话关系转变为互动型的对话关系。这一关系的确立意味着大学生能够获取对思想政治教育文本和自身道德行为的解释权限，教育者与受教育者双方才能消除身份、地位的差异，敞开心扉进行真诚交流。唯有如此，思想政治教育话语才能真正成为联结教育者与受教育者交往双方的桥梁，教育者才能从一个控制者、支配者转变为一个真诚的对话者。

2.突出学生的主体地位，尊重学生的网络话语权

要做到这一点，必须充分理解并认同大学生的网络话语权，允许他们把不同的思想通过新媒体表达出来；要积极疏通、引导，支持和弘扬正确的思想观点，反对和批评不正确的观点，引导大学生理性运用话语权，避免话语权的滥用。

3.转变话语方式，从控制式和劝导式转向对话式

应采取平等、自由的对话式话语，使双方既阐明和叙述自己的观点，又能倾听和理解对方的意见，站在对方的立场展开置换式思考和沟通，这种对话不是封闭式而是开放式的，双方都能敞开各自心扉进行真诚交流，相互之间更易达成真正地理解与共识。在双方的对话中值得注意的是，教育者既要对交往的内容真实性、规范正确性和情感真诚性进行反思，也要对自身权威进行反思，在反思基础上认真听取受教育者对思想政治教育文本、自身道德行为和生命意义的理解与解释，依靠合乎若干有效声称的论据，通过对话与讨论，为受教育者提供可资信服的理由，引导、促进他们的自我觉悟与反思，使之意识到自身与社会要求的不适应，并且愉悦地接受、积极地超越这种不适应。

（二）实现高校思想政治教育话语向大学生现实生活的回归

1.要在思想政治教育理念上回归生活世界

高校思想政治教育必须面向学生，面向学生生活实际。高校思想政治教育话语是以生活世界作为背景的，不可能游离于学生生活世界之外，不可能在生活世界之外构筑一套理想的思想政治教育话语。回归生活世界的思想政治教育理念，要求高校思想政治教育话语必须深深根植于生活世界之中。以往的思想政治教育偏重于满足社会的即时需要，这种思想观念在思想政治教育实践中，容易造成一种追求近期效果的短期行为。为此，高校思想政治教育话语必须深深地根植于大学生的生活世界中，要勇于和善于介入到大学生的生活世界中，放弃高高在上的一贯做法，要更加贴近大学生的生活，在这种近距离的接触中了解和把握大学生丰富多彩的生活世界，并从他们生活世界的实际出发，研究和选择适合的思想政治教育的内容，使得

思想政治教育话语更加贴近大学生的实际。

2.要在价值取向上关注思想政治教育话语的生活维度

其一，对思想政治教育的理解，不能仅仅从政治需要的角度出发，还要从张扬人在生活世界中的主体性出发，将思想政治教育从过去的宏大叙事中解放开来，真正回到个体生活世界，首先是关注大学生的精神生活的重建，尊重人的生命意义和生命价值，其次才会考虑政治的需要。其二，思想政治教育应将大学生的日常生活作为价值起点，重视日常生活中的价值建构。思想政治教育应真正尊重个体的生命体验，承认人性的复杂和多元，同时善于从鲜活生动的、富有生命意义的日常生活世界中提炼出真正能够烛照人性，提升人的境界的元素。其三，强调思想政治教育回归日常生活世界，并不意味着思想政治教育对日常生活世界的沉沦和妥协，而应该是一种建基对日常生活世界有深刻了解、理性反思基础上的有条件的超越。这也正是高校思想政治教育的价值目标，即既要对生活世界保持谦恭的态度，尊重生活世界的生命体验，又要穿越生活世界的迷雾，对生活世界保持一种审慎的反思态度，一种有所超越的理性态度。

3.要在话语内容上更加贴近生活世界

一要善于转化语言，把党的重要文件、重要会议、历史文献等等类型的语言转化为适合大学生特点的话语，这样既把握住了正确的政治教育方向，又能使大学生乐于接受。二要善于从大学生的校园生活中提炼新话语，使思想政治理论课不断地生活化、现实化，这也是高校思想政治教育向"生活世界"回归的重要内容。三要从大学生的网络话语中汲取新话语。教育者可以大胆借鉴网络中的一些健康、有益的、流行的话语形式和内容，丰富其话语体系。四要关涉受教育者当下的虚拟化生存。新媒体的出现极大地拓展了生活世界的内涵，成为受教育者个体日常生活的重要构成，并对其产生着不容忽视的积极和消极的双重影响。思想政治教育话语要为虚拟化生存的规范化提供思想道德文化的支撑，以符合网络特点的网络文本的形式，恰当而生动地展现博大精深的中国传统文化和代表时代特征的马克思主义文化，使受教育者在虚拟环境下通过网络文本的选择与解读接受规范传递与价值引导。

（三）借鉴网络话语，积极拓展高校思想政治教育话语资源

积极拓展话语资源，整合有利因素，形成高校思想政治教育工作新的话语优势，是新媒体时代对高校思想政治教育提出的新要求。为此：

1.积极拓展高校思想政治教育话语的辐射空间

高校思想政治教育工作者要将博大精深的中国传统文化和代表时代特征的马克思主义文化，以符合新媒体特点的网络文本的形式予以恰当而生动的展现；将人类丰富的精神成果，诸如政治、法律、道德、艺术、科学、宗教和哲学的思想和观点，科学理论和艺术作品以及中国五千年的优秀传统文化，尽可能多地转化成网上可点击的内容。只有丰富了网上的信息，才能拓展高校思想政治教育话语的辐射空间，使大学生在网络环境中通过文本的选择与解读以及交流而在潜移默化中接受规范传递与价值引导。

2.要善于从网络话语中汲取新话语

网络作为一种新兴的传媒方式，给大学生无限的诱惑和想象的空间。网络的出现大大拓展了思想政治教育的领域和战线，从现实走向虚拟、从宏观走向微观等。网络话语的生成，既是网民的话语沟通和表达形式，又是网民虚拟现实的生活方式。高校思想政治教育工作者要摒弃对网络话语的轻视、漠视心理，了解大学生网络话语的特点和规律，善于运用网络话语。要大胆借鉴网络中的一些健康、有益、良性的话语，借鉴一些符合大学生群体的话语形式和话语内容，丰富高校思想政治教育话语的内容，这样才能与大学生网民更好地对话与沟通。

3.要密切关注网络文化的发展变化

高校思想政治教育工作者要善于把握时代脉动和网络文化发展趋势，了解当今大学生的审美取向，分析他们的观赏心理，采用大学生常用的话语修辞手法，采撷和创造出更多表现时代和事物特征的新鲜话语，实现思想政治教育工作话语的再创造。

（四）通过主动服务增强高校思想政治教育话语的感召力

1.要坚持人文关怀和心理疏导，增强话语的人文关怀

高校思想政治教育工作实际上是做"人"的工作，必须注重对大学生的人文关怀。一是高校思想政治教育话语传播必须紧密联系大学生的实际生活，教育者应及时了解大学生的所思所想、喜怒哀乐和兴趣爱好，准确把握大学生的思想脉搏，并把这些融进话语当中。二是高校思想政治教育话语应充分尊重和理解大学生的情感和需求，及时关注和化解大学生在现实生活世界遇到的困惑和困难，让他们充分体验到教育者的温情与关爱，营造温馨舒适的话语氛围，从而使大学生真正认同教育者的话语理念，进而内化于心，形成独立的道德人格。三是高校思想政治教育工作者应在网上开设心理知识宣传栏、心理咨询室、心理门诊室等对大学生进行心理疏导。在网上倾听学生的倾诉与情绪宣泄，尊重其感受与体验，引导其主动分析面临的困境，共同探求心理困惑的诱发根源，挖掘大学生内在心理需求等等。通过双向交流激发大学生的心理潜能，缓解大学生的焦虑、压力等负面情绪，促进大学生健康发展。伴随这一过程，教育者便能赢得大学生们更多的信任，从而增强自身的感染力和话语权的影响力。

2.要营造融洽的话语言说场景，在话语内蕴上融注更加积极的情感

情感在高校思想政治教育交往中扮演相当重要的角色，在某种程度上，思想政治教育话语传递的只是言语的表层信息，因而在思想政治教育交往中作用相当有限，

甚至会由于情感的不当而导致思想政治教育话语的失效或反效。比如教育者在褒奖受教育者时如果带有明显的讥讽语气或神态，话语本身再具有正当性也不会被受教育者所接受，教育者与受教育者之间的相互理解与解释就会出现障碍，思想政治教育交往就难以顺利展开，双方也就很难达成相互理解与共识。因而，高校思想政治教育工作者要积极营造融洽的话语言说场景，真诚地尊重、关爱和激励受教育者，将积极的情感因素融注到思想政治教育话语中去，从而调动大学生内在的积极情感，实现双方有效的交流与沟通，为思想政治教育交往的顺利进行提供不可或缺的推动力。

3.要发挥大学生的主体性，加强思想政治教育工作者的服务意识

新媒体时代高校思想政治教育对话的有效进行离不开"服务育人"理念的确立。这一理念的确立有利于思想政治教育话语实现知识和爱的统一，由"传达信息—宣传教育"向"传达信息—推销自我"的转变；教育者才能放下架子，真正从学生的立场出发，进行思考和表达，大学生才能从思想政治教育话语中感受到教育者真诚的关爱与帮助。这种饱含爱的思想政治教育话语能够增进受教育者对生命意义与生活价值的理解，提升思想政治教育话语传播有效性，思想政治教育工作者在学生中才会有威信。

（五）倡导立体化引导，提高高校思想政治教育话语的管理水平

1.充分发挥多种媒体之间的协同作战，以形成话语引导的合力

校园报刊、广播、电视等传统媒体在信息的权威性、受众的广泛性等方面具有独特的优势。面对新媒体环境，我们应将传统媒体与网络媒体相结合，实行立体化的引导，可以推动校园话语共识的形成，而且具有公信力和权威性。由于传统媒体对网络话语进行选择、过滤，容易得到受众的认可，促进话语共识的形成。这种多种媒体之间的协同作战、立体化引导策略，可以带来高校思想政治教育话语引导的合力效应。

2.建立网上权威的思想政治教育话语体系

可以从以下几方面入手：首先，通过多种途径对大学生加强理想信念教育，保证话语传播的正确方向。其次，采用"疏堵结合，引导为主"的方针，来引导话语传播。"疏"，即把握动态，实施网上疏导，澄清错误言论，及时公布正面信息。"导"，即主动出击，因势利导。要主动出击，批驳反面声音，弘扬社会主义主旋律与核心价值体系。再次，要探索多种途径努力发挥高校思想政治教育正面话语功能，在加强监控、有效预防的同时，依法查处利用网络传播有害信息的当事人，不断推进网络道德建设。第四，要在大学生中积极开展媒介素养教育。教会学生正确认识、使用网络的能力，增强他们的网络责任意识和自律能力。第五，在高校建立一批既懂思想政治教育又懂网络技术和网络文化的队伍，用富有教育性、感染力、学生喜

闻乐见的方式引导话语传播，增强思想政治教育话语的正面影响力，从而促进大学生网络言行向健康的方向发展。第六，要高度重视网上评论工作，形成一支专兼结合、反应灵敏的网络评论员队伍。网络评论员要主动介入校园BBS和校外网站的交互式栏目，采取"宜早不宜迟、宜疏不宜堵、宜解不宜激"的策略和"区分性质、讲究策略、把握时机、冷静处理"的要求，主动导帖、积极跟帖、适时结帖，以普通网民、平等方式参与网络讨论，挤压有害信息的传播空间。要建立网络管理和网络评论人员学习、培训、考核机制，加强提升其政治理论水平修养，使其形成马克思主义的价值观和道德观；加强培训其对网络信息技术的驾驭能力，使其能够及时解决网络传播中出现的问题，从而使思想政治教育话语传播生动形象，增强对大学生的吸引力和感染力；加强培养其应变能力，使其能够迅速准确地把握问题，有针对性地开展工作。

3.积极建设服务大学生发展要求的绿色网络载体

门户网站、专业网站、主题网站等，是大学生最常用的网络载体，在他们的学习、生活和娱乐中发挥着积极的作用。要遵守网络法规和社会道德，正确使用网络载体，共同维护网络载体。要加强技术创新，推出科技含量高、使用便捷性强和适合青年学生特点的绿色网络载体。

4.营造适合大学生身心特点的绿色网络场所

要对于网络话语的存在形态，如发跟帖、论坛、博客、视频等的管理，倡导网络文明公约，安装合格的过滤软件，防止不良信息对青年学生的伤害，建设有利于青年学生的上网场所。要制定规范和标准，推出促进青年学生成长发展的绿色网络场所。开展多种形式的网络竞赛活动，发现并积极举荐各类青年网络人才，培养更多的绿色网络人才。

（六）重塑思想政治教育工作者素质，提高话语创新能力

新媒体背景下，高校思想政治教育工作者要重塑自身素质，努力提高话语创新能力，必须做好以下几个方面：

1.要能驾驭新媒体技术，熟悉网络文化和网络语言

对高校思想政治教育工作者来说，只有掌握受教大学生群体的网络话语，适应受教群体的交流方式，才能敏锐地捕捉他们的生活习惯、心理动态，从而把握受教群体思维和行为上的发展变化；只有充分了解并掌握网络话语这一新的沟通方式，才有可能与受教群体建立信息上的沟通和交流，从而实现有效的语言表达形式对传递教育信息的帮助，取得思想政治教育话语传播的成功。

2.要培养高校思想政治教育工作者参与大学生网络化生活的意识

高校思想政治教育工作者要主动融入网络生活，体验学生在网络空间的交往、学习、娱乐方式以及他们思想、心理及行为的发展变化，真正做到与学生在同一个

环境下交流。

3.要有创新意识，加强高校思想政治教育话语创新研究

高校思想政治教育工作者要在对传统思想政治教育话语进行深入研究、分析的基础上，积极探索话语创新规律，扩大语汇范围，丰富思想政治教育话语的含义，以构筑一种全新的、理想的话语。只有这样，才能发挥在思想政治教育中的主导作用，重建自己的有效话语。

（七）增强高校思想政治教育话语传播的实效性

新媒体对大学生的负面影响的一个重要方面是网上不良信息的影响。大学生思想单纯，思想意识尚未成熟，很容易受到外来信息的影响。新媒体本身只是一种传播媒介，要做到趋利避害，高校就必须加强对新媒体的建设和管理，以增强思想政治教育话语传播的实效性。

1.要加强网络管理和网络舆情分析工作

高校要成立专门的网络信息管理部门做好网络管理、网络舆情分析的工作，能够对网上的内容进行收集，制定相应的管理措施。组建一支反应快速的"网上督查队"，可以由老师和学生骨干共同组成，对校园网进行全天候的监控和整理。比如对BBS上的讨论热点问题进行及时的捕捉和反馈，对于不符合事实和不良影响的论点及时澄清并做出正确引导；并且以适当的方式发布积极的学生关心的网络信息，这样可以吸引学生对校园网的关注度，也可以抵消消极信息对学生影响。对于网络上发布的信息要建立审查把关、管理监控的制度，对电子公告的服务信息、个人主页信息都要实行审查式的发布，包括校园网络的链接要一一检查通过，规范师生上网的安全规定和网络言行规范，真正营造一个积极健康的校园网络环境。

2.研究和运用科学技术手段为网络筑造"防火墙"

现在网络上和市场上提供很多种网络防御和过滤软件的下载，能够防止包括特洛伊木马攻击、网页篡改、监视非法入侵的种种网络问题，还能够提供专为青少年设计的过滤保护浏览器、设定上网时间的监控软件等等。高校思想政治教育工作者应该积极主动地利用一定的网络软件技术手段来保证校园网络的纯净。

3.运用法律的手段维护网络的安全，打击网络犯罪

我国为加强对互联网管理，也先后出台了系列法律、法规或公约，如《文明上网自律公约》《中国互联网网络版权自律公约》《关于网络游戏发展和管理的若干意见》《互联网IP地址备案管理办法》《非经营性互联网信息服务备案管理办法》《互联网站禁止传播淫秽、色情等不良信息自律规范》《全国人民代表大会常务委员会关于维护互联网安全的决定》等。高校要加强全校范围内的网络法律、法规的宣传和教育，还应根据本校的实际情况制定相应的校园网络规章制度，规范校园网络的运行和管理，使得高校大学生具备良好的网上法律意识、责任意识和安全意识，规范大

学生的网络行为，倡导健康、积极的高校网络态度。

（八）努力构建高校思想政治教育新话语体系

当前，推进高校思想政治教育话语的创新发展，应着力做好以下三个方面工作：

1.加强理论研究

在现阶段，新媒体的发展及其影响在我国尚处于一个不断变化的过程中。对于新媒体建设与应用走在社会前列的高校而言，新媒体的发展及其对于大学生的思想和行为的影响更是处在一个动态变化的阶段，这需要我们立足实践，针对实践发展的具体状况进行理论研究的不断创新和发展。话语鸿沟现象是不断创新和发展的新媒体时代给高校思想政治教育工作带来的新问题之一，随着新媒体对社会的影响不断深入，新媒体必然会给大学生思想政治教育带来更多更新的课题。高校思想政治教育工作者要加强理论研究，坚持用马克思主义的立场、观点和方法分析社会政治、经济、文化、道德问题，以思想政治教育内容体系为支撑依据，对思想政治教育的言论和大量的教育素材进行归纳提炼，形成理性化、通俗化和生活化的思想政治教育说事话语和新话语，构建马克思主义中国化理论语境下思想政治教育话语新体系，形成思想政治教育话语学研究，应用于思想政治教育课教学和日常思想政治教育管理实践中，以激活思想政治教育工作者的教育话语系统，提高思想政治教育话语说事水平，从而提高高校思想政治教育的实效。只有这样，我们才能够在新媒体时代的新环境中，伴随和引导大学生健康成长。

2.加强思想政治教育话语整合

在高校思想政治教育的发展过程中，其学科内部形成了实践与研究两类整合乏力的话语。实践话语的主体是思想政治教育的一线工作者。由于现有的思想政治教育理论欠缺应用性的特质，使得思想政治教育工作者普遍漠视现有研究理论的存在，甚至对现有理论存在不信任的态度，但是他们又要把自己的工作状况予以总结归纳、互为交流，因此只能求助于思想政治教育日常工作纯经验式的话语，这种话语非常具体、琐碎，无法形成具有影响力的话语体系。研究话语的主体是思想政治教育理论工作者。由于思想政治教育教学科发展时日较短，学科存在着理论奠基的任务，需要一系列的学科结构、学科范畴等思辨性的理论研究为思想政治教育建立学科基础，再加之思想政治教育学科的大部分理论工作者研究过于注重学理化的演绎和抽象，忽视了思想政治教育实践性的特点，使得在思想政治教育理论学界的思辨性话语占主导。在现实生活中，这两种话语往往相互交织，但是话语主体却相互轻视。理论工作者认为实践工作者缺乏理论素养，从事是低水平活动；实践工作者认为理论工作者缺乏实践能力，从事是务虚活动，这使得这两种话语沟通交流缺少，整合乏力。因此，加强思想政治教育话语整合，已成为构建高校思想政治教育新话语体系的当务之急。

3.加强话语系统的协调性

高校思想政治教育新话语系统要体现话语的协调性，这不仅是实现高校思想政治教育话语创新发展的需要，也是构建高校思想政治教育新话语系统的目标。这是因为：一方面，这种协调性要求教育者与受教育者话语系统在认知基础、价值取向和目的设计等方面的协调融合。当前，我国高校思想政治教育效果较差与话语系统权力主体话语信息重叠率较低有密切联系。所以，新话语必须不断消除话语系统中双方信息传递和交汇的阻力，寻找教育者和受教育者话语系统融合的途径。另一方面，这种协调性要求教育话语与教育环境的协调融合。高校思想政治教育有本体话语系统，但同时它必须受制于另一种非本体话语系统，也就是对应于本体话语系统而言的整个学术界的话语系统。任何一种话语都逃脱不了它所处时代普遍弥散的话语，即受制于特定的语境。社会的多元化必然孕育着价值、信仰与利益之间的冲突，种种冲突只有靠"协商"去解决——有关各方共同协商，以达成某一套解决争论的规则，社会秩序也借此得以维持；种种冲突可以靠协商去解决–教育主导者、社会各界和网络等亚文化思想影响者、受教育者等各方协调，形成受教育者的新思想。而这一过程中，高校思想政治教育新话语系统要实现主流话语与非主流话语的协调，传统话语与现代话语、后现代话语的协调，文本话语与网络话语的协调，全球化话语与地方性、民族性话语的协调。

总之，加强话语系统的协调性，要求高校思想政治教育新话语系统的内容要从偏重政治意识形态，向政治意识形态与政治、经济、文化、社会和个人生活并重转变，从偏重国家话题，向公共需求与个人需求并重转变，以建立起思想政治教育与生活世界的全面广泛的联系，拓宽思想政治教育的对话语境，从而形成一套以科学的"真"为基础、以人文的"善"为内涵、以艺术的"美"为形式、以技术的"实"为手段的新话语系统。

第六章　新媒体背景下高校思想政治教育的内容结构优化

　　思想政治教育在人类追求自由而全面发展的过程中，发挥着不可或缺的功能，是人类认识世界和改造世界的重要方式。客观物质世界有着特定结构，结构决定功能，功能又反作用于结构。思想政治教育包含丰富的内容，构成了完整的内容体系结构，直接关系其目的的实现和任务的完成。新媒体时代，高校思想政治教育面临诸多需要解决的理论与实践问题，对这一时代高校思想政治教育内容结构进行研究和优化，将更有助于功能的发挥和价值的实现，更能满足人的全面发展和社会进步对高校思想政治教育的期盼。

第一节　新媒体时代高校思想政治教育内容结构优化的依据

一、理论依据

　　新媒体时代对高校思想政治教育提出了新的挑战，要求思想政治教育内容结构与时俱进，不断优化。其主要理论根据为马克思主义系统结构理论。马克思主义系统观把宇宙间的任何事物都看做事相互联系、相互影响、相互作用的一个系统。"当我们深思熟虑地考察自然界或者人类历史或我们自己的精神活动的时候，首先呈现在我们眼前的，是一幅由种种联系和相互作用无穷无尽地交织起来的画面，其中没有任何东西是不动的和不变的，而是一切都在运动、变化、生成和消逝。"马克思、恩格斯还提出了物质结构层次理论，认为物质结构是存在很多不同层次的，而且是无限大或者无限小的。马克思主义关于系统结构的理论，对新媒体时代高校思想政治教育内容结构优化有如下启示：第一，要用联系的观点和发展的观点来考察高校思想政治教育内容体系中的各个组成部分，要研究需要通过什么方式结合，发挥出整体功能；并且要考虑到社会存在的发展，适时调整内容结构，推动科学发展。第二，物质结构的层次性，要求对新媒体时代高校思想政治教育的内容进行科学分层，构建合理的思想政治教育内容结构体系。

　　此外，诸如马克思主义关于社会存在与社会意识之间的关系原理以及关于人的本质和人的全面发展的学说，都是我们进行高校思想政治教育内容结构优化的理论依据。

二、实践要求

新媒体时代，高校思想政治教育在实践领域，无论国际还是国内，都面临着新情况和新问题。就国际层面来说，随着各国政治、经济和文化的频繁交往，各种思想文化相互碰撞，思想政治教育内容随着经济全球化、政治多极化的发展而变得错综复杂；就国内层面来说，思想政治教育越来越渗透到人们的经济社会活动中，不断涌现思想政治教育所面临的挑战前所未有；就技术层面来说，新媒体技术的蓬勃发展，带来的不仅仅是传播技术的变化而引发的内容的不确定性，更多的是观念的变革。我们要有理论勇气回答这些现实问题，不断突破传统框架，勇于创新，使思想政治教育的内容不断丰富。其实，多年来，我国高校思想政治教育历经发展和调整，大多数是在形式上的，而内容方面没有发生根本的改变；在实践过程中，内容结构方面存在的问题是导致高校思想政治教育实效性不高的根本原因。

（一）政治主导型思想政治教育将德性塑造等同于政治生活

政治主导型思想政治教育，是思想政治教育诸内容的相互关系中，重点突出政治教育内容，并根据政治教育内容的实施需要来组合其他教育内容，其他教育内容从属于和服务于政治教育内容。这是历史的产物，是当时社会政治、经济、文化共同作用的结果。计划经济体制的集中统一性，从体制上保证思想政治教育只能为政治运动服务，在这样的历史条件下，思想政治教育的功能只能突出地表现为单一的政治功能，以政治运动为中心，使思想政治教育成为政治运动首当其冲的手段。诚然，政治教育在促进公民政治社会化过程中起到重要的作用，因为无论一个人是否喜欢都不能完全置身政治之外。但是，政治性是人的社会性的组成部分，强调政治性而忽略人的自然性和精神性显然是不合理的。思想政治教育的基础和重点是道德教育，形成良好的稳定的道德品行，缺乏道德教育基础的思想政治教育不过是空中楼阁。高校思想政治教育应当承载政治功能，但它却不是政治本身，倘若将思想政治教育的终极关怀政治化，形成政治教育内容占主导地位的内容结构体系，甚至将人的德性塑造等同于政治生活之中，则无疑是脱离社会实际的。背离社会实际的思想政治教育是没有生命力的，其危险性将如爱因斯坦所言：或许只能成为"一种有用的武器"，而不是"一个和谐发展的人"。

（二）知识化倾向的高校思想政治教育强调知识为本

作为高校思想政治教育主渠道的思想政治理论课程学习，是一枚双刃剑：一方面体现了高校进行思想政治教育的重要性；但另一方面，在内容方面明显存在的一个问题就是一直表现出"知识化"的外在倾向，即主要是作为一门课程来学习。往往把思想政治教育与其他专业教育等同起来，知识的语言成为支配性的语言，道德

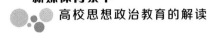
的语言越来越弱化，这样的思想政治教育实际上在求真、求知的过程中不求善求美。知识之外的情感、想象、意志与信仰等遭到了排斥，这实际也是学校的智力训练与道德训练之间的可悲分割，获得知识和性格成长之间的可悲分离，在这种以知识化为本的教育中，很难真正关注人的全面自由发展，因而很难给人以终极关怀。思想政治教育实际上是一种养成教育，掌握了政治理论知识并不等于具备了良好的道德修养和精神涵养，其结果往往或将培养出"言语的巨人，行动的矮子"。

（三）预设的理想化的思想政治教育着眼于高扬革命理想的宏观目标

传统的思想政治教育内容和原则通常具有高度的理想主义，把人设计成理想化的革命者，着眼于高扬人生理想的宏观目标。经济全球化和社会转型时期的中国，社会生活各方面都发生了深刻的变化，新媒体时代大学生的价值观念和生活方式也发生了翻天覆地的变化。高校思想政治内容往往是课堂里或书本上规定的道德原则、思想信念，脱离了现实性生活的根基，未能从思想上解决好与现实的巨大反差，与社会上所盛行的现实现象大相径庭，无法对社会生活中的种种新事物作出应有的回应，从而使理论缺乏说服力，严重影响高校思想政治教育的实效。需要强调的是，由于我国大学生的特殊性（长期的应试教育的竞争熏陶），理想化的思想政治教育只能培养某种意义上的"圣人"，并不能有效地指导人们的行为。而思想政治教育的作用和功能应当以现实的、具体的人为基础，通过改变和提升人们的精神生活、培养人们发展意识和精神，寻求可持续发展，来实现人的全面而自由的发展。

（四）过分强调统一性和规范性的思想政治教育内容

中国要实现民族的伟大复兴，在日趋激烈的国际竞争中立足，必须占领未来思想领域的战略制高点。新媒体时代，教育者、受教育者以及整个教育环境等都发生了很大变化，其中有些还是根本性的变化。随着新媒体技术的广泛应用，在经济文化全球化进程中，高校师生所面对的是一个更加复杂多变、新奇的世界，社会交往范围的扩大和形式的多样化，各种思想文化观念的冲击，不同角色和行为方式的转换，必然引起思想方式、价值观念的深刻变化。思想政治教育内容不顾教育者和受教育者的基础和需求，注定导致实效性不高。事实上，我国高校思想政治教育特别是思想政治理论课存在内容过于统一和规范的问题，无论是怎样层次的大学（本科教育或高职教育），无论是什么专业的学生（理工科、文科或艺术类），或者不管是怎样的地区（发达或欠发达），思想政治教育内容总是一纲一本，过于统一和规范，对于不同价值文化间的交流与对话予以漠视甚而逃避。因此，当前高校思想政治教育应当允许学校根据各自的特点、专业情况、地区特性、学生特质与需求出发，分析教育情境来确立课程的具体形态和结构，以大学生为主体，以生活经验为中心，适当整合教育内容，更能切合各个学校的教育实践，体现学校、教师和学生的自主性和校际的差异性。

总之，新媒体时代高校思想政治教育内容结构优化，需要以跨界思维为逻辑起点，以更加兼容的态度，跨越国家地域和政治、经济、文化界限，以更为坚定的爱国情怀面对多元文化与多样价值观的影响，以积极竞争的勇气和国际化的视野面向国际竞争，以博大的胸怀和对自然及人类社会的热爱彰显人文关怀。

第二节　新媒体时代内容结构优化的原则和要求

新媒体时代，信息的海量性和复杂性、资源的共享性与开放性、交往模式的变化等特征错综复杂地交织在一起，传统的高校思想政治教育内容不能完全舍弃，但应该结合时代特点进行充实和重组。

一、新媒体时代高校思想政治教育内容结构优化的原则

原则是说话、行事所依据的准则。新媒体时代高校思想政治教育内容结构优化，应当遵循以下原则：

（一）整体与局部统一的原则

思想政治教育本身是一个由多个要素组成的复杂的动态系统，这些要素相互联系、相互作用的形式就是思想政治教育的整体结构。目前学界关于基本结构的提法有"三要素论"（教育者、受教育者和教育环境）、"四要素论"（主体、客体、介体和环体），"五要素论"（主体、客体、内容、方式、目标）等等，无论是几要素，有一个共同的特点就是各要素相互影响、相互作用而形成一个统一的整体系统，而在这一整体系统中，又分列为各子系统，即价值结构、目标结构、主体结构、客体结构、内容结构、过程结构、评估结构和方法结构等。在整体和局部之间的关系问题上，毫无疑问，整体是核心，但是有时候，局部优化和整体优化之间并不必然具有一致性，带有一定的不同步性和不均衡性。因此，我们要坚持系统论中的整体性原理，在整体优化的基础上，坚持二者相统一的原则。在新媒体时代高校思想政治教育的内容结构优化问题上，我们不应该仅仅要将思想教育、政治教育、道德教育、法制教育和心理教育等各子系统的内容结构进行优化整合，又要补充和完善每一个子系统内容体系，更应该将这些内容放在整个教育系统中，综合考虑教育价值的实现。

（二）层次性和针对性相统一的原则

在高校思想政治教育实践工作中，教育内容呈现出来的诸如泛政治化、泛知识化和泛统一规范化等弊端，严重影响到教育的实效。其实，在高校思想政治教育改革的过程中，层次性和针对性在高校思想政治教育对象、教育目标、教育内容和教育方式上都有一定的体现，这里强调内容方面，思想政治教育内容体系是历史的产

物，具有动态的特性。与思想政治教育目标的层次性相对应，思想政治工作教育内容也应体现层次性。一方面，针对不同的群体，思想政治教育内容应坚持先进性和广泛性的结合；另一方面，针对同一个体的不同阶段，思想政治教育内容应坚持历时性和共时性的结合，适当根据时代特征调整教学内容。

（三）提高要素质量和理顺要素关系相统一的原则

优化新媒体时代高校思想政治教育内容结构，不能舍本逐末，对于思想政治教育内容来说，各内容要素都有丰富的内涵，各教育内容在体系结构中都应该具有相应的地位和排列顺序，倘若各要素排列组合不同，则功能便会迥异。假如各内容要素地位不明确，主次模糊，则结构便不合理；即便是地位明确，主次清晰，但忽视个别或某些教育内容，则会造成内容体系的不完整和结构的片面性，结构依然不合理。比如只重视和维护政治教育的主导作用，则容易限制视野，使得思想政治教育的内容单一，而不具有实效性，这在前面已经做过论述，这里不再赘述。

（四）延续性和时代性相结合的原则

时代的发展、社会文明的不断进步和科学技术的影响，对人的素质发展提出了更高的要求，高校思想政治教育的内容结构要与时俱进，不断更新和发展。如党的十八大提出的社会主义核心价值观（"倡导富强、民主、文明、和谐，倡导自由、平等、公正、法治，倡导爱国、敬业、诚信、友善"），则对核心价值体系进行了高度凝练，充分体现了马克思主义价值观的基本精神和特质，体现了历史继承和时代发展的统一，既有理论的延续性，又有现实的针对性。另一方面，我们应该看到思想政治教育内容结构的优化会受到诸多因素的影响和制约，如受教育者身心发展阶段、师资队伍、社会国际国内环境等，思想政治教育的内容结构优化最终要经过实践的检验，但受教育者绝不是试验品，一旦调整出现问题，便会影响一代人或者几代人的成长和发展，因此要采取审慎的态度，不能哗众取宠，更不能人云亦云。

（五）时效性和可读性相结合的原则

新媒体时代，高校思想政治教育必须及时收集、整理和解答大学生关注的热点、焦点问题和疑难问题，将其作为教育内容的素材，发掘其中的思想政治教育内涵，以解决大学生的思想认识问题。新媒体时代高校思想政治教育的话语结构已经发生了很大的变化，这在本书的第五章已作重点阐述，此处不再进行赘述。泛政治化的语言，使得大学生思想政治教育内容不为大学生网民所点击，则思想政治教育本身就失去了应有的意义和存在的必要性。要增强大学生思想政治教育内容的可读性，就要紧密把握地域的特点、校园的特点和大学生的特点，了解新媒体时代高校思想政治教育的内容话语的变化，内容范围要广，内容表达方式要多样而具体，语言风格要活泼生动，说话要接地气。

二、新媒体时代高校思想政治教育内容结构优化的要求

(一)内容结构的层次方面

1.在横向结构方面,坚持主导性和全面性相结合,克服单一化和简单化

新媒体时代,高校思想政治教育内容是多类型、多向度、多层次的统一的有机整体。横向结构层次,主要是指思想政治教育内容同一层次的各要素之间的相互作用及延展关系。思想政治教育内容的全面性,体现在人与社会全面发展的整体联系上。在这个整体联系中,有一个起着主导作用的要素,决定和支配着思想政治教育的其他内容,也决定性质和方向,这个主导作用的要素就是政治教育,之所以高校思想政治教育必须坚持以政治教育为主导,取决于它能实现一定社会阶级或集团的政治目的。同时,一定阶级和社会总是对其社会成员提出政治、思想、道德、法纪、心理等方面的全面性要求,体现人的素质的多维性、丰富性、整体性,从而形成由政治教育、思想教育、道德教育、法纪教育、心理教育组成的思想政治教育内容类型结构。因此,在思想政治教育内容体系的建构中,要从思想政治教育内容的横向联系出发,在主流意识形态的引领下,从人与社会、人与他人、人与自然以及人与自己的关系层面上确定对受教育者在政治、思想、道德、法纪、心理等方面的要求,以整合类型相近的教育内容,解决现存的内容重复交叉和单一等问题,增强高校思想政治教育内容的整体性和系统性。

2.在纵向结构方面,坚持层次性和针对性相结合

层次是表征系统内部结构不同等级的范畴,是指系统要素有机结合的等级秩序,表征为次序。高校思想政治教育内容根据教育对象的角色层次、心理层次和接受水平与能力,将思想政治教育划分为三个层次:基础层次的教育内容(道德教育、心理教育等)、较高层次的教育内容(思想教育)和高层次的教育内容(政治教育),这三个层次相互联系、有机统一,呈现出由低到高的递进关系,使教育内容由低到高、由浅入深、螺旋上升、循序渐进,从低层次到高层次的递进式的教育内容系列。

(二)在内容选择上,要体现理论性与实践性的结合

目前的高校思想政治教育内容的理论性与实践性结合得还很不够,在内容结构安排以及语言描述方面,也都较生硬、晦涩,与实际需要有所脱节。受传统政治经济文化环境的影响,高校思想政治教育内容因经典而权威,因权威而导致层次结构僵化,削弱了内容的影响力。在这种情况下,经典的理论一旦被束缚在陈框旧条中,就不能被赋予崭新的活力,不能被大众所熟悉的语言所表述,则将无法被认同和内化,更谈不上外化为行动力。因此,只有从实际出发,坚持与时代同步,与青年学生同步,并且紧紧抓住客观运动着的物质世界的规律性与特征,抓住变化的时代脉搏,抓住高校思想政治教育内容与时俱进的要求,才能使思想政治教育入脑入心,

以针对性、新颖性的多级层次要求来达到学生积极接受、主动内化的效果。为此，在内容选择上要做好以下几点：

1.优化高校思想政治教育的内容结构要做到"三贴近"

一要贴近社会现实。当前我国大学生思想政治教育存在的突出问题就是发展的滞后性，即思想政治教育内容结构体系滞后于经济发展，滞后于国内、国外形势的发展和变化。针对这一突出问题，在大学生思想政治教育内容结构体系上，要深入研究与现实相适应的思想政治教育内容。只有这样，才能激发大学生对社会现实的关注，用正确的世界观、人生观、价值观、政治观、道德观和法制观看待我国社会主义现代化进程中出现的一系列社会问题，并且能够运用自己的聪明才智去解决问题。

二要贴近专业要求。以往传统思想政治教育存在泛知识化现象，将思想政治教育和专业理论、专业技能等智力教育等同起来，使得高校思想政治教育处于弱势地位。在新媒体时代，新媒体所传播的海量信息，其中也有许多信息是与大学生所学专业息息相关的，也就是说是有益于大学生专业学习的。因此，新媒体时代高校思想政治教育应当密切思想政治教育与专业教育之间的相互交融关系，促进高校思想政治教育的内容与专业理论、专业技能的紧密联系，使之有助于大学生的专业选择、学习和素质的提升；同时，在社会生活中，道德是客观存在的，道德是人聪明、完善之本，也是社会和谐、发展之基，进行专业教育也应以培养有道德的人为前提，只有认识到这一点，才能真正实现为社会培养出全面发展的有德性的职业人。

三要贴近学生实际。首先，是与学生的学习相结合。实践证明，人们所处的社会时代、现实环境、现实的直接的实践活动以及密切相关的实际利益，才是人们所最关心的，也才是最能吸引人们注意力的。新媒体时代的高校学生，获取信息的渠道是全方位的，任何脱离实际的教育内容只会让受教育者产生冷漠、反感甚至是逆反心理，所以，高校思想政治教育内容除了马克思主义理论以及党的纲领、路线、方针、政策、法规等以外，还应有如一切对身心人格健康有益的知识、道德文化、习俗习气、科学精神、人文精神、生活方式和行为规范、民主和法制意识、社会热点和焦点等等，让大学生从被动接受变为主动选择和接受。提高思想政治教育的生命力，要求我们要适应时代，积极拓宽教育视野不断深入地研究新情况、解决新问题，最大限度地吸收最新的理论研究成果并加以学习、研究和运用。比如增加创新教育的思想、人与自然协调共存的世界观、生态道德、全球意识、媒体素养等教育内容，用新的内容去教育和武装大学生，使他们得到更多实际的、有效的引导和帮助。

2.优化高校思想政治教育的内容结构要与学生生活相结合

大学生实际上是"半社会人"，正处于成人的关键时期，必然会经历一些成长的蜕变。年轻无极限，张扬是这个时代大学生的个性特点。但他们面临的机遇和困惑增多，需要思考和处理的问题相应也增加，也会不断面临各种抉择。如何科学设计生涯规划以积极参与竞争，如何与人交往以适应现实社会和虚拟社会的复杂环境，如何化解压力以解决各种各样的矛盾，都是他们所要面临的具体问题，处理不好会影响他们的前途。高校思想政治教育内容既要有利于锻炼学生的现实生活能力，又要培养学生的未来可持续发展的能力。要以生为本，从关注日常生活中的实际问题入手，帮助他们排忧解难；要积极引导学生学会生存，学会尊重和关心他人，学会共同生活；要培养在活动中的积极参与和合作精神；要倡导他们研究人类面临的普遍问题，增强全球意识和人文关怀；要关注人的现实和虚拟生存环境和生活质量，维护人类的尊严，完善道德品德和全面发展问题；同时还要有意识地培养学生具有国际观念和意识，树立为全球服务的观念，具有开展国际合作交流与国际竞争的知识和能力。只有在学生生活的不同领域全方位、最大限度地贴近学生，高校思想政治教育内容才能最大范围地被学生接受、认同和转化，思想政治教育实效性才能实现。

第三节　新媒体时代高校思想政治教育内容结构优化设计

面对着新媒体时代高校思想政治教育内容结构所出现的新情况和新问题，需要在理论、原则和要求的指导下，对其进行主动调整，实现最大程度的优化。

一、政治层面：以政治教育为核心

高校思想政治教育的内容丰富，在内容体系中，如前所论述，政治教育居于主导地位，起着决定和支配的作用。政治教育，主要是进行政治理想、信念、方向、立场、观点、情感方法等方面的教育。以政治教育为主导，就必须始终以理想信念教育为思想政治教育的核心内容。面对复杂的国际国内形势，我国高校思想政治教育工作面临的主要任务是，加强爱国主义、集体主义和社会主义教育，帮助学生树立正确的政治观，增强国家归属感和社会责任感。在对待走什么道路、依靠谁来领导、坚持什么样的指导思想等诸多政治问题上，真正"讲政治"，真正坚持党的基本理论、路线、纲领和原则。道路标定方向，道路决定前途。在党的十八大报告从夺取中国特色社会主义新胜利的战略高度，提出了坚定"道路自信"的问题。我国高校思想政治教育应引导学生以厚重的理论底气、高远的政治视野和豪壮的实践基础坚定道路自信；自觉认识中国特色社会主义道路，是实现社会主义现代化的必然选择，是创造人民美好生活的必由之路。要通过开展扎实有效的政治教育，使大学生正确认识社会发展规律，认识国家的前途命运，认识自己的社会责任，确立在中国共产党领导下走中国特色社会主义道路、实现中华民族伟大复兴的共同理想和坚定信念。同时，要积极引导大学生不断追求更高的目标，使他们中的先进分子树立共产主义的远大理想，确立马克思主义的坚定信念。

二、思想道德层面：自觉树立社会主义核心价值观

思想教育，主要是进行世界观和方法论教育，着重解决主观与客观相符合的问题。道德教育，主要是进行行为规范的教育，内化道德规范，提高道德判断能力，培养道德情感，养成道德行为，提高道德品质。改革开放至今，在经济全球化局势之下，社会经济成分、组织形式、就业方式、利益关系和分配方式日益多样化的同时，人们思想活动的独立性、自主性、选择性、多变性和差异性也日益增强，社会思想空前活跃，各种思想观念相互交织，各种思潮不断涌现，对大学生的思想产生很大的影响。新媒体时代高校思想政治教育，必须从大学生思想实际状况出发，以社会主义核心价值观为引领，树立科学的世界观、人生观、价值观和道德观，以指导和推动生活、学习和工作。

1.立足于社会主义核心价值观的国家制度层面

中国特色社会主义现代化建设的总体布局就是经济建设、政治建设、文化建设、社会建设和生态文明建设，五位一体的中心或者凝聚力是一个共同的价值追求目标。我们党在过去曾经把这个共同价值追求表述为"民族独立，人民解放""国家繁荣，人民幸福"。当前，众所周知的全面建成小康社会的宏伟目标或共同愿景，其价值追求就是要达到"富强、民主、文明、和谐"，也就是说经济上要越来越富强，政治上要越来越民主，文化上要越来越文明，社会和生态上要越来越和谐。

2.立足于社会主义核心价值观的社会集体层面

马克思主义追求的终极目标就是人的自由而全面的发展。我们党自成立起，就把带领人民实现自由、民主、平等写到自己的旗帜上，并为之而不懈奋斗。新中国成立后，我们党又把这些目标写到社会主义旗帜上，使之成为激励人们发愤图强建设社会主义的强大精神动力。改革开放以来，随着我国社会主义市场经济体制的建立和社会主义民主政治的深入发展，广大人民群众的民主法治意识越来越强，自由平等观念日益深入人心，维护公平正义的要求也越来越高。正是适应广大人民群众这种新期待、新要求，我们党更加自觉地把自由、平等、公平、法治等理念深入扎实地体现到党的各项理论和实践之中。

3.立足于社会主义核心价值观的公民个人层面

加强对全体公民的价值观、道德观教育是一项长期而紧迫的任务，成为摆在全党和全国人民面前的一个重要课题。中共中央印发的《公民道德建设实施纲要》提出，要坚持以为人民服务为核心，以集体主义为原则，以爱祖国、爱人民、爱劳动、

爱科学、爱社会主义为基本要求，在全社会倡导"爱国守法、明礼诚信、团结友善、勤俭自强、敬业奉献"的基本道德规范。党的十八大正是在继承和发展我们党关于社会主义核心价值体系思想的基础上，紧密结合全面建成小康社会和发展中国特色社会主义的新需要，从公民层面提出了"爱国、敬业、诚信、友善"的社会主义核心价值观。这集中体现了中华民族传统美德、中国共产党人革命道德和社会主义道德的精华，是中国共产党人对马克思主义公民道德和价值理念的新发展。

社会主义核心价值观的三个基本层次是有机联系、内在统一的。"富强、民主、文明、和谐"是中国特色社会主义的基本价值追求，它体现的是我国经济建设、政治建设、文化建设、社会建设和生态文明建设的内在发展要求；"自由、平等、公平、法治"是中国特色社会主义的基本社会属性，它体现的是我国作为中国特色社会主义社会的总体价值趋向和整体目标要求；爱国、敬业、诚信、友善体现的是社会主义国家全体公民的基本价值追求和道德准则要求。上述三个层次的核心价值观相互联系、相互贯通，集中体现了国家、集体和个人在价值目标上的统一，体现了国家目标、社会导向和个人行为准则的统一，是马克思主义价值理论中国化的最新成果。

优化新媒体时代高校思想政治教育的内容结构，应体现社会主义核心价值观的具体内容，坚持以社会主义核心价值观为引领，引导大学生转变思想观念，践行道德规范，养成良好而稳定的道德品行。

三、文化层面：弘扬中国传统文化，融入世界文化

新媒体时代，是一个信息膨胀的时代。新媒体的迅猛发展及快餐时代的到来，使传统的人伦关系和人际道德面临着非常严峻的挑战。就文化层面来看，在文化多样化的发展大趋势下，包括中国在内的各国传统文化的生存和发展在不同程度上受到了挑战，从而对思想政治工作的文化根基带来冲击。马克思指出："人们自己创造自己的历史，但是他们并不是随心所欲地创造，并不是在他们自己选定的条件下创造，而是在直接碰到的、既定的、从过去继承下来的条件下创造。'①因此，优化新媒体时代高校思想政治教育内容结构，必须大力继承和弘扬中国思想道德教育的优良传统，正确借鉴和吸收世界思想道德教育的优秀成果，赋予所继承内容以时代内涵，使之具有时代价值；赋予借鉴国外思想道德教育内容以中华民族底蕴，使之具有中华民族文化特色，使大学生树立起人文精神，特别是民族精神。

（一）继承和弘扬中华民族优良思想道德教育传统，并赋予时代意义

1.生态道德教育

文化是维系一个民族的精神纽带，没有文化的民族就没有民族精神。我国思想政治教育内容的建构总是立足于中华民族根基，植根于民族文化沃土，有着强烈的民族性。在中国古代贤哲那里，他们自觉不自觉地运用着层次和结构概念，把"道"

"阴阳""天""地""人"看成是一个统一的整体，强调"天人合一"。"天人合一"，作为中国古老的哲学命题，其核心是强调"天道"和"人道"相通，"自然"和"人为"相通。从战国时期的子思、孟子提出的人与天相通，人的秉性天赋，尽心知性就能够知天，达到"上与天地同流"，到庄子提出的"天地与我并生，万物与我为一"。他认为人与天本来就是合一的，只是因为人的不同思想观念，不同的主观意志破坏了天人的"统一"、或者说天人的"合一人应当与天合一，应当消除天人间的差别。之后的中国历代思想家、哲学家从不同的角度丰富和完善了"天人合一"的思想，努力追索天人相通，以达到天与人的和谐、协调、一致。这种"天人合一"的自然观，对加强生态道德教育有很大的启示。

所谓生态道德教育，是在横向比较、纵向扬弃的基础上提出的一种新德育观和新的德育范型，它教导人们，不仅人对人的社会行为，而且人对环境的自然行为均要受到伦理评价；不仅要正确处理个人与他人、个人与集体、个人与社会的利益关系，还要恰当地对待人与自然的交往行为、利益关系、短期与长期关系，摆正人在自然中的位置。因此生态道德教育将以一种更为宽阔的道德视野，教育和引导人们学会热爱自然、热爱生活、享用自然、享用生活。同时生态道德教育还是社会公德的重要内容，是否具有良好的生态道德意识，是现代社会衡量一个人全面素质的重要尺度，也是衡量一个国家和民族文明程度的重要标志。

在新媒体时代，生态道德教育是一种新型的道德教育活动，是指教育者从人与人、人与社会、人与自然的道德观出发，引导受教育者树立一种崭新的人生观、自然观和生存发展观，在社会领域要不断调节人与人、人与集体、人与社会的关系，使人的行为符合集体和社会的需要，营造一种人与人相互尊重、相互依存的人文生态环境，促进社会的和谐发展；在自然领域要扩展社会领域长期所形成的道德原则、道德规范，有意识地控制人对自然的盲目行为，营造一种人与自然和睦相处、互惠互利的自然生态环境，促进人与自然的和谐共生，从而使受教育者在双生态环境（人文生态、自然生态）中自觉养成文明和谐、珍惜资源、保护环境的道德素质和文明习惯，成为既能协调处理人与人、人与社会的关系，又能协调处理人与自然关系的理性生态人。

2.人伦自觉意识的培养

中华传统道德以儒家伦理道德思想为主体，同时兼收了墨、道、法以及佛教等各家中的有关思想，经过几千年的扩展、充实、更新和演变，逐渐形成了一整套比较完备的伦理道德思想体系，其内容涉及价值观念、道德精神、情感信念、行为方式等各个方面。儒学是一个包含政治、经济、军事、教育、伦理道德、自然科学等在内的庞大的文化体系，其中伦理道德是儒学最核心、最重要、最具代表性的内容。儒学大致可分为以礼为基础的伦理规范和以仁为基础的德性原则两个层面。在儒学体系中，伦理之礼与道德之仁是两个不同的维度，礼是具有外在戒律性的社会规范，仁则为含蓄内在目的性的生活意义和行为品性。

新媒体时代，是在数字技术和网络技术基础之上延伸出来的社会存在形式，它基于现实社会，但同时又是现实社会的延伸，与现实社会有着完全不同的特点。新媒体时代的到来不仅使个体的世界观、生活理念和方式发生了明显变化，而且也极大地改变了人与人之间的关系。复杂的基于现实与虚拟社会的人际关系，迫切需要引导大学生以人伦自觉来回应这种社会需要。作为调节人与人之间关系的道德伦理教育，不可避免地存在于高校思想政治教育的每一个环节及过程之中，包括处理个人与国家、社会、学校、他人及自己的关系。当前，提升大学生"人伦自觉"意识和能力，主要在于激发和调动大学生和高校思想政治教育工作者两方面的积极性，强化对大学生的人伦教育。思想政治教育内容的建构要吸收中国传统道德的合理内核，活化传统思想道德资源，塑造民族共同价值观，同时又注入时代精神，不断提升当代大学生的规则意识、"道德责任能力"以及与新媒体时代相适应的文明上网、诚信上网的意识和能力等。

3.和谐心灵教育

"心灵"一词，有学者认为见于《隋书·经籍志》："诗者，所以导达心灵，歌咏情志者也。"古人认为心是人的思维器官，因此把人的思想和感情等等说成心。《诗·小雅·巧言》："他人有心，予忖度之。"《孟子·告子上》："心之官则思。"可见，作为人的生理器官，心其实和人的思维活动是紧密联系的。那么，什么是和谐呢？《诗·商顺·那》："既和且平，以我磬声。"《左传·襄》："八年之中，九合诸侯，如乐之和，无所不谐。"《礼记·乐记》："其声和以柔。"可见，"和谐"意指系统内各要素秩序井然、顺和流畅，没有抵触冲突和格斗纷争。心灵和谐，就是指人与自身的和谐，人自身的思维、情感与人的价值观念的和谐。在人类社会这个大的系统中，作为社会主体的具有独立特质的人在同外界交往过程中，与物质世界形成了矛盾关系，通常被认为是人与自然、社会和他人以及自身之间的关系，在这动态的关系过程中，人的心智得到了一定的磨炼，形成了具有独立人格的人。这为新媒体时代高校思想政治教育的内容结构打开了又一个思路。

心灵和谐，从个体来说，人的心灵和谐就是人的内在思想中，各种价值观念形成了彼此融合而无分裂的有机统一体；从社会系统的整体来说，指在社会制度的框架内，人能找到心灵的栖息之地，兼容他人与社会，在多元的价值取向中，有效地调整自己的价值观，明确正确的选择，并且充满信心，超越世俗羁绊，协调发展，服务社会。人生最美妙的事情莫过于精神中对现实生活美好渴望的追求，即个人意识的升华，内心世界的和谐是唯一可能进行更长久控制的途径。内心和谐是人拥有的一种特殊的能使人静心和自由的品质；内心和谐是人拥有的一种健全的能使人心

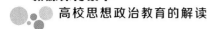

理品质完善、知荣明辱的智慧，这种智慧品质教会人能自在地生活，实现人与自然、社会的浑然一体，真正实现从必然王国走向自由王国。和谐的人是全面发展的人，是一种灵性的安宁。在多元的人生道路选择面前能够毫不犹豫地走向正确之路，且充满着信心，这是心灵和谐的体现。理念决定人的态度和行为。心灵和谐的人，能以一种乐观、欣赏和创造的人生态度来经营人生，运作事业，服务社会。高校思想政治教育工作者应该有这样一份意识和责任，在构建社会主义和谐社会的进程中，心灵和谐对协调人与自然、人与社会、人与人之间关系的和谐具有重要作用。面对当前价值的多样化与信仰根基的动摇、利益的多重化与崇尚财富的心理、文化的多元化与文化的不自觉等表现，只有通过求真、求善、求美、求实，用以充实现实的人，实现人的意识变革，才是培育心灵和谐的新路径。

（二）借鉴外国思想道德成果，赋予中华民族的文化底蕴

思想政治教育内容的建构总是具有鲜明的开放性，面向世界思想道德发展，是民族精神与时代精神的统一。我们所说的民族精神是一定时代的民族精神，是符合时代潮流的民族精神，而时代精神实质上是民族精神发展到一定时代的综合表现。新媒体时代高校思想政治教育内容要大胆借鉴和吸收人类社会创造的一切文明成果，以科学的态度正确对待国外思想道德教育资源，把它作为思想政治教育内容建构的重要参照。

国外并没有提出"思想政治教育"这一概念，而是在"公民权利和义务教育""国民精神教育""道德教育""宗教教育""历史教育"的旗帜下悄无声息地进行思想政治教育。作为人类社会普遍存在的一种教育实践活动，世界上其他的国家不仅有着事实上的思想政治教育，而且有着值得我们借鉴的多种思想道德成果。古希腊的"节制、勇敢、智慧、正义"四主德的品德要素结构思想，皮亚杰、科尔伯格的道德发展理论，关于知、情、意、信、行的品德过程结构等，对我国高校思想政治教育的内容结构的优化都存在许多可资借鉴之处。研究世界一些国家和地区的思想政治教育还可以发现，他们大都把爱国主义教育、公民教育、国民精神教育、共同价值观教育、法制教育、宗教教育以及政治社会化、道德社会化等作为思想政治教育的重要内容。加强爱国主义教育就不约而同地成为当代世界各国的思想教育的主旋律。美国是一个移民国家，它通过爱国主义教育，形成强烈的"美利坚民族意识"。美国在中小学利用一切形式来强化"美国的意识"，国旗、国歌、总统画像这些美国国家的象征物在美国中小学几乎随处可见、可闻。美国不惜巨资修建国会大厦、白宫、华盛顿纪念堂、航天博物馆等，作为对青少年进行思想政治教育的阵地。

思想政治教育虽然具有很强的民族性和阶级性，但随着经济和信息全球化及我国对外开放的深入发展，思想道德价值也具有愈来愈多的时代性和全人类性的内涵，对外国思想道德中属于人类共同心理诉求、共同审美意识、共同道德意识和情操等方面的成果，要大胆学习和有效借鉴。这样的高校思想政治教育才是具有博大胸怀和人文关怀的思想政治教育，也才能被广大学生所接受与认同。

四、发挥高校思想政治教育内容结构的正能量

优化新媒体时代高校思想政治教育的内容结构，需要不断更新思想政治教育内容，实现内容结构的升级。时代的发展，社会的进步，技术水平的提高，意味着反映社会发展和人的发展需要的高校思想政治教育的内容也要不断发展和更新。

媒体素养教育，就是指导受教育者正确理解传媒及其信息，建设性地享用媒体传播资源，培养他们具有健康的媒介解读和批判能力，使其能够在多元的媒体环境中，充分合理利用媒体资源完善自我、参与社会发展。因此，媒体素养不仅是一种知识体系，而且是一种技能、一种思维方法，是现代公民必备的基本素质。在内容结构上，积极整合资源，在当代大学生中实施媒体素养教育工程。努力提升当代大学生的媒体素养及面对媒体尤其是新媒体的各种信息时的理解能力、选择能力、评价能力、表达能力、创造能力以及批判和鉴别能力。新媒体时代，网络、手机的互动性、随意性等特点在信息传播十分迅速、方便的同时，对广大网民和手机用户的理性思维能力、完善的知识结构提出了更高的要求。在高校思想政治教育内容结构中大力实施媒体素养教育工程，将有助于提升大学生对纷繁复杂的网络信息的准确理解、正确选择、合理评价的能力。通过对大学生进行新媒体道德规范教育，引导他们在遵纪守法、符合道德规范的要求下使用新媒体，增强其法纪观念，提高其道德素质，努力培养他们成为一定范围内有创新性的"舆论领袖"和正面信息的传播者创造条件，从而逐步形成"线上"和"线下"思想道德文明建设的合力和良性循环机制。

第七章　新媒体背景下高校思想政治教育的载体合力生成

思想政治教育载体以其特定的内涵和功能，在高校思想政治教育体系中居于重要地位。新媒体时代对高校思想政治教育的影响体现在包括载体的方方面面，加上高校思想政治教育社会化趋势的日益彰显，思想政治教育主客体及其身份呈现出多样化的趋势。为适应新情况、新变化，解决新问题，需要思想政治教育工作者以跨界思维为理性向度，创造覆盖面更广、承载信息更多的载体平台，生成新媒体高校思想政治教育载体合力，从而不断提高思想政治教育水平，增强高校思想政治教育的实效性。

第一节　新媒体时代高校思想政治教育载体的运行现状

一、新媒体时代高校思想政治教育载体的内涵、形态及功能

（一）内涵

由于思想政治教育载体是一个相对新的概念，其概念说法不一、观点也各有不同。如有的认为思想政治教育载体是一种活动或活动形式。有的认为思想政治教育载体是联结教育主体与教育客体之间的桥梁和纽带，有的认为是思想政治教育的基本要素之一，也有的认为思想政治教育载体是连接主客体的中介之一，称为"载体中介"。

对此，本书比较认同张耀灿教授关于思想政治教育载体的定义：思想政治教育载体是指在思想政治教育过程中，能承载和传递思想政治教育的内容和信息，能为思想政治教育主体所运用，促使思想政治教育主客体之间相互作用的活动形式和物质实体。对于该概念的理解，我以为必须把握好以下两个方面：

其一，构成思想政治教育载体必须同时具备三个基本条件。一是必须承载思想政治教育的目的、任务、原则、内容等信息；二是能为思想政治教育工作者所运用和控制；三是必须是联系教育主体和教育客体的一种物质形式，主客体可以借此形式发生互动关系。从这层意义上来说，思想政治教育载体应该具有目的性、承载性、中介性、可控性等特征。

其二，理清思想政治教育载体与方法之间的关系。由于在过去的研究中，人们并没有把思想政治教育载体作为独立的内容，而将其归属于思想政治教育方法论及，因此对思想政治教育载体概念的理解，还必须与思想政治教育方法等进行比较，厘清这二者之间的关系。方法一般是指为获得某种东西或达到某种目的而采取的手段与行为方式，表现为方式、途径、步骤、手段等形式。两者的联系都是联系主客体的纽带，思想政治教育方法的运用必须借助载体，比如辩证法，必须要通过辩论活动这样的形式为载体。载体能承载思想政治教育信息和内容，而方法则不能。

（二）形态

1.课程载体

毋庸置疑，课堂教学是思想政治教育的渠道，是最显性的载体。这里的课程载体是指以思想政治理论课为代表的课堂教育，也包括专业课程和人文素养课程，对学生思想政治教育施行最正规的影响。课程载体具有很多明显的优势，即有明确的教育目标、内容和评价体系；载体形式相对稳定，而且有制度上的保障等等。在当代中国，高校思想政治理论课堂是灌输马克思主义基本原理，宣传思想道德修养与法律意识、培养公民意识、树立科学的世界观、人生观、价值观的主渠道和主阵地。其他课堂除了具备传授知识的功能以外，也有意识或者无意识地贯穿和渗透出人文素养与科学精神等。

2.物质载体

包括校园整体规划、建筑风格设计、校园景观、生态环境等的物质载体，它是大学生生活学习的空间场所，是思想政治教育主体与客体相互传递思想政治教育信息的物质内容及其手段。它因为历史传统和文化价值的积淀而承载着真朴、博大的大学精神，蕴涵着巨大的潜在教育意义，这是社会和家庭所无法取代的。因此，即便在传统高校思想政治教育过程中，教育者们也会重视校园物质环境建设，注意创造积极、健康、绿色的校园物质环境，充分发挥校园物质环境对大学生思想品德与道德情操的影响力。

3.精神（文化）载体

包括各种校园文化活动（如各级党团组织和学生组织的各类文体活动、知识竞赛活动、辩论活动等）以及谈话咨询（如心理咨询）活动，它是思想政治教育过程中相互传递信息的精神手段。把思想政治教育内容有机融入活动中，并组织学生参加各种活动，这本身就是教育的过程。能成为高校思想政治教育载体的精神文化活动，必须是融思想性、科学性、趣味性和娱乐性为一体，令学生乐于参与的活动。通过各级各类活动的参与，受教育者能在受到潜移默化的感染熏陶的同时，又学会鉴别、比较、取舍、判断等，拓展知识的深度和宽度，养成竞争意识和团队精神，形成健康快乐、自信开朗的人格品质。在这一过程中，高校思想政治教育工作者要

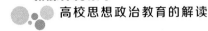

通过有计划、有目标地加强高层次的校园文化建设，开展丰富多彩的活动，如社团活动、青年志愿者活动、社会实践活动和各种谈话咨询活动等，充分发挥精神载体的作用，使得学生在潜移默化中锻就品质人性。如果说各级各类文化精神活动载体在思想政治教育过程中，是发挥了集体的教育作用，让受教育者在集体的氛围下潜移默化地受影响，那么谈话咨询活动则是个案类思想政治教育载体，因为谈话咨询是教育者与一个或者几个受教育者面对面的交谈，向其传导某种思想和观念，集中帮助解决某种思想问题或认识问题的一种教育形式。其特点为针对性、互动性强，反馈快、技巧性的谈话能将思想政治教育从宏大的叙事转化为深入细致的关怀，直击谈话对象心中的柔软，通过谈话咨询活动能进行适度的心理调适，优化受教育者的心理素质。

4.管理（制度）载体

陈万柏教授认为：管理载体即"以管理为载体"之意，是指寓思想政治教育内容于管理活动之中并与管理手段相配合，以达到提高人们思想道德素质、规范人们行为、调动人们生产、工作、学习积极性的目的。这里的制度载体主要是指学校的管理制度（包括管理制度所投射的管理理念、所使用的管理手段等）和管理体制所折射出来的服务工作。包括教学管理、班级管理、宿舍管理、日常行为管理。其特点为具有一定的强制性和规范性，教育过程有明显的行政权威和制度威慑力的存在；教育者对载体的运用主要依托组织进行，依托组织纪律和规章制度，以书面的或者条文的形式表现出来，并具有经常性，致力于人的日常行为规范的养成。管理是一门科学也是一门艺术，科学、民主、公平、规范的管理，本身就是一种思想政治教育。比如考试作弊行为，其实所反映出来的是诚信问题，通过加强管理，则会得到有效的控制。

为有效运用管理载体，充分发挥其在高校思想政治教育中的作用，首先要提高自觉性，这就要求教育者要主动意识到管理是教育的载体并有效地加以运用，遵循思想政治教育的规律，从而提高管理水平。同时，因为覆盖高校教学生活等各个方面的优质的服务，会激发师生共同的力量，增强师生的归属感和对学校的认同感，这将有利于思想政治教育工作的开展。

5.传媒载体

这里所说的传媒载体是指大众传媒向广大受众传播思想政治教育内容，使其在接受广泛信息的同时，受到思想政治教育。它包括传统大众传媒即广播、电视、书籍、杂志、电影、音像制品等，尤其包括新媒体。传媒载体不仅形式众多，超越时空，给教育者和受教者以无限大的选择和加工余地。美国政治学家李普曼指出：我们的"身外世界"即现实环境越来越广阔，人们已经很难直接去亲身体验它、理解它，现实环境已经成为"不可触、不可见、不可思议"的环境。②此处的环境，其实也就是说由新媒体所创造的虚拟的"媒介环境"，人们在这里看到的是被传媒理解和演绎过了的世界。对于大学生而言，他们对社会现实的理解更依赖于传媒，尤其是新媒体，新的历史时期，新媒体载体越来越成为高校思想政治教育理论研究所关注的热点和实践运用的重要载体形式。

（三）功能

在新媒体时代，高校思想政治教育载体是为思想政治教育工作者实现高校思想政治教育目标，完成相应的思想政治教育任务服务的。它在高校思想政治教育活动中，具有纽带、反馈、强化、渗透、储存、证实等功能。

1.纽带功能

高校思想政治教育作为一种教育活动，需要有一种纽带把思想政治教育主客体有机结合起来，这种纽带就是高校思想政治教育载体。无论是校园网，还是校报校刊、学生管理、校园文化，高校思想政治教育工作者都能通过这些载体把高校思想政治教育的内涵传递给学生，使高校思想政治教育内容和信息作用于学生。没有这些载体，高校思想政治教育工作者和学生的关系就会断裂，无法实现二者的沟通和互动，教育内容自然无法传输给学生，思想政治教育的作用也无法发挥出来。

2.反馈功能

高校思想政治教育的效果如何，大学生对此如何反应，这是高校思想政治教育工作者必须清楚知道的。要了解学生的不同反映，就要重视高校思想政治教育载体的反馈功能。通过思想政治教育载体反馈功能的发挥，使思想政治教育工作者知晓各种反馈信息，了解思想政治教育的效果，不断改善思想政治教育的内容、方法和手段，使之更加适应大学生的发展。比如，通过统计浏览网站的人数，可以看出学生对网站是否喜欢、哪些网上活动受学生欢迎；通过了解参加社团的人数，可以推测某个社团的思想政治教育是否成功；通过学生听课的反映，可以知道学生对课堂教育的认可程度。

3.强化功能

高校思想政治教育具有很强的导向性，能通过有计划、有目的地实施思想政治教育，使大学生在区分正确与错误、正义与邪恶的基础上，肯定、弘扬真善美，辨明、批评、鞭挞假丑恶，引导学生思想朝着健康的方向发展。但是，需要指出的是，思想政治教育不是一次性教育，受教育者不是一次性接受教育内容，教育效果也不是一次性显现，而需要借助思想政治教育载体反复强化，重复进行，才能确保学生受到深刻教育。载体的多样性又使载体的作用方式具有交叉性。同一主题的内容通过某一载体传向学生时，其他载体也能对学生产生作用和影响。比如，用广播进行集体主义教育时，网络、电视、课堂都在围绕这一主题开展，学生受到立体的、全方位的教育，受到反复的潜移默化的教育，从而达到思想政治教育目的。

4.渗透功能

高校思想政治教育载体是高校思想政治教育工作者与大学生的中介，同时又承载着思想政治教育内容和信息。许多思想政治教育载体是直接显性地对学生进行正面的宣传教育，而另一些载体的形式、作用方式和影响则是隐性的，不容易为学生感官直接感知，如校园文化载体、活动载体等。大学生们在生活、娱乐、交往中不知不觉受到熏陶，逐渐接受思想政治教育的内容和信息，并运用到专业学习和社会实践中，内化为自己的思想品德，最终转化为自觉行为反映出来。

5.储存功能

高校思想政治教育载体作为联系思想政治教育活动中主客体之间的桥梁，能将思想政治教育信息储存起来。比如，思想政治教育物质载体能够将爱国主义的历史和现实信息以文字、图片、声音、画面等一定的形式储存起来。当教育主体运用它进行爱国主义教育时，这些载体所储存的有关爱国主义教育的思想信息就能通过报刊、书籍、电影、电视、广播、网络等媒介传导出来，作用于不同的学生。

6.证实功能

高校思想政治教育载体不仅能够将高校思想政治教育的要求、内容和信息进行跨时空的传递，还能将活生生的事物或某项活动过程呈现在人们面前，用以证实某种思想存在的真实性，证实教育内容的真实性，增强教育对象接受教育信息的真实感。特别是电视、电影、网络等传媒载体在这方面的作用非常明显和突出。历史文物、历史古迹、文化遗址、历史书籍等物质载体，还能成为证实思想政治教育内容存在于世的物证，给予学生直观真切的教育影响。

二、对传统思想政治教育载体运行有效性的追问

高校思想政治教育载体与思想政治教育过程密不可分，当前高校思想政治教育载体建设的突出成就，如多样化的形式，人性化的建设与管理，职业化的队伍建设等。但由于思想政治教育工作者对载体的作用和功能缺乏清晰明确的认识，因而出现运行中的缺失也是必然的，主要表现在：

（一）高校思想政治教育载体整体性功能的分化

思想政治教育系统是一个整体而非局部、开放而非封闭的、动态而非静态的特殊生态系统。这个过程并不是简单地依靠思想政治理论课或者单纯的几次校园文化活动而产生效果的。而各载体力量间各自条块分割的问题明显，不同力量间缺乏彼此的呼应和配合，常常表现出自发、无序等离散状态，结构分布也并不合理。比如，作为思想政治教育主渠道的课堂教育，缺乏针对大学生个人的关怀和个性心理的关注，再加上教学方法的传统与教学手段的单调，学生作为完全被动的受教育者，易于产生抵触心理，因而其功能并不能完全得到发挥。因此，整合各种载体力量，形

成"载体合力"，正是在对这一时代图景的回应。

（二）高校思想政治教育实效的弱化

20世纪90年代以来，随着高校思想政治教育载体研究的逐步深入，思想政治教育载体的地位逐渐被人们所认知。但由于思想政治教育载体理论研究的滞后，加之思想政治教育工作者运用载体的能力欠缺等因素，导致思想政治教育载体在运行过程中存在较大的盲目跟风和随意运用，影响了思想政治教育载体功能的发挥。主要表现在新媒体的运用上，很多思想政治教育工作者授课热衷于网络上流行的视频和话题，或者只是机械地阅读课件，而不做深层次的讲解，课后通过QQ等通信工具，取代传统有效的谈话和咨询载体，弱化了高校思想政治教育的效果。

（三）新载体形态的挖掘不够

新媒体以其传播快捷、检索便捷、传播的交互性和方式的多样性而受到一定的关注，正在被高校思想教育工作者广泛运用；但另一方面，人们淡化了新媒体需要一定的技术投资和相关人员的观念更新，尤其是新媒体所带来的各种负面影响也是客观存在的，对此要有足够的认识，采取必要的规避措施，使其积极作用达到更广层面上的发挥。分寸新媒体在思想政治教育的认识要在与传统媒体的比较中进行。

（四）思想政治教育传统传媒载体在新媒体时代出现的盲点

长期以来，传统媒体存在重主流而忽视非主流、重单向传输而轻视互动对话的倾向，阻碍了其影响力。正统和权威性是作为主流的传统媒体的突出特征，将重要的传播内容和口径对受众进行信息的灌输，这在新媒体时代信息的海量性及受众选择和接受信息的需求多样性的背景下，难以控制其接受度和认可度。对不同的受众群体来说，传播信息的内容是否有价值或者有多高的价值才是他们信息取舍的基本判定。因此，传统媒体的定位，不应该是主流和非主流的区别，而应该是媒体的品位和受众目标选定的价值定位。以思想政治理论课的教材为例，不可否认的是大学生对教材的兴趣不大，甚至是持有适当的反感情绪。"8020法则"在这里同样可以得到体现，现代大学生更热衷于出现在传统媒体之外的80%的非主流信息上，因此高校思想政治教育要关注新媒体时代不断扩大和精准传播的80%的信息对学生的吸引力。此外，传统媒体因为客观上存在的原因（因技术等因素反馈难以迅速实现）及话语权的绝对掌控，使得现代大学生对其接触量越发减少，纸质传媒和广播电视传媒对大学生的影响越来越小。反之，新媒体信息的传播对大学生的吸引力会越来越大，并更容易被接受。

（五）考验着高校思想政治教育工作媒体环境

当前，在商业化浪潮中，有一些传媒由于社会责任感和人文精神的缺失，往往缺少中肯的观点评论、深度的创意和人性化的活动建设，在不同程度上出现了空洞虚无、低俗媚俗庸俗的现象，不仅影响了自身的美誉度，也容易让受众对包括新媒体在内的媒体失去信任。

总之，新媒体时代，高校思想政治教育的载体运行也是一个系统，在这个系统过程中，所呈现出三个比较突出的情况：一是单个载体的有效性问题；一个是载体的综合协调性问题；一个是新的载体的挖掘度不够。因此，需要我们以系统发展眼光和跨界的思维，结合实际，打造一个合力平台，以最高效地发挥高校思想政治教育载体的作用。

第二节　新媒体时代高校思想政治教育载体合力的生成理路

新媒体时代高校思想政治教育载体运行情况不甚理想，影响到思想政治教育的实效，因此，要开动脑筋，转变思想，一方面体现整体性原则，实现载体的整合；另一方面，寻求新的突破口，发挥新媒体平台的作用，形成一个载体合力的平台。

一、新媒体时代高校思想政治教育载体合力生成道路的理论支撑

思想政治教育是一个系统的过程，因此，系统论为思想政治教育载体合力生成道路的形成奠定了基本理论基础。系统论认为，要素是指构成系统的要件和因素。系统和要素之间是整体与部分的关系，各要素相互作用，共同形成系统对外输出信息和能量。寻求解决以上问题的对策之前，需要对思想政治教育载体的生成理路进行科学定位。张耀灿的《现代思想政治教育学》的基本观点是：思想政治教育系统的构成要素是思想政治教育主体、思想政治教育客体、思想政治教育介体和思想政治教育环体。其中，介体包括内容、方法和载体。共同构成思想政治教育主客体相互联系和作用的中介要素。介体的这三个组成部分在思政中起着不同的作用，内容是传递的信息，方法是教育主客体之间相互作用的手段的总和，载体是承载思想政治教育内容，并促进传播与交流，这三个组成部分之间相互联系，有机统一。坚持系统性原则，就是要把思想政治教育载体视作一个系统，并力图将其组成要素按某种结构方式建构成整体大于部分之总和的有机体。当教育者、教育对象、教育内容和方法等要素都独立存在、无相互联系时，现实的教育活动就无法实施，只有当这些要素相互联系、相互作用时，才会产生现实的活动，成为教育的现实表现形式。同样，只是以某一种载体形态进行思想政治教育，单打一，势必会事倍功半。鉴于系统论的基本观点即整体性观点、动态观点、联系观点、结构观点和调控性观点，不难得出：单个的思想政治教育载体的运行效力必然小于整体，只有"合力"才会使思想政治教育载体发挥最大的运行效力。"合力"就是作用在物体上所有的力产生的总的效果，"载体合力"则是借助多种载体并进行整合而实现"合力"推送。

二、新媒体为"载体合力"的生成理路提供可能

与传统媒体相比，新媒体在打造思想政治教育"载体合力"方面更具优势：

（一）"合力影响"得以扩张

技术层面上来说，新媒体工具的先进性、形式的多样性和宽广的选择空间，使它成为具有不同传播目的各种传播者不约而同地工具选择。媒体工具转变为各种影响力量都可共享的信息平台，这为形成合力提供了信息资源和工具上的便利。比如思想政治课堂教学，可以引用先进的多媒体技术，也可以链接网上诸如视频公开课的资源，更可以在线讨论和交流，发挥施教者和受教育者的主体作用，从而改变传统教学中的单一的方式，形成"学导多元互动模式"。

（二）受教育者的参与度得以增强

使用新媒体，只要拥有一个信息终端，就可以发帖子、发短信、发微信、QQ聊天、写（微）博客，及转发各种信息，甚至网络游戏都可用以进行思想政治教育；既可以纳入正式思想政治渠道，成为学校行为，也可以是学生或者施教者的个人行为，成本都很低。同时，在互动过程中，受教育者在进行提出反馈意见等活动时，因为只要拥有一个客户重担，隐蔽性增强，因此享有更大的安全保障可能。从这点考虑，基于全体师生的广义的思想政治教育会变得越来越强势。

（三）思想政治教育的渗透性得以提升

新媒体兼具了人际传播与大众传播的功能，而且还具有强大的信息整合能力，能通过"资源共享"或者"媒体联动"等方式来加快信息汇集，加速信息的传播和扩散。随着4G、5G宽带网络的普及，新媒体意味着能集成视频、音频于一体的网络型信息传播方式的普及应用，以期实现强劲的视觉冲击力、强大的数据库和精准的信息搜索能力，都会成为新媒体的优势凸现，其信息选择、信息集成、信息整合、信息优化、信息运用、信息互动传播等强大生命力。比如汶川地震中"大爱思想"的传播、民族凝聚力的延伸都体现了新媒体的威力，从而在瞬间加速了载体运行的功能。

三、"载体合力"的生成理路及特征

"载体合力"的生成理路因新媒体而具有如下特征：

（一）体现了高校思想政治教育载体运行过程的系统性

长期的工作实践，将思想政治教育载体按照不同的划分标准区分出不同类型或部分，但这种区分只是形式上的区分，在实践中，虽然在实施教育过程中，各有特点，对思想政治教育的作用各有千秋，但是它们之间是无法分割的。一般来说，在这一模式中，课程载体是主渠道或者主阵地，物质载体是基石，精神（文化）载体

是动力，制度载体是保障，传媒载体是平台，它们相互影响、相互作用，从而构成了高校思想政治教育载体的有机整体。

（二）体现了高校思想政治教育载体资源共享性

新媒体时代的高校思想政治教育，应该树立一种载体合力观。在具体的情景下，不同的载体形态可形成主导性载体因素、辅助性载体因素等层次性系统。即使在一个思想政治教育载体子系统中，也可以呈现出一定的层次性系统。新媒体载体与其他载体看似相互独立，并且是载体中的层次性系统，但它们之间实际上又由一根鸿线连接在一起，这就是以人为中心、以各项教育活动为主导来进行排列与分类，在共同目的的驱动下，发挥其所具有的图文并茂、声情融会、快速传播、交流便捷的优势，能够更好地推进各种载体之间的多元互动、资源共享和信息交流，能够将各种载体的系统性凝聚成强大的"合力"。基于此，高校思想政治教育工作者要善于把握载体的系统性，通过整合各种载体资源，运用载体综合效应，以增强思想政治教育的效果。

（三）体现了思想政治教育主体的可控性

传统思想政治教育载体借助于新媒体，搭建了一个基本的平台，发挥着其积极的作用。通过各类课件制作、发帖子、电子邮件、短信、微博、微信、网上聊天、网上访谈讨论以及博客和播客等工具的使用，使思想政治教育载体能为教育主体所把握和操作，能够实现思想政治教育的目的，能够将教育主体的要求转化为教育客体的思想意识和行为习惯，从而成为思想政治教育过程中的一个自觉、有为的要素。

（四）体现了教育者和受教育者之间的平等性

新媒体时代，教育者和受教育者因新媒体而享有最多的主动权和话语权，体现了教育者与受教育者之间的平等性，共享平台充分实现了教育者与受教育者共同参与、双向互动的教育活动过程。在这一过程中，载体的传播、有效反馈等作用和功能也显而易见，其传播功能是指在思想政治教育主体与客体之间或教育过程中的双方信息的传递沟通功能；反馈功能是教育者和受教育者在互动过程中的效果评价与检测，不仅能促进教育者及时总结与反思，也能激发学生自主学习，个人在其思想意识形成过程中，并不是消极地接受外部信息，而是主动积极的摄取。这种建立在双方的充分理解、信任和尊重基础上的传播与反馈，在人的成长过程中实现了相互启发、相互影响、教学相长，共同进步。而边界开放、容量无限、形式多样的新媒体，则为高校思想政治教育主客体之间提供了更多的主动权和话语权，使这种平等性更具可能。

（五）体现了思想政治教育工作的时代性

新媒体拓展了高校思想政治教育时间和空间，体现了思想政治教育的时代性。作为思想政治教育客体的当代大学生尤其关注并热衷于接受新事物。与传统思想政治教育阵地相对固定、覆盖面窄、信息资源滞后的局限相比，新媒体具有最先拥有新信息、新资源和最先关注社会热点、体现时代气息等优势，成为开展大学生思想政治教育最具时代性的新阵地。因此，思想政治教育工作者必须充分利用新媒体技术，密切洞悉生活中的变化，尤其是要对那些反映时代特征的活动形式和内容予以格外关注，并结合思想政治教育的目标加以整合，将其纳入思想政治教育活动过程中，使高校思想政治教育更具时代性。

第三节　新媒体时代高校思想政治教育载体合力的动态生成

新媒体时代高校思想政治教育载体合力的形成，是一个动态生成的过程，既要继承，又要创新。

一、载体合力生成的基本原则

在新媒体技术飞速发展和广泛应用的背景下，如何利用好网络的优势、消解网络的不利因素，实现高校思想政治教育载体合力的形成，必须把握好以下几个原则：

（一）发展创新与继承传统相结合的原则

思想政治教育载体不可能墨守成规，必须开拓创新、推陈出新、与时俱进，使之具有强烈的时代性特征。发掘新的载体，一方面在于利用人的新活动方式，例如在新媒体技术背景下，我们要发掘利用网络载体，利用新媒体平台开展思想政治教育；另一方面还应该对已有载体加以改善，又称载体嫁接。载体嫁接是通过把一种载体嫁接在另一种载体上，形成一种复合载体发挥作用。这是不同于载体间互动的。例如将传统的课程载体和现代的网络载体进行嫁接，形成新的载体；将网络载体与心理咨询载体进行嫁接，开展网络心理咨询等活动。发展的基础是去其糟粕，继承精华。对那些在长期的探索实践中，已经形成的一些实用有效的载体，应该合理继承；对一些传统载体在新的形势下，出现了不适应或者不全面等情况，应当对它们进行去其糟粕，加以适当的修改和优化，使它们重新拥有价值。这样一来，我们就可以在不断发展创新思想政治教育载体的同时，良好的继承传统的思想政治教育载体手段。

（二）形式多样与系统统筹相结合的原则

思想政治教育的载体多种多样，在具体的工作中，教育者应该解放思想、不拘一格，努力开拓新的思想政治教育方式，采用不同的方法和手段开展思想政治教育，使思想政治教育百花齐放。由于载体合力对思想政治教育效果具有一定的影响因素，所以在实施思想政治教育的过程中，我们也要坚持系统性原则，就是要把思想政治教育载体视为一个系统，并力求将其组成要素按某种方式建构成整体大于部分之总和的有机体。因此，必须整合各种载体资源，通过改进优化或设计创新，充分发挥载体的综合效应，建立起不同载体间的密不可分、相互作用、相互联系的有效机制，从而使载体系统产生更大的效应，更加积极地发挥各项载体的合力，促使思想政治教育效果最大化。

（三）大胆尝试与谨慎评价相结合的原则

思想政治教育是否成功，各种教育载体的设计和运用是否成功，关键都在于大学生是否真正受到了教育。我们在对各种思想政治教育载体进行大胆尝试的过程中，必须要对各项载体的使用状况、成效大小进行小心、细致、严谨的评价，在客观条件基础上建立起一整套科学的评价体系和评价机制，使我们能够对思想政治教育的效果随时进行比较准确的评估，为下一步的改革提供依据，避免载体建设中的形式主义，即只管跟风求新、不求实用有效地建设新的载体，或者开展了某些意义不大的活动，妖而实际上却是"穿新鞋，走老路"，完全忽视教育的实际效果。

（四）虚拟性与现实性相结合的原则

网络为人们的实践活动提供了一个虚拟空间，与现实空间之间具有一定的差异性；同时，网络与现实社会之间存在着联系性和互动性，这种联系性和互动性统一于共同的实践主体。高校的思想政治教育网络阵地只有和现实成功对接，才有可能真正起到帮助广大青年学生健康成长的作用和效果。构建高校思想政治教育网络载体必须充分考虑虚拟性与现实性的互动关系，所以要努力开展校园文化的建设，营造良好的现实学习交流环境，保证学生不至于长期的沉溺在网络虚拟环境中，以至于导致现实学习生活中出现不良反应。教育者要注意科学有效地利用现实生活中的一些积极因素，使虚拟的网络和真正的现实之间能够和谐的交接转换，把网上的虚拟和网下的真实有机地结合起来，以形成网上网下育人合力。

（五）科学精神与人本主义相结合的原则

马克思主义人学理论的本质和核心是人的全面发展，这也是思想政治教育载体的具体要求和体现。思想政治教育载体在运用的过程中，必须切实贯彻以人为本的原则，提高人的主体意识，加强受教育者的参与程度，发展教育者与教育对象的互相联系与互动，保证载体作用的更好发挥。为此，在载体的设计和选择方面，应尽量贴近现实、贴近生活、贴近校园，不断提高思想政治教育的针对性、实效性，增强思想政治教育的号召力、感染力、吸引力。同时，要提高学生的自主能动性，依靠并相信学生，拓展载体形式，创造并保证一种最佳的自主参与前提。

二、载体合力生成的路径选择

加强高校思想政治教育载体合力建设，需要坚持继承与创新，从以下几个方面着手：

（一）打造"网络教学平台和教学资源中心"

与其他思政课程载体相区别，课程载体具有很强的稳定性和权威性，教育者的主导性比较强，并有科学的体系和一整套教学评价系统。因此，要沿袭和演绎传统的课程载体的运行方式，发挥理论灌输的作用，但同时，要擅用新媒体技术，使理论灌输富有新意。

1.鉴于新媒体的影响力，进行学习资源内容的设计

思想政治教育内容涉及的面比较广，其学习资源内容可按照从政治层面、思想层面、文化层面上来进行设计。为方便设计，可以将课程载体的设计分为主干内容设计、辅助内容设计和扩展内容设计。主干内容设计是所传授的核心内容，它是指《思想道德修养与法律基础》《中国近现代史纲》《马克思主义基本原理概论》《毛泽东思想和中国特色社会主义理论概论》等课程。针对这些政治理论课程的特点，即政治性思想性比较强，可以在网上以文本、图形、图像、音频和视频等多种现代手段凸现出来，化抽象为具体，变枯燥为情趣，使之成为大学生乐于主动接受思想政治教育的主阵地和主课堂。辅助内容设计则包括与主干内容相关的背景知识介绍、评述、阐述，如教案、参考资料、典型案例以及与其相关的链接网站等。扩展内容设计包括指导、帮助、测试和讨论等，如新观点、优秀成果、名师讲座、道德讲堂等。通过精心设计和完善学习资源内容，实现课堂教学和互动，让思想政治教育如润物细无声般进网络、入头脑。

2.创新教学方法和手段

课堂教学重点解决青年学生的深层思想问题，这种深层次的理论是活动无法完全实现的，必须要依靠具有一定理论深度的系统的课程教育来对大学生进行正确的引导，用科学的理论武装人，用深刻的道理说服人，来帮助大学生正确运用马克思主义理论解决现实生活学习中遇到的种种问题。大学生的思想普遍比较活跃，而且需求多样多层，传统的"满堂灌""填鸭式"的教学方法很难再吸引住学生的注意力，无法让学生对教育的内容感兴趣，所以，思想政治教育理论课的教学方法必须要进行改革和创新，转灌输、封闭和被动型教学为引导、开放和主动型教学。教育者要针对学生的身心发展特点和实际需求，针对不同时期和不同阶段的学生所面临的不同问题，开展教学，以便更好地激发学生的学习兴趣。当然，形式多样是必要的，各种类型的教学活动如演讲朗诵会、辩论赛、分组讨论、撰写论文等形式，将会让学生动起来，使学生在充满兴趣、积极思考的氛围中掌握所学知识。另外，思想政治教育课程载体，并不仅仅是思想政治理论课所承担的责任，专业课的教学理所当然在除了传授知识以外，也应有机融入思想政治教育内容。如在专业课程中，适时加强团队精神、奋斗精神、科学精神、人文精神及创新思维等内容的教育渗透。

（二）打造特色网站，增强思想政治教育辐射力

这里的导航系统包括内容检索和路径指引，将学校物质要素（校园风貌、建筑风格）、制度要素（管理与服务）与学生共享。其主要的方式是打造特色网站，如在校园网上建立"图片鉴赏"和"视频新闻"，可以将静态的学院风貌和建筑风格等以直观的视觉出击展现出来，传递大学的文化与精神。通过图片的点击·能够以其直观性和超语言性潜移默化地影响学生的价值观、人生观和道德情感，有利于学生在不知不觉间受到感染和熏陶，启迪学生的理性，激励学生的意志，督促他们自觉地修身立德。通过"学校管理和制度"栏目的建立，以公开的方式让学生体验学校管理制度中体现"依法治校"理念，有利于培养学生的法治观念，养成学生遵纪守法的习惯。这一过程本身就是高校重要的隐性思想政治教育方式。

（三）充分发挥新媒体优势，促进大学生的精神升华

校园文化是以学生为主体，以课外活动为主要内容，而开展一定的积极向上的校园文化活动。和谐而健康的校园文化对于净化学生的心灵，美化学生的行为起着很大的作用。新媒体语境下，高校文化建设需要将新媒体文化建设纳入到校园文化建设中，拓展校园文化内涵，延伸校园文化功能。通过不断改进和加强大学生思想政治教育的信息化、数字化、网络化和多渠道建设，促进思想政治教育与新媒体价值影响的相互协调，形成高校校园文化建设和大学生思想政治教育之间的信息回路和资源整合，更好地营造健康向上、活泼生动的校园文化氛围。如在传统的校园文化即学术讲座、艺术交流、娱乐文化、辩论演讲、游戏竞技等活动过程中，大学生的风采会凸显出来，将这些彰显大学精神的鲜活的材料和生活在身边的优秀大学生先进材料及时地挂到网上，成为众人点击的目标，不仅发挥了榜样的育人作用，更使得这浓郁的校园文化氛围会在不知不觉中提升健康、高雅的人格。

（四）通过师生的共鸣和认同，增强思想政治教育的实际效果

施教者对受教者的影响在于自身的理论水平和个人魅力，而这些源于教师、班主任和辅导员等的道德和学识力量。传统的谈话和咨询活动延伸到这一模式上，则表现为教师和辅导员个人通过开设空间，撰写博客文章，上传学习辅导材料，讨论话题等，在网上公开自己的QQ、MSN等联系方式，建立飞信平台和QQ群，与学生进行心灵接触，保持信息快捷传递和工作通道的有序畅通。教师应以"学高为师，身正为范"为准则，通过经营个人空间和撰写博客文章等手段，彰显自身的政治理论素养和从事思想政治教育的基本能力，内强素质外树形象，不断以自己正确的政治方向、高尚的道德情操、严谨的治学态度和独特的人格魅力，影响和带动学生锻就高尚的品质，使他们自发地在内心深处激起同样的心理体验和理性反思，形成共鸣状态，这对思想政治教育整个过程来说，会产生一种神奇的效果。

三、载体合力生成的功能延伸

新媒体时代，新媒体技术的广泛应用是主流趋势，作为高校思想政治教育工作者，一方面要探索挖掘大学生思想政治教育与新媒体技术的结合点，积极主动开辟思想政治教育新途径。另一方面，还要主动争取和抢占新媒体阵地，使思想政治教育借助新媒体的技术优势更加广泛深入地传播，更加方便快捷地为大学生们服务，真正深入到大学生的内心，切实起到净化大学生心灵，成为具有良好道德品质的人。

（一）充分运用新媒体载体合力的功能

1.校园网建设

新媒体环境下，抢占新阵地最为直接、方便、快捷、有效的举措是校园网建设。把高校校园网打造成为弘扬主旋律和传播先进文化的重要平台，充分发挥校园网络阵地的作用，加强大学生思想政治教育的重要阵地和全面服务大学生的重要渠道，有效引导大学生成长成才成人，是高校思想政治教育工作者走进学生的一项重要工程。为能够真正成为大学生思想政治教育的通道，必须对校园网的性质、功能等进行定位，校园网首先应该成为大学生们信息共享、查阅资料、经验交流、在线学习、情感诉求的服务性平台，在此基础上，校园网承担着高校思想政治教育的功能和责任。为此，进行校园网建设，需要把握好以下几点：

（1）关注学生需求，发挥校园网服务功能

新媒体时代，学校校园网应该成为主流渠道，利用校园网进行思想政治教育已经成为一种最为方便快捷的思想政治教育渠道。校园网不仅仅是发发通知、查查学习成绩的作用，这个网站，应该是一个融知识性和趣味性、思想性和关怀性的平台，是一个服务功能强、覆盖面广、信息量大的思想教育平台。在这里，大学生们不仅可以获取他们生活、学习所必需的讯息，还可以充实他们的精神文化生活。

（2）开辟思想政治教育的特色专栏

专业的思想政治教育网站可以依托专题的网站来建立，只有专题性质的网站才能够实现。这是因为专题网站能将党的基本理论、路线、方针、政策等引入到对大学生的思想政治教育中，在唱响主旋律的同时，可以通过生动活泼的案例，引导大学生树立社会主义理想信念，引导他们健康成长成才。

（3）及时更新和补充信息资源，吸引学生主动点击

新媒体时代，信息呈现裂变趋势，校园网要留住学生，需要积极建设和适时补充包括教学软件库、素材库的网络课程库；同时，要针对学生的学习生活、心理咨询、就业指导等方面展开网上交流，还可以借助网络媒体开展网络学术交流、科技交流、娱乐活动、艺术探讨等丰富多彩的校园活动。校园网致力于为师生之间的学习交流互动搭建一个便利的平台，切实拉进了师生之间的距离，为高效地发现和解

决学生的相关学习生活问题和心理问题提供了便利。

（4）发挥学生主体作用，积极投身校园网建设

校园网建设并不只是学校和教育者的事情，学生作为校园网的主要服务对象，同时也是校园网的主人翁，也应该积极地参与到校园网的建设中去，积极鼓励大家完成自我参与自主建设、自主管理、自我维护、自我完善。通过参与校园网的建设，着力培养学生参与校园网建设的激情与热情，既能利用网络资源对学生进行思想政治教育，又能以学生的智慧推动校园网建设向全方位、高层次的方向发展。

（5）关注校园网络舆情，正面引导网络舆论

新媒体之所以那么受欢迎，是因为新媒体传播是带着思想的传播，受众已经学会从单纯的被动接受信息转变为主动接受和参与，并且会对自己感兴趣的话题进行跟帖，表达自己的观点，或支持或反对或质疑或同情等。所以要密切关注网上动态，了解大学生思想状况，把握校园网舆情，积极引导校园网的舆论方向，理性分析判断，对于负面的不良信息要努力消除影响，避免对大学生的思想造成腐蚀，影响其健康成长。

（6）充分运用包括法律、行政、技术在内的各种手段

由于新媒体存在极高的开放性、极强的交互性、传播多媒体化，使得媒体的管理变得十分复杂。为此，需要认真学习国家关于互联网管理的各项法律法规、各项规章制度，运用技术、行政和法律手段，对校园网进行科学管理，严防各种有害信息在网上传播。要定期开展校园网的整治工作，最大范围地在学生之间开展安全网络教育，最大限度地保证校园网信息的健康、安全，切实为大学生营造一个健康、安全的网络环境。

2.手机媒体、IM 和 SNS 等建设

（1）手机媒体建设

高校学生是手机最忠实用户群体之一，很多大学生甚至全天24小时"手机QQ""人人网"不离线，随时随地与自己的好友保持联系，拓展了手机作为人际交往工具的固有功能，使得用户的社交网络变得触手可及。因此，高校思想政治教育工作者要积极研究和探索手机短信和手机报在大学生思想政治教育中的应用，充分依托手机媒体开展思想政治教育。

首先，搭建高校手机短信平台。完善学生管理服务信息系统，制作"高校手机报"，将各类信息以短信群发或点对点的形式传递给学生。当前，很多高校在新生录取通知书上，都已经为每名入学新生配备"校讯通"手机卡，并纳入信息服务系统，将手机与校园网络绑定，加强了学生与学校的沟通，同时也为传播主流价值观念搭建了平台。以"飞信""手机QQ""微信"为代表的手机即时通信早已渗透到大学校园的每一个角落，手机 SNS 也与大学生形影不离。

其次，加强针对性，制作手机思想政治教育资源。因高校学生的手机基本都是智能机，具有多媒体功能，高校可以利用手机杂志、手机图片、手机音频、手机视频等形式制作能在手机上使用的思想政治理论多媒体课件，也可以开发基于手机媒体的大学生思想政治教育理论课手机软件系统，充分利用现代移动通信技术的成果，增强理论教学的吸引力和感染力，提高大学生思想政治教育的时效性。

（2）即时通信（IM）建设

即时通信，是一种以软件为执行手段，依靠互联网平台和移动通信平台，以多种信息格式（文字、图片、声音、视频等）沟通为目的，通过多平台、多终端的通信技术来实现的同平台、跨平台的低成本、高效率的综合性通信工具，根据装载的对象可分为手机即时通信和PC即时通信。

近年来，它以强大的信息实时交互、接近真实的交流情景、平等的传播方式、群体沟通功能，被人们广泛运用。即时通信除了能加强网络之间的信息沟通外，最主要的是可以将网站信息与聊天用户直接联系在一起。通过网站信息向聊天用户群及时群发送，可以迅速吸引聊天用户群对网站的关注，从而加强网站的访问率与回头率。这些都让众多网名爱不释手。为发挥新媒体的功能作用，应把握好两个方面：

首先，要利用IM拉近与学生的距离，实行个性化的沟通。高校思想政治教育工作者利用IM，既给大学生提供了表达观点和倾诉情感的时间和空间，也拉近与大学生的心灵距离。IM还可以实现"一对一、一对多、多对多、多对一"等多种交流方式。对于部分存在心理问题的大学生，思想政治教育工作者可以通过这种方式接近他们，了解他们的现实生活和心理特征，发现其思想症结的所在，轻松、友好地与他们进行交流，在获取他们信任的基础上因势利导，纠正他们的认知偏差，引导他们走出误区。

其次，要建立IM群组，实现群体交流与管理。高校思想政治教育工作者还可以和大学生共建IM群组，如QQ群、飞信群等。通过"群组"，可以实现多人交流，也可以进行好友的分类管理，比如建立班级群组，学生会干部群组、学习小组群组等等。除了在群内聊天、实现信息群发之外，很多即时IM工具还提供了"群空间"服务，如QQ群共享，用户可以在群空间中使用论坛、相册、共享文件等多种便捷的交流方式。在新媒体时代，大学生的班级概念逐渐淡化，同学间的交流减少，容易缺乏集体荣誉感和社会责任心。利用群组功能，可以帮助把集体搬到网络和手机上去，在新媒体上建立交互性的信息活动平台。同时，大学生在群组里进行交流，可以不受课堂教学的时间限制，同学们之间进行充分的对话、交流与合作，感受学校、班级集体的力量、老师的关怀和同学的友谊。这种方式，不仅简单快捷，而且可以获得特别的教育效果。

（二）开拓延伸新媒体载体合力的价值

本书在对新媒体概念的界定上，已经提到新媒体不仅仅是一种技术，同时更是一种变革人类与信息关系的变革。"今天，你微博了吗？""微博""微信""微表情""微电影""微公益"……新媒体发展至今，似乎一夜之间，各种以"微"字当头的信息传播方式势不可挡，"微"风蔓延，进入人们的生活，改变着人们的生活习惯，让信息传播与沟通零距离。其实，"微文化"这个概念最早的提出时间是20世纪90年代，提出者是当时的微乐队主唱麦子，在1997年7月组建了一支名为"微"的摇滚乐队，传播自己最初的微文化理念。"微即温暖"或"生命本微"，人们更多关注的是"微"这个字的表面意义即"微小""轻微"等等，但同时人们也深刻认识到这是一种积聚的力量，通过一些看似微不足道的行为，不经意却改变了人们的生活，可以说这是一个"微温暖工程"。当前，开拓延伸新媒体载体合力的价值，应努力做好"微"文章：

1.重视微博

微博，是一种利用移动通信技术、无线网络及有线网络技术即时发布消息的迷你型博客。它是一个基于用户关系的信息分享、传播以及获取平台，其用户可以通过各种客户端组建个人社区，以140字左右的文字更新信息，并实现即时分享。这就打破了传统媒介的信息传播滞后性、复杂性等特征，因而自诞生以来就赢得了大量用户的青睐，影响力迅速扩大，以至有人将微博带来的时代称之为"微时代"。

微博因其信息传播渠道多样、信息传递速度快捷、信息交流互动强，使得其成为当代青年学生获取、交流信息的重要平台。当代大学生思维速度快，看待事物不拘泥于固有看法，很容易接受微博这一媒介。而他们在这个"微博时代"应用微博自由抒发个人情感的同时，也必然会受到一些非主流思想文化和低俗叛逆信息的侵袭。微博境遇下的高校思想政治教育，受教育者更加主动，选择更加多样，信息更加丰富，这就给高校思想政治教育带来了宝贵的发展机遇，同时也带来了前所未有的挑战。作为高校思想政治教育工作者，面对"微博时代"带来的机遇和挑战，应该充分利用微博这种时代工具对大学生开展及时而有效的思想政治教育工作。高校应高度重视高校微博的建设和管理，积极建立教育工作者自己的微博，主动建立"关注"发挥其正面思想政治教育功能，主动占领微博应用的制高点，发挥其思想政治教育的功能。在微博上，要把握好资料收集者、话题讨论者、问题解答者、引导者、教育者的身份，积极参与学生的讨论，密切关注学生学习、生活和工作中出现的焦点、难点和疑点，第一时间内给予答复、澄清；及时发现、处理突发性事件和重大问题，并迅速将处理结果通报给学生，与学生进行良性互动，用正确、积极、健康的思想文化占领这一新媒体载体。高校还要加强对微博的实名制引导，大量减少有害信息的出现，逐步建立大学生信息发布的社会责任感。

2.关注微信

　　微信，是腾讯公司推出的一款通过网络快速发送语音短信、图片、视频和文字，并支持多人群聊的免费的手机聊天软件，用户可以通过微信与好友进行形式上更加丰富的类似于短信、彩信等方式的联系。这款新型的即时通信软件一经推出就受到广大用户的热切追捧。

　　微信，从某种程度上说是短信、彩信、飞信的用户体验与产品功能的升级版本。在新媒体技术的支撑下，它以智能手机为基础，以手机客户端为依托，以增强用户体验为目标，融合了短信的文字，彩信的图片，同时扩充了语音和视频功能。尤其是语音功能的出现，极大地改进了传统即时通信功能和提升了用户体验，也对传统电信运营商的移动通话业务造成了很大的冲击。微信，以QQ为基础完成了"一站式服务"的捆绑销售。QQ账号与微信号相互打通，避免了重复申请账号，同时只要是QQ有的基本功能都能通过微信体验到。此外微信还捆绑了QQ邮箱、腾讯微博、QQ离线消息等功能，实现了微信与QQ的互通有无。而且微信极大地优化了用户界面，简单、清爽是微信的主基调。打开微信，在主页面只能看到"微信""通讯录""朋友们""设置"四个主按钮，不用通过烦琐的查找就能找到相应的功能。微信可以通过查找QQ好友就能迅速添加好友，保证了微信好友关系的熟悉度和可靠性。此外，微信还与手机通讯录互通，这就保证了微信好友的强关系。熟人和陌生人是微信的关键词。熟人指代强关系，陌生人指代弱关系，微信把强关系与弱关系相互融合，符合了现代人的社交习惯和心理。微信的强关系主要是通过打通QQ和手机通讯录实现的；微信的弱关系则是通过基于LBS的摇一摇、查看附近人、漂流瓶等认识陌生人的功能来完成的。

　　对短信、彩信、飞信等传统即时通信工具而言，微信的出现不仅是对它们基础功能的继承，更是对它们先天不足功能的弥补。从产品功能方面看，微信整合了短信、彩信、飞信的基础功能，并在此基础上进行了升级和扩充，用户体验度更高，产品功能更加的人性化。从用户的需求方面看，用户使用整合了传统即时通信的微信得到了更好的使用效果和更大的心理满足，更符合现代人的社交方式和社交心理。正因为这样，微信这款新型即时通信软件在媒介间的"竞争中"脱颖而出，拔得头筹。随着媒介环境的改善和媒介技术的发展，基于新媒体技术的社交网站、PC客户端、TT服务、APP等发展得风生水起。这些新技术和新应用的出现和发展，一方面给用户提供了全新的用户体验，增强了用户的使用黏性；另一方面给用户的生活方式、社交方式也带来了全新的变化；同时它日益改变着人们的交流习惯并对人们的身份进行深层次的重新定位。微信的广泛使用，不仅对传统的即时通信、社交方式乃至新媒体格局产生了影响，尤其使大学生越来越沉迷虚拟世界的交往，这对大学生的生活、学习、身心健康都会带来不同程度的影响。因此，关注微信，充分运用微信这个载体做好高校思想政治教育工作，是一项需要认真研究和探讨的新课题。

三、载体合力运行需要规避的若干问题

（一）规避信息的海量性和分散性等造成的"合力不合"的风险

比如大学生将新媒体视作纯粹的娱乐工具，聊天、游戏、短信为其主要功能，过度使用网络和手机，这不仅会使自己偏离学习目标、降低学习效率，而且手机噪音、通宵上网等也会给身边同学的学习生活带来了不利的影响。

（二）规避和消除不利于载体合力的各种反向作用

在强调新媒体为形成合力提供机会的同时，也要清醒地认识到可能的反向作用。由于新媒体具有开放性、隐匿性和虚拟性的特点，给有些人提供了恶意破坏的可能性。比如发表不负责任的言论，制造垃圾信息，污染媒介环境；或侵犯他人名誉权，对他人进行侮辱和骚扰等，这不仅是媒介行为的失范，更是道德行为的失范，有的甚至还冲破法律的底线。同时，还要避免新媒体技术可能产生的风险。新媒体的风险，既包含了技术层面的网络"黑客"、病毒攻击、追查IP地址或手机号码，也包含利用远程协助盗看使用记录、盗取邮箱和QQ密码等技术对教育行为所进行的恶意破坏。

（三）规避对新媒体的过于依赖

长期以来，以课堂教学为主，辅助以讨论、社会实践等形式是高校思想政治教育的基本手段。而新媒体的独特优势，对于一直苦苦探索如何有效提高高校思想政治教育实效的工作者来说，无疑是柳暗花明，而这样的机遇，又使得一些人会不同程度地产生一定的依赖，从而降低传统思想政治教育载体的作用；同时，由于大学生自我控制能力相对较差，过多使用和依赖新媒介，也很容易形成"新媒体依赖"。这就需要我们高度重视各项载体的和谐运行，发挥其整体功能大于局部功能之和的效应。

（四）规避对新媒体教育环境的污染

针对当前高校思想政治教育信息监管机制不健全的现状，要采取切实可行的措施，加强对新媒体信息的监控和引导，设置管理关口，对信息资源进行筛选、过滤、净化，从源头上净化网络环境。同时，要切实加强舆情引导工作，做到早见事、早处置、早引导，以形成健康的新媒体教育环境，确保大学生生活在一个文明、健康、绿色的媒体环境中。

当然，在新媒体语境下形成"载体合力"，提高思想政治教育的实效性，还存在着机制形成、技术开发、制度保障等更为丰富和更深层面的话题，这些都值得高校思想政治教育研究者的持续关注。

第八章 新媒体背景下高校思想政治教育价值理念的创新探究

新媒体是相对于报刊、广播、电视等传统媒体而言的媒体形态，它以互联网、数字存储和移动通信为技术支撑，以网络论坛、手机报、博客、微博、微信、数字电视为主要形态，是一种向社会公众提供信息服务的新兴媒体。新媒体的交互性与即时性、海量性与共享性、多媒体与超文本、个性化与群体化等潜力和特点正快速改变着人们的生活方式，深刻影响着人们固有的思维模式和生活状态，塑造着人们的价值观念和精神风貌。新媒体自诞生到鼎盛具有周期短、速度快、认可度高、运用范围广等特点，因为其契合了当前大众的需要，特别是更成为大学生获取信息和进行社交沟通的重要渠道，故而对创新高校思想政治教育价值理念提出了客观要求。

第一节 高校大学生思想政治教育价值理念创新的必要性

新媒体时代大学生思想政治教育面临着许多新的问题，这些问题的存在，在客观上要求我们必须认真思考大学生思想政治教育价值理念的创新。

一、新媒体时代大学生群体的价值心理有明显变化

新媒体的影响力在当今大学生群体中表现得尤为明显。

如今的在校大学生，基本上都是属于"90后"，独特的成长发展的环境塑成他们了一些较为特殊的心理价值倾向，其群体性格在现实生活中往往表现为鲜明的个性化——重视自我或彰显自我，追求个性解放和自我价值实现，对传统容易表现出一定的逆反性心理倾向，等等。

当大学生"遇上"新媒体后，特别是在虚拟网络空间中，他们因剥离了社会身份和附加属性，交流变得更为隐蔽和自由，言论和表达也会异常活跃和流畅，话题价值基调、是非观念取向总体正向且积极，但因大学生的心理特征和喜好偏向，也往往会以一种非常态化、调侃自嘲的形式呈现。

高校思想政治教育工作者在新媒体环境下也面临新的机遇和挑战，必须保持思想政治教育工作稳步推进，要致力于创新新媒体时代下大学生思想政治教育工作的价值理念，奠定新媒体时代思想政治教育工作的价值基础。

二、新媒体时代大学生思想政治教育模式应当与时俱进

（一）大学生思想政治教育必须充分发挥新媒体的特色和优势

近年来，高校思想政治教育研究不断深入，十八大报告也为我们探寻利用新的思想政治教育载体提供了方向。在相当长的时期，高校思想政治教育是以传授理论知识为主，按照主题来设计理论板块，如爱国主义、集体主义、社会主义教育，以及理想、道德、纪律、法制、国防和民族团结，等等。如果按照主题进行纯粹的理论知识传授难免会枯燥、乏味、单调，也会与大学生实际需求、社会现实问题以及社会实践环节脱节，背离了需求是产生行为的原始推动力这一原则。通常情况下，高校思想政治教育工作者在载体使用上主要以黑板、粉笔、教鞭等传统的教学工具为主，即便增加了多媒体教学环节也只是一种点缀，从总体上看缺乏新鲜感和吸引力，无法将学生从手机小屏幕吸引到课堂中来。高校思想政治教育工作者应该把握时代的脉搏，从大学生实际需求出发，充分发挥新媒体的独特品格和作用。

在传统的思想政治教育模式中，教育主体身份具有确定性，而新媒体条件下思想政治教育交往主体具有模糊性和不确定性；在传统思想政治教育中，教育主体往往处于主导、权威者的位置，新媒体条件下思想政治教育在主客体关系上则更多地强调主客体之间的互动和平等交流，基于此，新媒体条件下，大学生思想政治教育模式应该充分体现出立体性、动态性和超时空性，改变仅仅以"熟人关系"模式来传授知识和进行价值引导的模式。

（二）新媒体时代大学生思想政治教育应当体现内容与形式的完美融合

新媒体作为一种教育载体，具有不可替代的形式或工具意义，但是绝不能让形式遮蔽或掩盖思想政治教育的目的或内涵。我们必须明确，思想政治教育的一以贯之的价值理念是新媒体条件下开展思想政治教育的前提和基础。如果缺乏这些思想政治教育的价值内涵支撑，新媒体条件下的思想政治教育只会流于形式，不仅会走向现实思想政治教育的反面，而且还不利于人类，特别是青年学生群体道德水平的提高；另一方面，新媒体化思想政治教育是传统思想政治教育在新媒体上的延伸和发展。传统思想政治教育作为基础性工程，必须占据主导和支配地位，对高校学生思想政治教育起着决定性作用。新媒体社会在虚拟的实践条件和环境中形成的判断和观念，必须经过现实社会实践的考察和检验才能最终被认可、接受和推广。正是因为新媒体在思想政治教育领域的介入，促进了教育手段的现代化，更促进了教育观念的现代化。在新媒体环境下，创新思想政治教育应以传统思想政治教育为基础，以新媒体化思想政治教育为拓展，建立新媒体化思想政治教育与传统思想政治教育相结合的有效模式，实现两者的互通与融合。

第二节　新媒体背景下高校大学生思想政治教育的新特点

一、丰富性

基于互联网服务和云服务的新媒体技术，其本身就拥有数量惊人的综合类资源。每个人又都能进行信息的发布与交流。此外，还可以通过复制链接等技术，将其他相关媒体，特别是传统媒体，如报纸、广播中的信息整合后制作成电子版资讯上传到网络平台中。海量信息使得新媒体快速传播成为可能，也使得大量且新鲜的信息资源与素材可以源源不断注入高校思想政治教育中，为教育工作在深度和广度上有了进一步的发展奠定了基础。

二、互动性

网络是现实的延伸，既是现实的人的延伸，又是现实社会的延伸。网络环境实际上是"网上"与"网下"互动影响的系统。虚拟空间中的颓情况新问题是现实背景和现实根源的折射和反映，网上问题的解决也必须参考网下现实社会的实践活动。虽然如此，但网络世界又不是现实社会的简单复制和叠加，网络思想政治教育也不是网下思想政治教育的"电子版"。因此，大学生网络思想政治教育工作者不能用"网上工作"取代"网下教育"，而应该探索"网上引导"与"网下教育"相配合的机制，既要"键对键"，也要"面对面"，网上网下工作配合互动，使教育效果聚集放大。二者相辅相成，不仅能够激发大学生的创造力，更调动了他们获取资讯的积极性，使得思想政治教育摆脱以往教条式的说教，更具吸引力和感召力。

三、平等性

在传统媒体前公众是完全受众者，而新媒体这一网络虚拟化平台却主导了选择权和控制权，以期信息发布达到权责一致的较公平状态。此外，介入其中的个体在一定程度上淡化了自己真实的身份，使得其心理障碍降低，在与思政工作者的交流中也较容易将自己与对方置于同一互动的地位。在此情况下，更能鼓励学生将现实生活中不敢或不能说出的话，通过新媒体交互工具传达。因此，这就有利于思想政治教育工作者们了解学生真正的想法，把握他们思想动态的变化，从而将自身的学习与实际工作联系起来。做到与时俱进，有的放矢、创造性开展思想政治教育工作。

四、即时性

新媒体加速了媒介与受众之间的反应速度，使得新媒体具备充分的即时性。大学思想政治教育工作者应用新媒体进一步增加了自身的应急能力，对紧急情况与临时情况的处理水平显著提高。新媒体强大的交互性对响应和处理提出了更高要求，必须当下、当时、当即给予答复，否则，爆炸式增长的信息流将很快淹没重点信息，影响到下一阶段的情况处理。多点对多点的传播方式使得即时传播的速度非常快，使得主体和客体之间信息交流的即点即通，也大大地减少了思政工作者们为掌握学生情况所花去的时间，甚至还突破了地区乃至国界等时空限制，使得天南海北的思想交流成为可能。

五、隐蔽性

新媒体环境构建了独立于社会现实生活的虚拟社会，高校思想政治教育工作者在这一环境中具有隐蔽性和不可控性。现有的网络技术已经可以让师生自由选择服务器节点，相应的代理服务器也将更新IP地址，既可以单纯的以"游客"身份浏览信息而不直接参与互动，也可以更改、伪造或隐藏自身自然属性，创设虚拟身份参与其中，辅之以声音、符号、表情等方式起到传情达意的效果。新媒体的隐蔽性使得思想政治教育能够达到潜移默化的效果，让大学生在不知不觉中接受和认可相关的教育理念，并借助新媒体强大的互联性以虚拟身份进行传播，使得教授过程更为柔性，也比强制灌输意志更为易于接受。

六、精准性

新媒体网络环境营造了一个让人袒露心扉的虚拟空间，心智尚未发育成熟的青年大学生偏向将情绪和经历展示于公众空间，通过别人的关注获得心理上的满足。这也就造成了在网络上青年学生反而更容易流露内心的真实想法和现实中的困惑，避免了在社会现实条件下因彼此间的不信任感而造成信息不对称的风险。大多数青年学生出于社交目的考虑在新媒体网络工具上填写的个人资料具有一定的可信度，用户身份相对真实的前提使得倾诉者的安全感和真实感在一定程度上得到满足，宣泄的效果也更能符合预期。高校思想政治教育工作者可以通过校内热门帖子、QQ群聊和人人网留言等方式掌握学生的思想动态，洞察细微变化，并有针对性地进行疏导和帮助，使得德育工作做到有的放矢、对症下药。

第三节　新媒体背景下高校大学生思想政治教育价值理念创新的基本对策

伴随着思想政治教育的新媒体化进程，高校思想政治教育工作者也要不断进行教育对策的调试与重塑，尤其要从自身教育理念到教育实践、从教育内涵到教育形式、从教育模式到教育技巧、从教育过程到教育目标等方面加强整合再造，以期实现以教育新策略应对新环境、新问题。

一、开放平等增强互动性

新媒体模糊了虚拟与现实共存的边界，使得二者进一步融合，其开放性和共享性为发挥教育合力创造了条件。开放性作为新媒体最重要的特征之一，突出表现为不存在地域局限，具有资源丰富、信息量大、涵盖面广、传输快捷、形式多元等传统媒体所无法比拟的优势。

网络作为西方文化思潮、价值观念传播的重要途径，在一定程度上被当作意识形态渗透的主要载体。在全球化、多极化的浪潮下，高校思想政治教育工作者也应积极推进社会主义核心价值体系进网络，建立思想政治教育相关工作网站，专设西方文化和国外思潮等栏目，邀请专家在线点评交流，坚持思想政治教育者在这一领域的主导性地位。对于大学生群体普遍喜爱的微博、博客、SNS社交网络平台等新媒体工具，思想政治教育工作者都应注册账户、建立主页，通过新媒体工具交互沟通及时掌握网络舆情，对于网络群体高度关注的社会事件进行正面宣传和引导。

当前高校青年学生思想活跃、追求个性解放，若想增强大学生思想政治教育工作的平等开放性，则更应走入大学生群体的内心，融入他们的生活，从他们实际需要出发提供引导和支持是必然选择。新媒体不仅为思想政治教育工作者提供了一个课堂之外融入大学生生活和真实内心世界的沟通交流平台，更建立了一个全员育人的平台。在这个开放包容的平台之上，所有的思想政治工作专职人员、专家、专业课教师、辅导员乃至学校领导都可以在新媒体建立的平台中平等互动交流，实现全员育人、全程育人、全方位育人。

二、隐性内涵增强实效性

新媒体多样灵活的特点有利于思想政治教育中隐性教育方式的运用。所谓隐性教育模式，是相对于显性教育模式而言的，是教育者将教育目标和教育内容融入大学生的生活环境和日常活动中，使之在不知不觉中接受思想政治教育，达成思想政治教育目标。这一过程不仅一改传统思想政治教育刻板、空洞、灌输式和一成不变的印象，而且也使得教育方式变得间接，空间时间变得更加随意，内容变得更加开放，更有利于思想政治教育实效性的发挥。

法国启蒙思想家卢梭在其著作《爱弥尔》中谈到，教育的艺术是让学生喜欢你所教的东西。整个教学过程不仅是学生与教师思想的互动和交流，形成共同的认知，更是一种情感的互动。

如果说课堂有限的时间和空间限制了思想政治工作者与大学生情感的交流，新媒体就是建立这种沟通的桥梁。由于大学生对老师有种天然的敬畏感和隐匿心理，思想政治教育工作课堂上老师与学生的交流难免产生距离感。但通过虚拟平台，思想政治教育工作者可以成为网络上的良师益友，不仅能激发学生的学习热情，营造良好的学习氛围，更重要的是能使学生排除叛逆心理，对教师教授的内容更易于接受和认同。特别是通过新媒体平台，匿名的交流方式消除了师生之间的心理距离，便于思想政治教育工作者了解学生的真实想法，更便于培养感情，更好地接受施教者的思想。

三、直接高效提升精细化

精细化作为一种新兴管理理念，最早是由日本的一些企业于20世纪50年代作为现代企业的管理概念提出来的。精细化管理的目的是为管理者带来诸多便利，从而对工作的流程、方法和质量等进行持续的改进。随着管理实践的发展，也由于精细化管理的现实成效是能最大限度地满足现代企业对管理的要求，所以它已被越来越多的企业管理者所接受，逐渐发展成为一种先进的管理文化和管理方式，并细化为各种可操作的方式方法。

精细化管理的管理思想也逐步被运用于思想政治教育领域。新媒体工具强大的点对点、一对多、多对一等交互功能，使得二者之间的沟通交流变得无缝且流畅。一对一、点对点的交流模式使得高校思想政治教育工作者可以根据学生特点进行有目的、有针对性的交流和教育，因材施教，因势利导，避免了千人一面的教育怪圈。甚至在进行深入交谈和一定程度的了解后，思想政治教育工作者可以根据学生身心发展的阶段性特征和特殊的人生经历，对其制定出套完整的、极具针对性、符合心智发展规律的教育方案，这种"量体裁衣"式的精细化教育模式将使得思想政治教育的育人效果更为突出和显著。

由此可见，精细化管理是社会分工精细化和服务质量精细化的必然诉求，是使管理达到更高更佳层次的必然选择。高校思想政治教育工作引入精细化管理的理念，也可以通对过青年学生群体中的每一个成员、教育的每一个环节进行精心组织，将规范管理、全面管理的模式引入思想政治教育过程，将使得教育效果事半功倍。

四、整合联动提升利用率

新媒体交互性、平等性等日益凸显的优势使得其在思想政治教育工作领域中的潜力难以估量。与传统思想政治教育单一的、单项的教育模式不同，新媒体时代，若高校思想政治教育工作者积极谋求与传统媒体的合作，引导大学生在网络中进行讨论，或直接与学生进行在线多向交流和心灵沟通，了解同学们的利益诉求并倾听心声，并寻找合适的方式和途径尽量解答，可以将丰富海量的教育资料、数量众多的学生群体与不同领域的教育专家进行整合联通，使得教育资源配置最优化、效益最大化。

高校思想政治教育工作者可在工作中借助新媒体平台的强大聚合作用，吸引不同的资源推动合力的形成，将教师、学生、授课内容、授课程序、授课评测等教育因子融合到教育系统中。充分发挥网络媒体的吸引力、影响力、渗透力，利用BBS、QQ群共享等实现学习资料的共享，利用微博进行思想争鸣碰撞，利用微信进行沟通交流，调和不同地区、不同类型高校之间教育资源的位差，逐步构建大数据库，发挥效益的最大化。一旦建立起微博、微信、QQ等新媒体的完整线上互动与答疑解惑体系，建立起贴吧、网络日志完整线上分享体系达到学术交流的目的。多种渠道、多种方式相互覆盖交叉，以实现师生之间、教师之间、学生之间的资源共享与交流的最大化。

五、开发创新提升效用度

当下，越来越多的高校重视新媒体在思想政治教育领域的作用，积极开发和共享信息资源，逐步建设主流文化网站，将思想政治教育网络化、新媒体化的工作稳步推进，通过青年学生群体喜闻乐见的教育方式，让教育理念为学生接受和认可。

方兴未艾的新媒体介入传统思想政治教育，如使用得当并和相关媒体技术科技公司进行合作，研发出兼备思想性、知识性、艺术性为一体的中文思想政治教育软件，则可以让中华民族博大精深的优秀文化在网上流传开来。比如可以利用电子书籍软件，将原有的书面课程制作成电子杂志、电子课件上传到平台上，供所有大学生下载学习；也可以将团课党课、爱国爱乡活动等具有主流文化特色的经典活动制作成视频，供校际乃至全社会观看交流学习。

现代社会越来越多的新媒体工具涌现出来，对大学生提升媒介素质和自我教育能力也有着有益补充和良性促进作用。高校思想政治教育工作者不仅要在理论上提升自身媒介素养，还需要在社会具体实践中指导学生建设性地享用大众传播资源的教育，培养学生具有健康的媒介批判能力，使其能够充分利用媒介资源完善自我，参与社会发展，主动、积极倡导"健康上网""正确使用媒体"等观念，让这些思想潜移默化地烙印在学生的心中，并在具体实践中起到指导和矫正的作用。

在当今社会变革的大浪潮下，又恰逢新媒体技术的快速发展，大学生的学习方式、生活方式、思维方式都发生着显著的变化，也使得大学生的思想政治教育出现了多样性、复杂性、创造性的特点。在对大学生的思想政治教育与管理中，原有的粗放型、经验型的管理与思维方式越来越难以适应新形势的发展要求，这势必意味着高校思想政治教育界面临着一场不可避免的改革。

坚持以人为本，科学调控学生需求，坚持以更有效的方式联系青年、服务青年、引导青年，把思想政治教育工作做得更具体、更扎实、更富有成是高校思想政治工

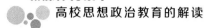

作者不懈努力的方向。因此，在高校大学生思想政治教育工作面临着新的机遇和挑战的今天，将新媒体引入其中，显然有助于提升教育效果，能更富有成效地完成教育目标，进一步完善育人功能。

第四节　加强大学生思想政治工作，提高管理水平

素质教育是一种符合教育规律和学生身心发展规律的更高层次、更高质量的教育。素质教育最基本的内涵，可以用"全民、全面、全体"三个方面来揭示：第一，素质教育是全民教育，旨在提高全体国民的素质；第二，素质教育是全面发展的教育，要全面提高学生的思想道德、科学文化、劳动技能、身体心理等素质和能力；第三，素质教育是面向全体学生的教育。究其深义，素质教育就是要从高处着眼，培养高素质的人才，以提高全体国民的素质和整个国家的综合实力，达到科教兴国的目的。

"高等教育要重视大学生的创新能力、实践能力和创业精神，普遍提高大学生的人文素质和创业精神。"这是党中央、国务院在《关于深化教育改革全面推进素质教育的决定》中对高等学校实施素质教育和创新进一步明确的规定，实际上是提高了高校跨世纪教育教学改革的目标、任务、主题和内容。

学生工作是高校教育工作的窗口，它包括招生、学生的思想教育及常规管理、毕业生分配等工作，对于全面实施素质教育具有重要的作用。使其在素质教育中充分发挥作用，应从以下几方面做起：

一、认真学习，转变观念；端正思想，增强责任感和紧迫感

实施素质教育是提高民族素质和创造力，实现科教兴国的一项战略措施；是建立高质量的教育基础，促进两个文明建设进步的迫切要求。作为教育工作者，一是要充分认识实施素质教育的这一重要性，树立素质教育的新概念，广泛形成正确的教育价值观、全面发展的育人观和科学的教育教学质量观，为实施素质教育创设一个良好的社会环境。是要把素质教育作为一项重要任务，增强时代的责任感，认真钻研，努力探索，积极主动地推动素质教育的顺利实施。学生管理部门，要从思想教育入手，培养学生做到：第一，热爱祖国，热爱人民，有坚定的社会主义政治方向，有良好的道德品质和文明习惯，对社会发展有高度的责任感和使命感。第二，有一定的基础文化知识和较为合理的知识结构。第三，有创新能力、竞争能力和合作能力。第四，有良好的心理素质和健全的人格，有健康的体魄和较强的耐挫力。

21世纪需要的人才要求21世纪的选拔渠道有一个新的突破，在学生选拔的渠道上，要根据市场需求"量才录用气高校扩大招生，各校根据自己的办学特点，招录

所需的人才，各尽所能，培养自己有特点、有特长的学生。高校招收范围的扩大，加强了南北学生的文化交流，改变了学校的新生结构，提高了学校的新生质量，达到了南北学生互相学习，互相竞争，共同提高、全面提高学生综合素质的目的。对于全面提高我院的教学水平，提高学生的综合素质，提高学校的知名度，提高学校的学生在市场上的竞争力都将起到积极的推动作用，这无疑是一条正确的路子，是解放思想、转变观念的结果。

二、在实施素质教育中，要强化管理措施，加强制度建设

全面推进素质教育，根本上要靠法制，靠制度保障。在国家完善教育立法，加强教育法制机构和队伍建设的同时，各学校应结合本校的实际情况，制定有关素质教育的制度和法规，逐步实现素质教育的制度化、法制化。

"从严治校，严格要求"是高校学生日常管理的基本要求。我国高度注重学生工作，思想清晰，特点突出，制度完备，已基本形成了以班级建设为重点，以队伍建设为龙头，制度建设为保证，校园文明建设为补充，宿舍建设为基础，学风建设为核心，校风建设落实到系部，学风建设落实到班级，从严治校，严格管理的学生工作思路。

为坚持社会主义办学方向，加强校风学风建设，维护正常的教学、科研和生活秩序，培养德智体全面发展的、高素质的社会主义建设者和接班人，国家教委制定了《普通高等学校学生管理规定》，以此来培养遵纪守法、文明礼貌、德才兼备的高素质社会主义人才。

为了进一步加强对学生的管理力度，几年来，各高校都进一步补充、完善、制定学生管理制度，每个高校内都有大大小小的规章制度。目前，这些制度基本涵盖了学生工作的方方面面，并严格按照制度办事，使在校学生的管理基本走上了制度化、规范化、科学化的轨道。

三、提高干部自身素质，保证素质教育的实施

建设高素质的教师队伍，是全面推进素质教育的基本保证，教职工要热爱党，热爱社会主义祖国，忠诚于人民的教育事业；要树立正确的教育观、质量观、人才观，增强素质教育的自觉性；要不断提高思想政治素质和业务素质，教书育人，为人师表，敬业爱生；要有宽广厚实的业务知识相终身学习的自觉性，掌握必要的现代教育技术手段。

学生工作干部包括学校主管学生工作的领导、学生工作职能部门人员、各二级学院、系工作人员、班主任、学生班（团）干部。学生工作干部队伍素质建设是实施素质教育中宏观管理和微观管理有效结合的保证。主管学生工作的学校领导要高

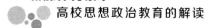
瞻远瞩，吃透国家的教育精神，掌握各方面的信息，从宏观上指导学生管理部门有效地加强学生管理。学生管理部门要领会上级的精神，结合实际情况制定相应的办法，做到上请下达，充分发挥职能部门的作用。各系学生工作人员要做好微观管理，切实落实规章制度，尤其是班主任，他肩负着具体教育、引导、管理学生的重任，只有通过班主任因势利导，有针对性地开展有效工作，才能把学生的教育、服务、管理有机地结合起来。班主任要有高尚的奉献精神，转变思想，改进工作方法，把对学生的过程管理转变到目标管理，最终达到学生自我管理、自我教育、自我服务的目标。

四、学生自我建设

大学生正值第二断奶期，心理发育不够成熟，可塑性很大。改革开放后，各种文化思潮、思想认识、价值取向、生活道德等观念部冲击着文化密集、信息流通快的大学，这些色彩纷呈的社会影响，使学生们不断地思考、寻求，而对着严峻的自我意识选择，这为高校实施素质教育，塑造学生新型人格，培养合格的高素质人才提供了可能。学校可采取奖励制度、学生社团、选修课、社会实践活动等措施，积极引导这种自我意识，激发向上意识，把其个性、特点、爱好向积极的方面引导。

（一）强化突出特色的班级文化建设

大学班级的灵魂就是班级文化，涉及班级的日常学习生活、规章制度、学风等方方面面，建立起良好的符合班级同学的班级文化，努力营造和谐有序、健康向上的班级文化，有助于班集体的核心价值观和竞争力。

（二）充分发挥班干部模范带头作用

增强班级向心力在大学里，自我建设的主导者不是辅导员，而是班干部。因为他们和同学生活在一起，学习在一起，对同学的日常生活和思想状况最为了解。只有班干部以身作则，起模范带头作用，带领大家一起为班级做贡献，才能创造一个学风良好的班集体。

（三）实行人性化管理

培养大学生自我建设的自主性所谓人性化管理，就是在管理的过程中，充分考虑任人性要素，以充分发掘人的潜能为己任的管理方式。对自由意识较强的大学生进行人性化管理，是最恰当的选择。

第九章 新媒体背景下的高校思想政治教育模式创新探究

第一节 高校大学生思想政治教育模式新探讨

高校思想政治教育是高等教育的重要组成部分，是一切专业教育的基础和前提条件。改革开放以来，我国高校思想政治教育取得了长足的发展，随着国际国内一系列新变化、新情况的不断出现，高校思想政治教育面临严峻挑战。如何适应形势的变化，探索高校见想政治教育的新模式，是每一个思想政治教育者的责任。本文试就这一问题作一个粗浅分析。

一、以邓小平理论为核心的"两课"

经过长期的教学改革，我国高校基本确立了"两课"为主的理论课体系，即以马克思主义理论课和思想品德课为主框架，在高校学生中进行系统的、基础性的理论教育，形成既相互独立、又相互联系的思想政治教育的有机整体。通过"两课"学习，使学生系统了解马列主义发展的脉络，掌握马克思主义基本原理、毛泽东思想和邓小平理论的主要内容及精神实质，从而确立马克思主义的人生观、道德观、世界观，学会以马克思主义的立场、观点和方法分桥、解决现实问题，从根本上奠定了高校思想政治教育的坚实基础。在这一学习过程中，课堂教育是最主要的手段。然而传统的"一言堂"式单调呆板的灌输教学模式越来越不适应新形势的需要，为发挥课堂这一思想政治教育主阵地作用，应从两个方面改革教学模式：

一是在教学内容上，要坚持以邓小平理论为核心。邓小平理论是当代中国的马克思主义，是中国社会主义现代化建设的指导思想，也是解决中国当前及未来发展过程中一系列现实问题的理论依据，学习邓小平理论反映了现实的需要，用邓小平理论武装青年学生，提高青年学生思想政治素质，关系到国家、民族的未来和希望。思想政治教育要以邓小平理论的学习和运用为核心，学习邓小平理论要切实贯彻理论联系实际的原则，强调"学以致用"，使学生不再感到理论课"学了没用"。如在教学中，理论课教师不应有意回避而要结合有关理论，针对诸如苏联、东欧剧变以来部分青年人中出现的对马克思主义的信仰危机、伴随经济全球化而来的西方文化与社会思潮对青年学生的强烈冲击、中国社会主义市场经济确立和完善过程中理论与现实的巨大反差给学生造成的困惑等等问题，敢于、善于运用邓小平理论作出正面的、有说服力的解答，引导学生积极思考，使学生能够根据马克思主义的基本原则和基本方法，不断结合变化着的实际，探索解决新问题的答案。在课堂教学中教师要始终坚持正确的舆论导向，旗帜鲜明地反对各种错误思潮和错误倾向。

二是在教学方法上，要结合青年学生思想活跃、求知好奇、善于接受新事物等特点，不断探索与之相适应的课堂教学模式，利用课堂讨论、师生辩论，就学生普遍关心的问题进行专题讲座等多种方式活跃课堂气氛，调动学生学习兴趣和热情，引导学生积极主动地参与到学习过程中。同时注重利用电视教学、幻灯教学、多媒体教学等多种现代科技手段，通过大量史实材料，生动、形象、直观地对学生进行理论教育，从而丰富课堂内容和形式，使学生在学习基础理论的同时，既可获取大量信息、开阔眼界、活跃思维，又从历史、现实与理论的结合上，更深一步地体会马克思主义理论，特别是邓小平理论的精神实质和科学价值。

二、丰富多彩的校园活动是高校思想政治教育不可忽视的辅助手段

校园是大学生的"第二课堂"，其课余活动主要集中在校园进行。如果说课堂教育从本质上难以改变"灌输"性质的话，那么利用校园活动进行思想政治教育就更具有因势利导的优势。校园活动从形式到内容都丰富多彩，极受学生欢迎，特别是在这些活动中学生都是主动、热情地参与其中的，在形式上更易于接受思想教育。如很多院校学生都自发组织了"邓小平理论研究会""邓小平理论学习小组"等，在课余自觉研究理论，交流学习邓小平理论的心得体会，共同探讨、争论疑难问题。有些院校则经常请来一些学者、专家、企业家作专题报告、讲座，吸引广大学生，内容涉及学生所关注的一系列国内外重大事件及问题，如有关人权、台湾问题、知识经济、国企改革等等。这些讲座具有很强的针对性、时效性，从不同的侧面进一步解决了学生的思想困惑，开拓了思想视野，弥补了课堂教学的某些不足。特别是企业家成功之路的报告，更使学生体会到邓小平理论并不抽象、不遥远，而是现实地存在于我们的社会实践之中，从而体会到邓小平理论的现实意义。此外，由院、系或学生组织的大型演讲赛、辩论赛、征文比赛等活动频繁地展开，以多种形式和丰富的内容调动起学生参与和学习的热情。通过上述校园活动，既提高了学生的综合素质，丰富了课余生活，又在课堂之外进行了潜移默化的思想政治教育，无形中形成了课堂教育的延续，发挥了难以替代的补充和强化作用。

三、以"网络"和实践活动为纽带的社会"大课堂"

思想政治教育是一个连续的过程，同时在空间上不可避免地涉及课堂、校园之

外的社会。随着时代和科学技术的迅猛发展，高校已经越来越摆脱了封闭的"象牙塔"形象，与社会发生密切的、广泛的联系，日益形成校园——社会的二元结构，高校思想政治教育也因此面临许多新领域、新挑战，在于段、方式上亟待改革创新以适应这一变化。其中一个重要内容就是利用信息网络技术，在虚拟的网络世界中发挥正确导向的作用。近年来中国互联网农业蓬勃发展，对我国经济、文化、科技和社会发展产生起到巨大的推动作用，由于在信息传递、资源共享方面拥有无以比拟的优势，互联网络正在日益改变着我们的生活。越来越多的大学生通过上网，以全新的方式不受时空限制地向社会发生密切联系，而伴随着这一变化，信息网络的负面影响也不可否认、不容忽视地出现，西方资产阶级人生观、价值观、道德观和有害青少年身心健康的黄色流毒的网上泛滥，极大地影响着青年学生的思想道德，忽视这一事实，将使课堂思想政治教育前功尽弃。因此，要重视和充分运用信息网络技术，使思想政治工作提高实效性，扩大覆盖面，增强影响力。在高校应加强网络管理，监控校因网络，切断校园网与反动、黄色等不良网址的通道，清除有害网络信息。同时建立积极健康的校园思想政治工作网站，利用网络资源增进思想交流和交锋，在网络的虚拟社会中，坚持正面宣传教育，以正确的舆论和科学的理论引导青年学生，在实践上占领网络这一全新领域，使之成为思想政治教育的重要舞台。

大学生终究是要走向社会、服务社会的，因此，强化思想政治教育的实践环节，以丰富的社会实践活动让学生在学习期间关注社会、接触社会，在社会实践中了解社会，认识国情，进一步强化政治思想教育，提高认识，是高校思想政治教育的重要环节，也是贯彻理论联系实际的重要手段。在方式上，可以利用学生寒假回乡之际，拟定考察内容，制定社会考察任务，使学生进一步了解家乡、了解社会、了解国情，也可组织学生参观、考察各类企业或到经济文化落后地区帮困扶贫等。使学生在教师引导下自觉运用课本上学到的理论知识，解决现实中遇到的问题，从而在实践中有效解决思想认识问题，提高分析和解决社会问题的能力。

总之，在这一课堂——校园——社会的思想政治教育模式中，思想政治教育以一贯通，环环相扣，互为补充，互相推动，形成了一个多层次的全方位的不间断的完整过程，这一过程中既运用传统教育手段，又大胆改革创新，运用多种现代科学技术，充分体现了思想政治教育实施过程的科学性、针对性和层次性，极大改变了传统思想政治教育的单一模式，更符合时代的要求，从而有力推动高校思想政治教育的进一步发展。

第二节　新媒体背景下要树立大学生思想政治教育的现代服务意识

随着改革开放的深入发展，社会经济、政治、文化、人们的思想观念等方面已发生了一系列深刻变化，这就要求思想政治教育上做必须通过改革来不断适应新的实践的发展。而思想政治教育改革虽然取得了一点成就，但仍远远落后于时代发展的需要，出现了思路滞后、方法滞后、内容滞后、观念滞后等一系列问题，严重制约着思想政治教育的顺利开展和预期效果的实现。在建立社会主义市场经济体制的过程中，高校的思想政治教育工作面临着前所未有的机遇和挑战，我们一方面要抢抓机遇，另一方面要主动迎接挑战，努力推动思想政治教育工作的现代化特别是教育思想观念的现代化。在当前形势下，以市场为导向，树立思想政治教育的服务意识显得尤为重要。树立服务意识就是要自觉地把思想政治教育的位置摆正，从经济建设、党的路线方针着眼，从学生的实际需要出发，而不是从我们的主观臆断出发，真正地帮助当代大学生排除人生道路上的障碍，从而使他们积极健康地投入社会生活。思想政治教育的服务意识应主要体现在以下几个方面：

一、服务于经济建设中心，服务于党的路线、方针、政策的实现

党的工作只有经济建设一个中心，这就决定了思想政治教育必须为这个中心服务。李瑞环同志曾明确指出："思想政治工作不能游开经济建设这个中心之外，更不能搞自找中心、两个中心或多中心，妨碍相干扰经济建设的发展。思想政治工作者必须提高执行党的基本路线的自觉性，强化为经济建设服务的意识，自觉地服从和服务于经济建设。思想政治工作只有在经济建设和改革开放的过招中，找到自己合适的位置，才能发挥自己特有的作用，体现自己的价值。"这是值得高校的思想政治教育工作者认真领会的。

思想政治教育要全力为经济建设服务，这是我国最大的政治，是完全得民心、顺民意的。因此，在行为方式上，要从计划经济条件下思想政治教育的"一刀切、齐步走"中挣脱出来，强化自主性，提高因时因地的针对性。改变过去那种居高临下的"官本位"形象，要从领导和支配其他工作的神圣位置转移到服务于经济建设的位置上来。市场经济条件下，应紧紧围绕经济建设大局和党的路线、方针政策而开展高校的思想政治教育工作，把先进科学的理论和党的路线、方针政策灌输于青年学生，使他们牢固树立以经济建设为中心的思想观念，正确处理其他各项工作与经济建设中心的关系，在思想上与党和政府保持局年度的一致，在将来的工作形成促进经济建设的强大合力。这就成为推动市场经济发展的强大动力和有力保证。

二、服务于青年学生基本素质的全面发展和提高

素质教育从人的全面发展出发，认为人的素质不是单一的，而是由多种具体素质构成的，如政治素质、思想道德素质、科学文化素质、能力素质、心理素质等。人的素质是诸多具体素质的统一体，各种素质之间相互制约、相互影响，既可以相

互促进，"一荣皆荣"，也可以相互促迟，"一损俱损"。因此，素质教育要求全面发展和提高人的素质，反对和排斥只注意某方面素质而轻视或放弃其他素质的做法。大量事实证明，如果只注重科学文化素质而忽略思想政治素质，就很难达到真正提高学生基本素质的目的。毫无疑问，思想政治教育从本质上讲，就是运用科学理论和高尚思想，用科学的世界观和方法论培育人的工作，其主要功能就是帮助提高大学生的思想政治素质，进而提高科学文化素质，充分调动他们学习的积极性、主动性和创造性，增强他们认识世界和改造世界的能力，从而充分发挥思想政治教育在推动学生基本素质全面发展中应有的服务作用。新形势下，学生的自我意识、平等意识、民主意识不断增强，这就要求高校思想政治教育要不断适应市场经济条件下学生心态的变化，研究个性差异，充分尊重学生的个性，努力发掘学生个性特征中的"闪光点"。改变过去那种以政治口号强加于人、压制人的发展的做法，在提高学生思想政治素质的同时，尽力以民主、平等的形式，创造生动活泼的条件，即使知识得到快速增长，又促使学生的个性心理健康发展。要真正做好思想政治教育的服务工作，必须做学生的朋友，转换角色，力求以亲近关系赢得学生对思想政治教育工作的信任相接受。同时要贴近实际，寓理于事，让学生听有所思、学有所佰，要善于创造平等交流、以情传理的心理执围。要持之有据，实话实说，以诚恳平等的态度交流思想，不要指手画脚、以自己的观点强加于学生，以免使学生反感。对重大问题保持一致的前提下，对一时统一不了的个别问题要允许他们留有思考的"空间"，不搞"立竿见影"的"大团圆结局"。也应运用激励机制，最大限度地激发他们积极向上的人生态度和用之不尽的智慧及创造力。市场经济中通行的竞争观念、人才观念，效益观念等被学生听接受，为思想政治教育提供了新的契机。竞争观念的树立，有利于学生形成比学赶超的风气；人才观念的强化，有利于增强进取意识、自强意识，促进学生提高自身素质；效益观念的增强，有利于学生克服懒惰情绪，争取时间，努力学习。思想政治教育要充分利用市场经济条件下的有利契机，服务于学生基本素质的全面发展和提高。

三、服务于学生满足求知欲和解答思想疑惑的需要

思想政治教育工作服务于学生的求知欲和思想上的疑惑，就是满足学生掌握知识的需要和了解世界的渴求，解答学生思想中各种疑难和困惑。随着改革开放的深入，市场经济的发展，科学技术的进步，面对大量的新鲜事物和复杂多样的信息，学生的观念、要求、愿望、思维方式和生活方式等不断随之变化，其求知欲更强，思想上的困惑、疑难问题也更多，这就需要通过思想政治教育中包含的科学知识来满足他们的一部分求知欲，解答他们思想中出现的一些疑惑。为此，思想政治教育的手段、方法、机制、观念等必须转变，特别是教育者的思想观念必须跟上时代的

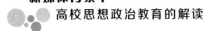

步伐，必须准确把握学生的思想脉搏，否则就成为青年学生眼中的古董、怪物，与之格格不入，就难以做好他们的思想政治工作；当然，思想政治教育也要有预见件、主动性、超前性，及时消除学生思想中的错误认识、判断及不良动机，要防患于未然，"防为上，救为次，戒为下。"对理论方面的重大问题不能总是低水平重复，要有走向前沿的勇气，要把学生引向研究前沿问题，通过学生自己的探索研究，得出正确结论，从而提高学生的思想认识和政治觉悟。

四、服务于解决学生的实际问题

老子有一句名言："将欲取之，必先予之。"其包含的思想对目前做好思想政治教育工作也是很有借鉴意义的。思想政治教育是解决人的思想问题的，当前在新旧体制交替、碰撞过程中，各种热点、疑点和难点问题将不断出现，如果不及时解决好，势必影响学生的情绪，引起思想波动。因此，思想政治教育者一方面要做好思想政治工作，帮助学生正确认识和对待出现的矛盾，以积极的态度克服遇到的实际困难。另一方面，要满腔热情地关心他们的疾苦，千方百计为他们排忧解难，使他们感受到党和国家对他们的关怀棚温暖。对一时解决不了的问题，也要讲清道理，做好解释工作；要把解决实际问题的过程变成提高思想觉悟、调动积极性的过程，以增强思想政治教育工作的感召力和有效性。

第三节　加强大学生思想政治工作队伍建设

一、关于高校学生思想政治工作队伍建设的重要性和必要性

首先，从职责上分析，高等学校学生思想政治工作队伍是保证高校坚持社会主义办学方向，全面贯彻党的教育方针，培养德、智、体、美全面发展的社会主义建设者和接班人的一支不可缺少的重要力量，是学生思想政治工作的组织者和指导者。其次，从任务上分析，这支队依是以马克思主义毛泽东思想，特别是邓小平理论为指导，教育和引导学生树立正确的理想信念，加强思想修养，使学生成为有理想、有道德、有文化、有纪律的一代新人。在民族高等学府和一些肩负若为民族地区培养各类人才的普通高校，学生思想政治工作队伍还承担着教育广大学生维护国家统一、民族团结的光荣任务，具有特殊使命；再次，从国际国内的现实形势分析，建设好这支队伍也是非常必要的。一方面，随着时代的前进、知识经济的来临和经济全球化趋势，和平与发展仍然是当今世界的两大交流，但是，由于受利益的驱动，在国际上地区之间、国家之间、民族之间矛盾依然存在，斗争日趋复杂；这个矛盾表现在政治上实际上是霸权主义与国际政治多元化的对立。表现在思想上就是曲折

低潮中的社会主义与强盛发展中的资本主义在意识形态上的抗衡。另一方面，国内敌对势力亡我之心不死，他们始终与国际反华势力纠集一体，利用现代媒体、网络、通信等信息科学手段，与我们党争夺高等学校思想领域意识形态这一事关国家接班人和建设者的制高点，把和平演变的希望寄托在当代大学生身上，企图达到"分化""西化"的目的。因此，高校学生思想政治工作队伍建设无论从其职责任务，还是从现实形势上看都是一个十分突出不容忽视的问题。在高校，这支队伍的作用非同寻常，既有重要性，又有必要性，必须引起教育主管部门和各级党委的高度重视。

二、关于高校学生思想政治工作队伍建设的几点要求

新中国高校学生思想政治工作队伍经过五十年的建设，中间虽有反复，特别是经过近二十年改革开放和党委领导下的校长负责制的重新确立，现已趋于成熟，在高校教学、科研、管理等工作环节中发挥了应有的作用。但是，随着时代的发展变化，这支队伍和所从事的思想政治工作也存在一些问题，主要表现在以下三个不适应上：一是在思想内容上不适应当今世界政治、经济、文化、科技等方面发生的一些新动向。二是在方法手段上不适应目前网络媒体的迅速崛起和我国加入世贸组织后所带来的新变化。三是从形式机制上不适应高校扩大招生、大众化趋势、自身超常规发展所引起的一系列新问题所提出的新要求。这三个不适应归结在队伍建设上实际就是年龄偏大偏轻、知识不足并老化、人员不精更不稳、工作方法手段落后这样一个简单的问题。因此，对高校学生思想政治工作队伍建设进行深入思考研究、有针对性地提出一些新要求是十分必要的。具体如下：

（一）硬件要求

高等学校要从自身的实际情况出发，对学生思想政治工作队伍建设按照党中央的部署，明确思路、制定计划，其中应当包括人员选拔、使用、管理、培训以及经费保障、工作目标、设备、手段等各环节的必备要求。从物质上确保在校学生思想政治工作的正常开展。

（二）软件要求

这是对学生思想政治工作队伍建设中从事这项工作的人员的素质要求，也就是说要从事学生思想政治工作就要达到相应的要求，这个要求作为标准，必须要明确。比如从政治素质、思想作风、政策水平三个方面规范要求，使之成为学生思想政治工作者必须达到的条件。另外，还应从个人品行表现、事业心责任心、敬业精神、文化修养等方面对高校思想政治工作者提出较高的要求，使之成为学生思想政治工作者努力的方向和衡量自身工作的标准，从精神上对学生思想政治工作者作出具体要求，以保证高校学生思想政治工作沿着正确的目标发展。

新媒体背景下
高校思想政治教育的解读

（三）业务能力上的要求

这一要求实际是学生思想政治工作队伍建设硬件、软件要求的具体体现，也是对学生思想政治工作者最重要的要求。如果在这个问题上对学生思想政治工作者的要求不严，或者说没有保障学生思想政治工作者不断提高业务水平的具体措施办法，那么可以预见高校学生思想政治工作在错综复杂的国际国内形势面前和现代信息科学技术飞速发展的情况下将显得软弱无力、无所适从。加之，在现阶段，学生思想意识不断发生变化的情况下，高校学生思想政治工作队伍的整体水平和业务能力并没有得到应有的提高，对现实中的热点难点问题不能答疑解惑，对深层次的问题缺乏认真研究，回答问题牵强附会，工作没有实效，针对性不强。这都是学生思想政治工作者业务能力不适应现实要求的表现，因此，不断要求他们加强对马克思主义、毛泽东思想、邓小平理论的学习研究，提出符合高校学生思想政治工作规律的目标要求，创造必要的条件，给予适当的物质保障，切实提高他们的业务能力相工作水平，在队伍建设中有其特殊的意义。

（四）精干、高素质

学生思想政治工作队伍是高等学校教书育人的中坚力量，不是什么人都能干和干得好的，不能滥竽充数。精干是对学生思想政治工作队伍建设的第一要求，符合现代效率原则。同时队伍精干必然要求人员高素质，两者相辅相成，互为条件。所以，高校学生思想政治工作队伍必须要技精干、高素质的要求建设，否则，这支队伍在高等学校的工作中就没有高效率，也发挥不了应有的作用。

三、关于高校学生思想政治工作队伍建设的专兼结合问题

在高等学校，学生思想政治工作专职人员一般是指分管学生工作的党委副书记、"两课部"教师、学团等有关部门及各院（系）部从事党团工作的人员。而兼职人员是指既从事教学、科研、管理工作，又兼做学生思想政治工作的人员。例如，各院（系）部的主任、副主任，各教学班的班主任、年级辅导员、研究生导师等人员。

专兼职结合的学生思想政治工作队伍是我国高等学校长期以来在人员结构方面形成的一大特点。实践证明，在高校没有一支精干、高素质的专职学生思想政治工作队伍是不行的，但是仅仅靠这支队伍完成高校繁重的思想工作任务又是远远不够的，兼职人员在高校学生思想政治工作中的作用是不可替代的。所以，发挥专兼结合的互补优势，对建设好学生思想政治工作队伍有至关重要的作用。那么，如何发挥专兼职人员各自的作用是一个值得认真思考的问题。首先，应当明确专职学生思想政治工作者在高等学校中的地位，要把他们真正作为高校教书育人不可缺少的力量，在工作中使他们与专任教师、科研学术人员处于同样的位置，在政策上要一视同仁。应当创造条件，鼓励他们脱产进修、攻读学位。要充分发挥选拔、使用、管

理、培训等手段的作用，加强对他们的培养，确保专职学生思想政治工作队伍在高校不被削弱。其次，发挥兼职人员的作用、调动这支队伍做好学生思想政治工作的积极性也是非常重要的。要克服思想政治工作与教学、科研、管理两张皮的错误倾向，使思想政治工作浸透到教学、科研和管理中。因此，兼职人员在高校学生思想政治工作中的地位和作用也是十分突出的，应当受到尊重。同时，要建立科学合理的工作量化机制，保证他们既做好教学、科研和管理工作，又要做好学生思想政治工作，使之成为既教书又育人的专家。

总之，专职队伍与兼职队伍在高校工作中实际上是一机两翼的关系，而不是主次关系，不存在谁轻谁重的问题。正确处理二者的关系，使二者结合起来，形成合力，不仅是高校学生思想政治工作队伍建设中的一项重大课题，而且也是做好高校学生思想政治工作的组织保证，同时又是党在高校工作的侧重点，应当在实际工作中加以认真研究和高度重视。

第四节　巩固高校大学生思想政治教育的理论阵地

党中央明确提出：重视对社会思潮及其表现形式的研究和引导。这是具有现实性和针对性的，因为西方敌对势力从来没有放弃利用社会思潮和学术思潮对我国大学生的侵蚀，而且采取的手段越来越隐蔽，授盖面越来越广泛。作为高等学校的思想政治工作者来讲，我们必须按照"三个代表"的要求和"四个如何认识"的指示精神，提高思想政治工作的敏锐性和主动性，开展西方错误社会思潮和学术思潮对大学生的影响的调查研究，把握大学生的思想脉搏，做好思想引导工作，旗帜鲜明地反对错误思潮，让马克思主义的科学精神占领高校思想理论阵地。这里，笔者不揣浅陋，从西方社会思潮和学术思潮对青年大学生的影响这一切入点，对搞好"两课"教育特别是邓小平理论"三进"教育，加强和改进思想政治工作作一探讨。

影响表现及其特征

（一）西方社会思潮和学术思潮对大学生的影响

1.资产阶级功利主义对大学生的影响

西方资产阶级功利主义原则在于片面地强调：人的一切活动目的，都是为了获得个人的最大幸福，不考虑公共利益和社会长远利益。在这种思想影响下，一些大学生为了获得好成绩，进行所谓"公关"活动；尽管我们在推行素质教育，但一些学生为了未来的就业，只顾专业学习，放弃政治学习，甚至为了考取此证彼证而放弃部分基础课程的学习；一些毕业生不考虑就业发展前景，一心想留到大城市，而不愿到艰苦地区、艰苦的行业去，有的甚至为此而放弃了所学专业。

2.资产阶级个人主义对大学生的影响

资产阶级个人主义是无政府主义整个世界观的基础，鼓吹"一切为了个人""我就是一切"，排斥集体主义，认为"案件主义是极权主义"，集体主义社会是"乌托邦社会"。一些大学生受其影响，在处理校集体与个人的关系时，表现得非常自私，他们盲目的崇尚自我，处处以自找为中心。有的学生在宿舍活动中根本不考虑舍友的学习或休息；谈恋爱时不分宿舍、教室和其他公共场所；在阅览室看书看报时，随意裁剪图书资料，不顾集体和他人的利益。

3.资产阶级自由主义和所谓的"民主"对大学生的影响

一些大学生由于受西方所鼓吹的"自由至上"和"民主"思想的影响，盲目地追求所谓的"自由""自在"和"民主"。他们所追求的"自由"，就是不想受约束，"自由"发展所谓的"个性"。他们所追求的"民主"是抽象的民主，理论概念中的"民主"。有的学生在网络聊天室写道："网络世界无国界，无政府，是个真正的地球村。"有的学生对近期的美国大选中所出现的反复现象错误地认为是真正的"民主"。

4.西方经济私有化和东西方经济趋向论对大学生的影响

受之影响，一些学生误认为我们社会主义市场经济的建立和发展是慢慢地向资本主义靠拢，向资本主义趋向、片面地认为党和国家允许、鼓励个体和私营等非公有制经济发展是私有化的表现。

（二）西方社会思潮和学术思潮对大学生影响特征

1.影响手段隐蔽化

西方敌对势力的"西方"和"分化"政策是尽可能打一场没有硝烟的战争，采取精神渗透和科技手段，如流行文化——电影、电视节目、书籍、音乐、电脑软件等，实现其潜移默化的作用，以便不放一枪一炮就可俘虏"士兵"。

2.影响领域广泛化

他们在人权、民主、民族、宗教、领土、法制、腐败现象等方面大做文章，传播和推行他们的政治模式、价值观念、生活方式，力主从意识形态上瓦解青年学生。

3.影响力度深入化

他们凭借雄厚的经济实力、科技实力和文化实力，输入他们的世界观、价值观和人生观，如吸引和挖掘我们的高级人才资源，提供免费网络咨询，通过影响我们的一些教师特别是青年教师中再来有力地影响青年学生。

4.影响视角多维化

不论是时空角度，还是方式方法，不论是物质方面，还是精神方面，都存在着这种影响，使我们一时难以觉察，难以分辨。

西方社会思潮和学术思潮为什么能对一些大学生产生不良影响呢？本人认为有以下几方面原因：

一是长期以来，意识形态领域的斗争从来没有停止过，西方敌对势力充分利用西方社会思潮和学术思潮同我们争夺青年，争夺思想阵地。他们企图以此来破坏我们的民族凝聚力和社会主义建设大业。少年强则国强，青少年是祖国最大的希望。所以，他们"西化"和"分化"的战略目标重点放在大学生身上，有目的有针对性地展开。

二是随着改革的深入、开放的扩大，在利用西方国家资金、技术、人才和管理经验的同时，西方社会思潮和学术思潮必然随之而来，这也是无法阻挡的。

三是国内改革过程中出现了一些社会矛盾，这些矛盾恰恰是大学生关注的热点，容易使大学生产生肤浅的认识。另外，受市场经济的负面影响，也容易诱发一些大学生的功利主义、极端个人主义、拜金主义和享受主义思想。大学生在不能深刻认识社会主义发展进程和资本主义发展进程等问题的前提下，容易受到西方社会思潮和学术思潮的影响或感染。

四是现代科学技术的迅猛发展，为西方社会思潮和学术思潮的传播提供了新的途径和手段。如互联网，已成为西方社会思潮和学术思潮传播的重要工具，而大学生几乎无一例外都是互联网的忠实用户。因此，他们自然而然要受到西方社会思潮和学术思潮的影响。

五是学校思想政治工作存在薄弱环节。思想政治工作者不能适应新形势和新情况，不能及时把握大学生的思想动态和心理状况，没有找到更好的适合大学生思想政治工作的新路子。对"两课"教学来说，由于受多种因素的影响和制约，在一定程度上影响了学生的学习主动性。

二、加强"两课"教育阵地建设，积极消除不良影响

如何消除西方社会思潮和学术思潮对大学生的不良影响，有力地粉碎西方的"西化"和"分化"图谋，这是摆在我们思想政治工作者面前的一个重要课题。我们必须从加强大学生的综合素质入手，提高其"免疫力"。综合素质包括政治素质、道德素质、身心素质、科学文化素质、人文素质以及实践能力和创新能力，而政治素质和道德素质居于首要地位。这如同我们常比喻的种树一样，我们的目标是培养正直、粗壮、参天的大树，在培养的过程中，必须防止空气污染、害虫侵蚀和根部水源污染、养料污染。"两课"教育担当的重任就是培好根基，输好养料，同时抵御一切不良影响、污染和侵蚀。因此，本人认为作为高校思想政治工作主渠道主阵地的"两课"教育，要从下面几个方面进一步加强。

（一）坚持马克思主义、毛泽东思想、邓小平理论

马克思主义、毛泽东思想和邓小平理论是我们党、国家和民族的精神支柱，它决定着我们高等教育的性质、方向和前途。课堂和讲坛是传播科学文化和马克思主义的重要阵地，我们要旗帜鲜明地反对和抵御西方社会思潮和学术思潮等非马克思

主义的思想。

（二）重点推进邓小平理论"三讲"教育工作

"三讲"要从学科建设的高度来进行，要开足课时，不断充实和完善教材，同时要处理好厚积与薄发的关系、理论与实践的关系、内容与形式的关系。

（三）"两课"教师应适应新形势和新情况

1."两课"教师要有紧迫感，要有创新精神，不断提高自身能力

形势在不断地发生变化，而且变化越来越复杂。"两课"教师要随时"充电"，学习各方面的新知识，扩展知识面，提高分析能力和判断能力；要提高学历和学力；主动了解和研究西方社会思潮和学术思潮。知己知彼，方可百战不殆。

2.要积极开展调查研究，掌握新情况，不要仅仅局限于现有教材和课堂

充分利用课堂教学、课外辅导、师生交往交流等场合以及各种活动，了解学生的思想动态，了解他们对西方社会思潮和学术思潮的认识程度、认知程度、认同程度，研究产生不同认识的社会因素和个人因素。

3.要坚持正确的立场

正面引导学生对西方社会思潮和学术思潮的认识，做好比解工作，妥善消除不良影响。介绍西方的社会思潮和学术思潮时必须要做正确的评价，要有力地批驳那些错误的思想观点，不能麻痹大意。

4.加大实践力度

增强马克思主义的说服力、渗透力和战斗力。"两课"教师要主动走出课堂，带领学生进行社会实践，让实践教育学生。

（四）做好预测工作，提高预测能力和防范能力

随着世界经济一体化、政治多极化的发展，我们将面临更多的新情况、新问题，这就必须做好预测工作，主动适应未来新形势，避免未来工作的被动局面。

第五节　论新形势下高校教师职业道德建设

我们必须全面贯彻党的教育方针，坚持教育为社会主义服务，为人民服务，坚持教育与社会实践相结合，以提高国民素质为根本宗旨，以培养学生的创新精神和实践能力为重点，努力造就"有理想、有道德、有文化、有纪律"的德、智、体、美全面发展的社会主义建设者和接班人。实施素质教育、首先要建设一支适应21世纪需要的高素质的教师队伍，而教师队伍建设的关键在于：加强教师队伍的思想道德建设，其中教师职业道德建设在新形势下无疑共有特殊重要的意义。教师的职业道德素质如何，决定着教师能否担当起振兴21世纪中国教育的历史使命，关系着"科教兴国"战略的实施和中华民族的伟大复兴，也关系着我国社会主义事业的兴旺

发达。

当今世界，科学技术突飞猛进，知识经济已见端倪，国力竞争日趋激烈。站在时代的高度，我们已经清楚地看到，综合国力的竞争，越来越表现为经济实力、国防实力和民族凝聚力的竞争。但无论从其中任何一个方面的实力增强来看，教育都具有基础性的地位。教育是知识传播、应用和创新的重要基地，也是培育创新精神和"四有"人才的摇篮。无论在培养高素质的劳动者和专业人才方面，还是在提高创新能力和提供知识、技术成果以及增加民族凝聚力方面，学校教育都只有独特的重要意义。

振兴民族的希望在教育，振兴教育的希望在教师。教师在教育发展中起着不可替代的作用，要从振兴民族、振兴教育的高度来认识教师的地位和作用。各国之间的经济、综合国力的竞争，在很大程度上是人才素质的竞争，是教育的竞争。实现我国社会主义现代化建设的战略目标，从根本上说要依靠科学技术的不断进步和全体公民素质的不断提高，而发展科学技术和提高国民素质的关键还在教育。人类历史已进入21世纪，随着我国社会主义现代化建设和教育事业的新发展，教师职业的重要意义将会更加突出地显示出来。邓小平同志曾对教师在教育中的重要作用作出了高度的评价，他指出："一个学校能不能为社会主义建设培养合格的人才，培养德智体全面发展、有社会主义觉悟的有文化的劳动者，关键在教师。"教师是履行教育教学职责的专业工作者，是培养人才的园丁，是科学文化知识的传播者，是人类灵魂的工程师。在我国，教师承担着教书育人，培养社会主义农业的建设者和接班人，提高民族素质的重要使命。教师是党和国家教育方针的具体执行者，在教育教学活动中，教育方针能否贯彻，培养目标能否实现，教师起着主导作用。教书育人是教师的根本职责，教师要教书育人，寓德于教，为人师表，引导学生德智体美素质得到全面发展。

新世纪的到来对教师职业道德建设提出了新的要求，如何进一步加强师德建设，使其适应新形势新任务的要求，是摆在学校面前的一项紧迫而重要的任务。就高等学校教师队伍的现状来看，一大批青年教师正在成长起来，更可喜的是相当一部分青年教师已成为教学骨干和学科带头人，有些还走上了学校各级领导岗位，他们具有美好的理想和崇高的信念，是21世纪中国高等教育发展的有生力量和希望所在。但也应当看到，青年教师也有自身的某些弱点，他们"涉世不深，实践经验较少，不大熟悉中国国情初中国人民奋斗的历史，存在着一些弱点和不足。"其中，职业道德方面的问题在一部分青年教师中表现就比较突出，需要通过思想政治教育和师德建设的途径加以克服和改进。

我国古代著名教育家孔子曾说；教育成功的重要因素之一是教师人格的感化。孔子还说：其身正，不令则行；其身不正，虽令不从。不正其身，如正人何？法国

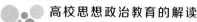

教育家卢梭也对教师的师表作用作出过精辟的论述，他说：你要记住，在敢于担当培养一个人以前，你必须要造就一个人。他必须是学生心中值得推崇的模范。可见，作为一名合格的教师，除了要求具有较强的业务素质外，良好的职业道德是一个不可或缺的重要因素。爱因斯坦曾经说道："第一流人物对于时代和历史进程的意义，在其道德品质方面，也许比单纯的才智成就方面还要大。即使是后者，它们取决于品格的程度，也远超过通常所认为的那样。"教师的职业道德水平，不仅影响着教师个人的成长和教育教学成果的取得，而且在总体上影响着一个国家教育事业的发展。

在我国改革开放和发展社会主义市场经济的新形势下，教师在学校改革发展和培养人才中起着主导作用。培养高素质的人才必须要有高素质的教师，教师的职业道德水平不仅反映着教师队伍素质的高低，而且直接影响到学校教风、学风、校风建设和教学质量的提高。因此，要把加强教师特别是青年教师的职业道德建设作为师资队伍建设的重点环节。改革开放二十多年来，我国高等教育事业得到了前所未有的发展，形成了一支结构比较合理、忠诚党的教育事业，敬业爱岗、求实进取、乐教重教、热爱学生的教师队伍。但是在市场经济相对外开放的历史条件下，社会上一些消极的东西也影响着高校教师队伍，一部分教师中存在着一些不容忽视的问题。一是理想不够明确，信念不够坚定。在市场经济大潮的冲击下，有的教师淡化了正确理想的培育，对马列主义信念产生多动摇，明辨是非能力降低。因此，在向学生传授知识的同时，不能正确引导学生树立正确的世界观、人生观扣价值观，甚至个别教师还在课堂上发表一些偏激、错误的观点，在学生思想上造成混乱和困惑。二是职业满意度下降，集体观念淡薄。古往今来，社会称赞教师是"人类灵魂的工程师"，捷克教百家夸美纽斯曾把教师职业誉为"太阳底下最高尚的职业"。可见，教师职业是最崇高而神圣的职业。由于我国至今还存在分配上的脑体倒挂现象，又由于市场经济条件下一些文化程度不高的人经济收入大大高于教师的收入，从而使部分教师职业满意度降低，职业荣誉感不强，不安心自己的本职工作，没有把全部精力投入到教书育人上来。二是奉献敬业精神不强，价值观取向倾斜。在市场经济条件下，部分教师在付出与索取、理想与现实的矛盾中陷入误区，表现为片面追求个人利益的最大化。有的教师在校外大量兼课、兼职，终日埋头于第二职业，无暇顾及本职教学，无力进行教学内容的更新和新知识的充实，严重影响了教学质量，缺乏爱岗敬业，甘当蜡烛的无私奉献精神。四是缺乏自身修养，为人师表形象欠佳。众所周知，在教育教学活动中，教师的思想道德、治学态度、行为习惯，对学生起着直接影响和感染作用。一个品德高尚、学识渊博、以身亢教的教师，不仅能直接力学生提供仿效和学习的榜样，而且对学生世界观、人生观和价值观的养成起着潜移默化的影响。但一些青年教师则忽视了自身良好形象的塑造，治学态度不严谨，备课不认真，讲课时文不对题；有的忙于第二职业，上课无精打采，衣冠不整；有的不能以身作则，上课迟到早退等等。这些有悖于教师道德的行为，严重损害了教师的职业形象。所有这些问题的存在，影响了教师队伍素质的提高和高等教育事业的发展。因此，我们要从振兴民族，振兴教育的高度来认识教师职业道德建设的重要地位和作用，要把教师，特别是青年教师的职业道德建设作为提高教师队伍素质加强教师队伍建设的重点环节落到实处。

教师职业道德的特点以及市场经济条件下经济成分、经济利益、生活方式、就业形式的多样化，尤其是社会生活中出现的自由主义、拜金主义、享乐主义、极端个人主义等腐朽思想消极方面的影响，决定了从事教师职业的知识分子必须具有较高的职业道德德修养，即热爱教育，献身教育，热爱学生，诲人不倦，教书育人，循循善诱，勤奋学习，钻研业务，以身作则，为人师表，团结协作，共同进步。那么怎样进行教师职业道德修养，加强师德建设呢？高校教师职业道德建设应着力抓好以下几个环节：

第一，加强马克思主义理论和职业道德基本知识的学习。学习马克思主义的科学理论和职业道德基本知识，是教师职业道德修养的理论基础。只有这样，才能从理论上明确为什么这样做和应该怎样做的道理，加深对社会主义职业道德的理论、原则和规范的理解，明确职业道德修养的目标，把握职业道德修养的标准，进而提高教师职业道德修养的自觉性。一是重点学习马列主义、毛泽东思想、邓小平理论关于教育相知识分子问题的论述，学会运用马克思主义立场、观点和方法观察问题、分析问题和处理问题，树立正确的世界观、人生观和价值观。二是学习党的路线、方针和政策，加强对党的政策的理解，提高自己对培养社会主义事业接班人的责任感。三是学习《教师法》，正确处理待遇与工作态度的关系，发扬为社会奉献的精神，努力培养勤奋严谨、献身真理的治学态度和耐得寂寞、安贫乐教的优秀道德品质。

第二，积极参加社会实践活动，增强教师的社会责任感。社会实践是人的正确思想的源泉，也是孕育人们高尚品德的基础和检验道德修养好坏的唯一标准。因此，积极参加各种社会实践，在教育实践中磨炼自己的品德，是教师职业道德修养的根本途径和方法。为此，学校要为教师创造更多的接触社会、了解民情、熟悉国情的机会和条件。如组织教师进行社会考察、参观访问，带领学生到工厂和农村参加社会实践等，使他们在社会的大课堂中开阔眼界，转变观念，使自身价值与社会价值相吻合，自觉走与工农相结合的道路，克服自己的不足，增强社会责任感，并自觉地用正确的思想认识和自身的表率作用来教育和感染学生。

第三，开展职业道德评价，严于解剖自己。所谓职业道德评价，是人们在职业生活中根据一定的职业道德标准，对自己和他人的职业行为所做出善恶判断。教师职业道德评价，是对教师职业行为依据是否有利于社会主义教育事业这一标准进行评价，对善的道德行为给予赞扬，对恶的道德行为表示谴责。只有通过职业道德评价，才能深入到自己的内心世界，分清哪些职业行为体现了优良品德，哪些职业行为表现了陈规陋习，并以此矫正自己的行为，养成良好的道德品质。开展经常的批评和自我批评是教师进行职业道德修养的重要方法，人民教师应该善于解剖自己的思想和言行，清醒地认识自身存在的弱点和错误，保持道德的纯洁性。

第四，提高精神境界，努力做到"慎独"。"慎独"就是在无人监督的情况下，自觉遵守道德规范的一种能力，它既是道德修养的一种方法，又是一种崇高的道德境界。刘少奇在《论共产党员的修养》一书中就要求共产党员做到"慎独"，以达到无私的境界。教师职业的特点之一是个人独立工作，这就要求在职业道德修养方面必须提倡"慎独"，自觉地遵守职业道德规范，防微杜渐，以对党和人民高度负责的态度，认真做好教书育人工作。

第五，学习先进楷模，不断激励自己。以革命前辈和英雄模范人物，特别是优秀教师为榜样，学习他们的高尚品德，学习他们身体力行、自觉进行修养的精神，也是教师职业道德修养的有效方法。列宁说过，榜样的力量是无穷的，它给人以鼓舞，给人以教育，给人以鞭策。道德思想或思想人格不是抽象的，它总是在伟大人物和先进分子身上表现出来；理想人格的表率作用和巨大感召力，起着其他教育形式起不到的作用。在新的历史条件下，高校教师应自觉地以老一辈革命家、英雄模范人物为道德楷模，从他们的身上汲取营养，通过内心世界的消化和吸收，不断提高自己的职业道德水平，为新世纪社会主义教育事业的发展做出应行的贡献。

第十章　新媒体背景下的高校大学生思想政治教育方法的创新探究

信息技术的迅猛发展，使人类社会经历着一场史无前例的科技革命。这场科技革命以数字技术的不断进步为中心，它的普及范围与应用程度，遍布社会各行各业，并与其他领域的学科相互作用，共同配合，促进社会不断向前发展。在新媒体发展的洪流之下，大学生思想政治教育也面临着新的机遇和新的挑战，不但要充分发挥新媒体技术的优势，取长补短，抓住时机，还要做好充足的物质准备，为思想政治教育进入网络保驾护航；同时，也要建立健全网络化的思想政治教育体制，确保各大高校在网络环境下能够规范、高效地完成教育教学工作。所以，要做好新媒体时代下的大学生思想政治教育工作，就要不断寻找新途径，开辟新领域，进行教育教学的方法创新研究。

第一节　立法与监督双管齐下，完善大学生思想政治教育环境

国家曾明确规定"信息管理等部门和学校要加强对电子信息产品和计算机网络的监管，对计算机网络传播反动、色情和不利于青少年学生健康成长的电子信息要及时清除。"高等学校要提高过滤和净化不健康的网络内容的能力，积极创设和谐的校园网络氛围。伴随网络社会个体行为失范、网络犯罪现象的不断增加，立法和监管便成为治理网络社会和校园网络的两股重要力量。

一、政府部门要坚持与时俱进，不断完善有关法律法规

思想政治教育离不开制度、法律、法规的保障，同样新媒体环境下的大学生思想政治教育也要用相应的法律、法规来规范。近年来，越来越多的暴力色情、垃圾邮件、网络诈骗等不文明现象在互联网上出现，对此，政府部门应以较为严格的立法形式，明确规定新媒体的服务提供者经营和监管的责任，既要有利于新媒体，使其能健康地发展，也要保护大学生，使其能最大限度地利用网络来获取信息、学得知识；还要建立起行之有效的法律法规，来特别针对恶意散布虚假信息的不法分子，以法律的形式对其加以约束，并且严惩不贷。

二、监管部门要加强社会管理，提高社会管理水平

新一代的大学生，他们的成长伴随着信息时代的不断革新，丰富的视觉感应，逼真的音响效果所带来的视听震撼，使青年一代身陷其中，其美轮美奂的数字技术，更是带给他们无尽的乐趣。但是，我们也应该看到，光鲜亮丽的背后也涌动着暗流，它们容易导致大学生不道德行为的发生，甚至因其违法犯罪。这其中，与经营商的不法经营有着很大的关系。如今的互联网，黄色、不健康的信息仍屡禁不止，带有低级趣味的网络游戏仍然占领网络市场，这些网络活动不仅耗费了大学生的大量时间，而且已经严重影响了他们的身心健康。其背后，正是巨大的商业利润在作祟。网络经销商们为了所谓的商业利润，利用大学生们的猎奇心理，一次又一次地侵袭着年轻的心灵，使其深陷其中，欲罢不能。因此，对于经营商的此种行为，监管部门要加大管理力度，提高社会管理水平，改变经销商"利益至上"的传统观念，在社会主义和谐社会里，不能为了经济利益而去损害社会利益，只有社会整体的健康发展，才能保证商业领域的欣欣向荣。所以，通过加强社会管理，进一步净化大学生成长的网络环境，使其愈加明亮，更为透彻。

第二节 教育与自我教育同时开展，增强大学生媒介素养

新媒体环境下，信息传播的自由性、传播方式的个性化、传播者的广泛性、信息获取的即时性、传媒机构的企业化、信息的虚拟性等，这些看似"全新"的优点，同时也具有"危害"的缺点，在促进传播信息大众化的同时，也严重破坏了信息的传播环境，使得人际关系愈加脆弱、并且出现虚拟性、极端性等诸多问题，出现在生活中的例子也不胜枚举。例如"芙蓉姐姐"以她特有的身段展示颠覆了传统的审美观；"90后贱女孩"近乎骄傲地批判了道德对"贱"的否定；流行最广、影响最大的"宁愿坐在宝马车里哭也不愿在自行车上笑"的马诺，这些有悖于传统道德观念的思想行为，不可避免地影响着大学生。因此我们要思考：在数字化的新媒体时代里，传统的思想政治教育应该如何生存？所以，开展媒介素养教育，切实提高大学生的媒介素养水平，加强大学生的自我教育能力，便成为提高当代大学生思想政治教育水平的有效途径之一。

一、加强大学生媒介素养教育的方法

（一）更新思想政治教育内容，开设媒介素养选修课程

生活在信息社会里，每天都要面对纷繁冗杂的媒介信息，如何筛选自己需要的信息，远离有害的信息，成了现代人所必须具备的能力之一。这就需要加强对媒介

素养教育的学习，在信息洪流中能够坚持自我，不受污染。加强大学生的媒介素养教育，有利于增强大学生的媒体道德意识和媒体法制观念，帮助他们树立正确的新媒体观念，从而不仅能够自觉地遵守媒体规范与法律道德，还能够有效地抵抗有害信息，避免新媒体带来的不利影响。因此，将媒介素养教育纳入学校素质教育的范畴，是当前各个高校的首要任务。在此基础上，根据每个学校不同的教学环境来开设媒介素养教育选修课，通过新媒体知识的讲座来普及新媒体，并且在日常的相关教学中要将新媒体应用其中，使媒介素养教育成为各大高校的公共教育。

（二）掌握媒介接触技巧，增强自我保护意识

接触媒介时，最难以把握的就是媒介背后所隐藏的信息，波兹曼把它解释成"隐喻"，"它们更像是一种隐喻，用一种隐蔽但有力的暗示来定义现实世界"。波兹曼认为："媒介的独特之处在于，虽然它指导着我们看待和了解事物的方式，但它的这种介入却往往不为人所注意。"在日常参与的媒介活动中，都存在我们不曾注意的"隐喻"，无论它是何种形式，拥有哪些内容。接触的过程中，需要掌握的最高技巧就是能够发现这些隐喻，就目前的发展趋势来看，媒介的多元化、多样化已经成为主流，作为成年人的大学生们，可以很自由地接触学校内外的一切媒介，多样化的媒介带来丰富多彩的媒介信息，但是其中很大一部分是与大学生没有直接必然的联系的，这就要求大学生们在接触媒介的过程中要有明确的意识，对于自己需要的信息要多加浏览，其他无关信息则要自动屏蔽，所以，要培养大学生掌握媒介接触的技巧，增强自我保护意识。

（三）建设高素质媒介素养教育队伍

对于高校媒介素养教育来说，要定期聘请媒介从业人员，为大学生思想政治教育者开展讲座和学术报告等活动；可以通过社会实践、参观媒体、学生社团等方式来营造积极的学习氛围，并对其进行定期宣传，这样一来，就需要大学生思想政治教育者对媒介的发展动态要密切关注，并能将其引入媒介素养教育的课堂。要拥有素质高、能力强的教师队伍，就要建设多层次、全方位的教育工程，由此培养出来的教师，既具有专业知识也掌握了现代传媒规律，媒介素养教育工作则可以有实质性的发展。

二、加强大学生的自我教育

在中共中央、国务院联合下发的《关于进一步加强和改进大学生思想政治教育的意见》的文件中指出：坚持教育与自我教育相结合，是加强和改进大学生思想政治教育的基本原则。要充分调动大学生的积极性和主动性，同时发挥学校教师和党团组织的教育引导作用，时刻引导学生进行自我教育、自我管理和自我服务。因此，新媒体环境下，要对大学生的自我教育、自我管理给予高度的重视，最终使他们在

思想上和行动上都能够得到提高。

大学校园里，共青团和党支部是大学生主要的组织形式，要高度重视他们的作用，充分发挥他们在政治上和组织上的优势，使其更好地为大学生思想政治教育服务，不断推进大学生的思想政治教育。另外，还要利用好班级、社团等这些学生经常接触的组织形式，在轻松、熟悉的氛围下对大学生进行自我教育、自我管理以及自我服务。例如在班级的日常生活中，可以开展丰富多彩的主题班会活动，在活动中培养大学生团结同学、互帮互助的合作精神，并且不断提高自身的组织能力和实践能力，寓教于乐，使他们体会到人性的光辉，道德的升华。

第三节　校园建设与服务并重，提高网络媒体利用水平

网络思想政治教育是思想政治教育的创新与发展，是人类实践活动由现实领域到虚拟领域的一种延伸。正是因为它是实践活动的产物，所以它的教育理念、教育内容以及教育方法，都需要从实际出发，不断地进行创新与发展。

一、加强校园网络建设，创造有利于师生发展的网络环境

作为新媒体发展的主要代表，网络有其自身的管理特点，因此，对于教师与学生来说，要加强对网络思想政治教育的学习，学会正确使用网络技术。"要全面加强校园网的建设，使网络成为弘扬主旋律、开展思想政治教育的重要手段。要利用校园网为大学生学习、生活提供服务，对大学生进行教育和引导，不断拓展大学生思想政治教育的渠道和空间。要建设好融思想性、知识性、趣味性、服务性于一体的主题教育网站和网页，积极开展生动活泼的网络思想政治教育活动，形成网上网下思想政治教育的合力。"这是党中央对全国各大高校的政策性要求，同时也体现了当今的时代要求。将著名的思想政治教育理论，通过网络生动形象地传播出去，使学生们在乐中学，由乐中思，不但可以提高教学水平，也有利于教师与学生共同学习、共同进步。

二、加强红色网站的建设，提高网站传播的实效性

近年来，思想政治教育类网站受到了越来越多的重视，它们有时候被称为"红色网站"，是一种现代的思想政治教育手段。红色网站能够引导大学生理论学习的主导性，激发理论学习的积极性，因此，对于红色网站的发展，高校应该给予高度的重视，并且积极地发展。

（一）以大学生全面成才的需要为本，充分发挥红色网站的媒介优势

高校红色网站要充分发挥网站的媒介优势，借助网络这个平台，将其建成强大

的思想政治教育理论库，具有许多传统媒体不具备的特点，如系统性、权威性等。高校红色网站是一个关心学生情感诉求，帮助学生思想成长的重要平台。在红色网站上，大学生可以阅读和查询到丰富的马克思主义理论著作；也可以通过影音视听材料进行理论知识的学习，直观地讲解、精辟地分析可以提高大学生学习的效率。此外，网站能够实现信息内容在组织上的超文本链接功能。与纸质著作相比，网络中的理论著作突显了其电子化的特点，且规模大、涉猎广，只要将需要查找的任何一本书的名称，或作者，或出版社输入进去，一定会找到想要阅读的那本书籍，在满足学生们查阅资料的同时，还增强了理论学习的全面性和综合性，极大地提高了学生的学习效率。

（二）注重发挥大学生的主动性，增强理论宣传教育的成效

大学生在接受信息的过程中，通过网络的信息传播，大大地增强了其主动性和选择性，自身的兴趣爱好成为他们主动从网上获取思想理论类信息内容的主要动因之一。网络的理论教育要把重点培养对象放在学生党员、入党积极分子的身上，不断激发他们学习理论知识的主动性，引导他们擅于利用校园网络开展理论学习与交流活动，在网络上形成良好的理论学习氛围。在此基础上，通过这些理论学习对骨干群体的影响和带动作用，激发更多学生对于理论问题的兴趣，吸引更多学生参与到红色网站的理论学习与交流活动中来，使理论内容在交流互动和相互讨论的过程中实现有效的传播。

（三）及时开发和推出大学生喜爱的网络新产品

所谓三网融合，一般指的就是现有的电信网络、互联网以及广播电视网络相互融合，形成一个信息通信网络系统，以支持包括数据、话音和视像在内的所有业务的信息传播。高校红色网站是一个技术和内容不断创新的平台，当三网融合所向披靡之时，它也对高校红色网站的发展有了更高、更新的要求。因此，要提高红色网站传播的时效性，就一定要利用好三网融合的技术优势。目前，微博、校园社区已经成为高校红色网站进行思想政治教育的新阵地，在有效管理、发展之时，也出现了各大高校中的示范典型。例如"红岩网校"，它是重庆邮电大学建立的红色网站，在众多高校红色网站中享有盛誉，连续多年被评为全国高校十佳网站。该网校率先在高校网站中推出"红岩微博"，在不到一个月的时间里就吸引了该校近一半学生的注册。其推出的类似人人网的网络社区"重邮OLINE"更是获得了校内外广大同学的青睐。"红岩微博"借助了微博传播快捷、方式多样的优势，使大学生思想政治教育者通过它来及时、便捷地了解学生们的思想动态，全新的互动体验增进了师生之间的联系，缩短了师生之间的距离。因此，红色网站的发展，要适应三网融合时代的要求，成为大学生喜爱的网络思想政治教育新领域。

高校红色网站要顺应时代发展的特点，既开放自由、又相互融合。在网站建设中，要突出先进性，将其打造成为青年人不断确立目标、不断为之奋斗并且可以终生学习的网上红色圣地；不要简单地追求访问量，而是要鲜明地举起马克思主义的旗帜，不断提升网站的知识内涵，利用网络上理论学习的交互性，吸引对于马克思主义有着浓厚兴趣和信仰追求的学生们的关注和参与。三网融合的背景之下，网络媒体的许多资源需要重新整合，并且时刻跟随新媒体的发展步伐，使红色网站的传播时效性得到切实地提高与加强。

三、不断完善校园网络，加强监控和管理

在发展校园网的同时，高校思想政治教育也要保证网络空间的清澈透明，可以在必要的情况下采取必要的行政、法律等手段，来控制信息的来源，保证信息的无害性。

（一）加强信息法规建设，使校园网的信息管理有章可循

缺乏管理互联网的有力措施，就会导致大量有害信息的出现。因此，国务院专门出台了《互联网信息服务管理办法》对网络进行监管。对于互联网领域来说，这是一份权威性的法律规定。之后又相继出台了《互联网电子邮件服务管理办法》《互联网视听节目服务管理规定》等一系列的相关法律。只有制定全国统一的信息法规，才能对诸如信息机构的设置、生产传播、经营服务和责任等敏感问题，做出明确而具体的规定。所以，要加强和完善校园网的管理，理应制定相关的校园网信息管理条例，使信息服务有法可依、有章可循。

（二）强化"把关人"环节，使校园网的信息得到有力监督

"把关人"是传播学的一个理论，由库尔特·卢因发表的《群体生活的渠道》一书中首先提出。他认为在群体传播过程中存在着一些把关人，只有符合群体规范或把关人生价值标准的信息内容才能进入传播渠道。从最直观的意义上说，就是对传播的信息进行筛选与过滤。如今的网络传播，各种谣言、有害信息肆意传播，就是缺少"把关人"、把关作用弱化的表现。所以，在校园网建设的过程中，要重视"把关人"环节，有效做好校园网的信息监督工作。例如，思想政治教育者本身可以作为"把关人"的角色，或者安排专业素质强、理论水平高的大学生思想政治工作者来管理网络信息的传播，根据国家对大学生思想政治教育的要求，做出对传播信息的审查与判断，使校园网络能够健康有序地发展。

（三）加强大学生网络道德教育，建立校园网络道德规范

网络技术的创新发展，使网络环境更加复杂无序，面对此种情况，要不断探索合理、适用、现代的网络伦理标准，提高大学生的网络道德水平。科学技术虽然在飞速前进，但是中华民族的传统美德却亘古长青，许多基本的伦理准则依然适用于现代信息社会中。网络世界产生了一个新的道德领域，在这里出现的道德问题尤其

值得注意。加强网络道德教育，使大学生认识到，网络世界虽然"虚拟"，但"现实至上"，虚拟性最终离不开现实性，网络世界依然需要道德与责任的约束，所以要加强大学生网络道德的教育，在长期耳濡目染之下，使之内化为大学生的个人信念，以此来教育、约束自己，这样才能真正形成优秀的网络道德品质，并积淀为内外统一的网络道德人格，同时这也是大学生思想政治教育的一个重要内容。

（四）增强大学生的政治敏锐性和鉴别力，提高其综合素质

生活在社会主义社会中，社会主义市场经济的深入发展，使我们今天的生活方式发生了很大的变化，社会主义经济也有了多元化的发展。在社会组织多样化、媒介技术发展快捷化的影响下，大学生获取信息的方式也越来越多，他们的思想观念、价值观念也随之呈现多元化的发展趋势。但是，思想领域存在的热点、难点等问题也随之增多。面对信息时代的挑战，大学生要在坚持马克思列宁主义、毛泽东思想的基础上，不断充实新的理论体系，对其进行深入探索，使之成为树立世界观、人生观、价值观的衡量标准，同时也增强了大学生对于政治的敏锐性和鉴别力，提高了他们的综合素质。

第四节　质量和水平共提升，思想政治教育队伍是保障

高等学校思想政治教育水平的高低、效果的好坏，是关系到党和政府教育方针能否顺利实现的重大问题。"要把建设好高素质、高质量和高水平的思想政治教育队伍，作为加强和改进大学生思想政治教育的重中之重"。面对不断变化的思想政治教育环境，大学生思想政治教育者要充分发扬思想政治教育在社会主义建设中的作用，并且意识到自身的素质高低、能力大小直接影响着思想政治教育的水平。所以在日常的教育教学中，要不断开拓思想政治教育的内容、方法和范围，不断地解放思想、推陈出新、与时俱进，使自身的发展紧随时代发展的步伐。

一、重视教师理论素养的提高

新媒体时代里，高校思想政治教育者队伍建设的重要途径和首要任务，是加强教师理论知识的学习。对于思想政治教育而言，理论知识既包含马克思列宁主义、毛泽东思想和中国特色社会主义理论体系，也包括自然科学和社会科学。学习马克思列宁主义、毛泽东思想和中国特色社会主义理论体系的重要论述，是加强理论学习的基础，只有掌握扎实的理论知识，才能全面自觉地贯彻和执行党的路线、方针和政策，对于各种错误观念的影响，才能及时清除，这样就会避免和减少片面性、绝对化和摇摆性在工作中出现；受信息环境的复杂性、思想意识形态冲击的猛烈性的影响，想要做好思想政治教育工作，就必须要加强教育者的理论学习，而且在学

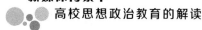

习马克思主义理论的同时，还要提高自己的业务能力，努力钻研，认真学习专业领域以外的其他的学科知识，特别是要注意学习现代先进的信息科学技术，努力掌握各项新媒体技术，不断更新思想观念，充分认识运用新媒体技术在思想政治教育过程中的重大意义，主动加强有关知识的学习。

二、重视教师新媒体技术的运用

开展对教师的技术培训，是新媒体环境下大学生思想政治教育队伍建设的一条必要途径。考虑到大学生思想政治教育者大多在思想素质和文化素质方面已有较高水平，所以应将重点放在信息素质方面的培养，通过培训，使他们不断获得新媒体使用技术的应用技能。针对大学生思想政治教育者的工作素质和工作中的具体要求，结合目前大多数思想政治教育者对新媒体技术的掌握现状，因材施教，有针对性地对其进行相应的技能应用培训，在设置内容时要把握几个原则。

（一）实用原则

大学生思想政治教育者掌握的新媒体技术应以实用性为主，以使用频率高、能直接在工作中运用且具有明显效益的技能为主，着重学习博客、网络教务系统等基本知识以及搜索引擎的使用、飞信短信群发、网络资源共享和下载等基本操作技术，及时了解大学生乐于使用的网络语言等，以求在较短的时间内收到最佳的实际效果。

（二）简明原则

新媒体技术只是给大学生思想政治教育者配备的一种新的教学工具。因此，在强调对他们进行技能培训时，不必花费过多时间去研究其中的技术理论和传播原理，而是应当以简明概括为原则，力求起到事半功倍的效果。

（三）层次原则

对于一般的大学生思想政治教育者和学校各级党政干部而言，新媒体技术可以在不同层次上发挥作用。在培训时应该根据参与培训人员的年龄层次、知识水平、职位职务、业务能力的具体情况，因人授课，授其所需，补其所短，不能千篇一律。同时，科学地选定具体的培训内容。根据大学生思想政治教育者目前的情况，对他们进行新媒体技术的培训，对于主要新媒体如网络媒体中的SNS、微博、博客、IPV6以及手机媒体中的手机上网、手机搜索、手机下载等，要熟练掌握其应用技能，最终紧紧围绕如何通过新媒体获取更为多样、广阔、更贴近学生群体的信息渠道这一主题，以此来促进大学生思想政治教育者观念的更新，把掌握的新技术内化为自身的能力，这样便可以提高整体的大学生思想政治教育者队伍。

第十一章　微时代高校思想政治教育的构建及发展

第一节　思想政治教育话语体系分析转型的目标

"微时代"高校思想政治教育理论话语体系的发展转型目标有两个，是巩固马克思主义话语体系；二是实现育人的目标。在实现目标的过程中，思想政治话语分析体系要不断地改革和创新，这样才能适应时代的发展，而不至于因落后而被时代淘汰。所谓"创新"并不是全盘否定过去的思想政治话语分析体系，而是要在原有分析的基础上，合理地进行高效思想政治话语分析内容的增减，适当改革思想政治话语分析方式，保证学生参与话语分析的全面性和开放性。以下简要对思想政治话语体系转型的两个目标进行分析。

一、强马克思主义话语的主导地位

如前所述，马克思主义是我国各大高校思想政治理论话语体系建立的基础。只有保证了马克思主义在思想政治教育中的主导地位，才能保证高校思想政治教育的方向；只有保证了思想政治话语分析的方向，高校思想政治教育话语分析才有研究的价值与意义。为了实现马克思主义理论在思想政治教育话语分析中主导地位的目标，在进行思想政治话语分析时必须从客观实际出发。对现实中存在的现象进行深入剖析，从中发现思想政治的道理，这才是保证马克思主义理论主导地位的可靠方式。

（一）以马克思主义话语体系统领哲学社会科学话语体系

当前，中国特色社会主义现代化建设取得了举世瞩目的成就，经济实力和综合国力都得到了极大增强，已经成为世界第三大经济体。我国高速发展的经济推动了我国科学技术的突飞猛进，神九问天，蛟龙探海，提升了中国人民的自信心和自豪感。但是，在哲学社会科学话语体系的建构上，我国却始终只能望"西方话语体系"之项背，很少有自己独创的话语表述，一些领域仍然处于"汉话胡说"的阶段。比如，在高校，哲学、经济学、政治学、社会学、法学等学科教育中大多引进西方教材，译介西方理论观点并将其视为不可多得的学术"圣经"。在这样的背景下，大学生"对国外理论照抄照搬、亦步亦趋，拔高甚至神化之，还自以为站在理论前沿，习惯用西方概念来裁剪中国社会现实，而不擅长用正确的立场、观点和方法分析快速转型中的中国社会，企图用西方话语来分析中国问题、解释中国现象，削中国实践之足，适西方理论之履，由此，哲学社会科学话语体系呈现出严重的西化现象""一些西方学术的概念，比如说释义、澄清、遮蔽、去蔽、去魅、文本、话语、解构、颠覆等常出现在中国博士生论文中，是中国年轻学者们比较喜欢运用的。"因此，有必要发展思想政治理论课话语体系，帮助大学生掌握马克思主义基本理论，运用马克思主义立场的观点和方法来分析问题和解决问题，以马克思主义立场的观点和方法来统领哲学社会科学话语体系，推动哲学社会科学的繁荣和发展。

进入 21 世纪，我国哲学社会科学迎来了发展的大好时机，中共中央出台《关于进一步繁荣发展哲学社会科学的意见》，提出，要"努力建设面向现代化、面向世界、面向未来，具有中国特色的哲学社会科学"，要求"扩大我国哲学社会科学在世界上的影响""注意防止照抄照搬、食洋不化的现象"。中国共产党十七届六中全会通过的《关于深化文化体制改革、推动社会主义文化大发展大繁荣若干重大问题的决定》强调，"建设具有中国特色、中国风格、中国气派的哲学社会科学"。李长春在马克思主义理论研究和建设工程会议上进一步提出："如何在学习借鉴人类文明成果的基础上，用中国的理论研究和话语体系解读中国实践、中国道路，不断概括出理论联系实际的、科学的、开放融通的新概念、新范畴、新表述，打造具有中国特色、中国风格、中国气派的哲学社会科学学术话语体系是理论界和学术界面临的重大而紧迫的时代课题。"习近平在全国宣传思想工作会议上指出，"宣传思想工作要着力打造融通中外的新概念、新范畴、新表述，讲好中国故事，传播好中国声音。"党中央的一系列文件、指示为我国哲学社会科学话语体系的创新发展指明了方向。在高校，思想政治理论课话语体系是传播马克思主义理论的重要载体，是引领大学生朝向正确政治方向前进的语言载体。因此，我们必须坚持以发展着的马克思主义为指导，用思想政治理论课话语体系统领哲学社会科学话语体系指导哲学社会科学的发展，使其沿着正确的方向顺利前进。

（二）运用马克思主义分析社会现实问题

当下我国正处于贯彻落实中国共产党十八届三中全会精神、全面深化改革的开局之年，社会矛盾凸显，分配不公、贫富分化、城乡差距拉大、腐败现象依然存在，就业难、就医难等一系列社会现实问题困扰着当代大学生的学习和生活，如果不从理论上对这些问题进行系统分析，不对大学生的思想状况加以正确引导，大学生将会产生思想困惑和心理压力，以至他们对马克思主义理论的信仰动摇，对中国共产党的领导能力产生怀疑。

发展思想政治理论课话语体系，就需要关注社会生活中实际存在的时政热点及难点，并且善于将马克思主义的理论与实际生活中的问题结合起来，正确运用思想政治理论来解决问题，运用符合社会主义社会发展的意识形态思想观念来解决问题，引导大学生正确认识并理性批判存在的各种社会问题，如怎么看待道德现状，怎么遏制腐败现象，怎么解决分配不公，怎么解决住房难，怎么实现教育公平等问题，使大学生能够运用马克思主义立场的观点和方法正确认识并解决这些社会现象和问题。

（三）以马克思主义话语体系的相关理论引领社会思潮

众所周知，社会思潮是特定历史时期，某种思想、文化的大规模流行现象，社会思潮具有警醒人、促进人，推动文化传播的作用。"微时代"高校思想政治教育话语分析体系的建立，其中的目标之一就是要建设以马克思主义体系的相关理论引领的社会思潮。

一方面，马克思主义理论是建设高校思想政治教育话语体系的理论基础，也是高校开展思想政治教育的主要渠道之一。建立以马克思主义理论基础为核心引领的社会思潮就要增强高校思想政治话语分析的吸引力，提升思想政治话语研究的科学性、合理性和实用性，帮助学生提高政治敏锐性，树立科学、牢固的中国特色社会主义理论体系。

另一方面，由于现代网络的流行于大规模发展，网络上时常流传一些"伪哲理"，实质上，这些思想和文化都是披着"心灵鸡汤"的外衣进行的道德捆绑，这些言论抓住了人软弱的心理基础，对人的"三观"进行了攻击，久而久之，这些言论会腐蚀、降低人们辨别正确思想政治文化的能力，进而影响到广大青少年的健康成长。显而易见，这种流行思潮的危害是十分巨大的，为了摆脱这种恶劣的影响，抵制"思想霸权"，我们应该积极地、及时地净化网络环境，而做到这些最关键的一步就是帮助实现以马克思主义相关理论基础为核心的社会思潮的兴起。

二、思想政治教育理论话语分析体系转型的育人目实现学生的全面发展

学生的全面、自由的发展包括学生外在技能的发展以及学生内在的心理素质、道德水平等的提高。高校思想政治教育中马克思主义理论基础认为，人的自由全面发展包括人的活动自由、人的个性解放以及人与社会的自然相处等。而结合我国社会发展的实际情况，思想政治教育又提出了高校培育人要增强学生的社会责任感，明确学生自身作为公民的权利和义务，"以人为本"落实科学发展观，培养的学生要面向未来、面向现代化，还要注重学生自身价值的开发等。

显而易见，实现学生的全面发展，就要通过一教育，这一有效方法。除了各种专业课教授学生专业的知识和技能外，本文着重讲解高校思想政治教育对学生的"教化"作用。思想政治教育理论课可以帮助学生树立正确的"三观"标准和意识，

可以培养学生坚强的意志，可以有效地帮助学生提高心理素质，提高学生思想教育、思想观念等意识层面的能力。值得一提的是，由于思想政治教育的对象是广大青年，所以，在进行教学时要充分考虑大学生的特点，包括年龄、知识背景、专业、学习能力、接受能力、社交方式、社交习惯等方面的特征。只有了解了教育对象的基本学习情况，才能更好地，有针对性地进行思想政治教育，也才能不破坏学生个性的养成。

除此之外，思想政治教育之所以重要还表现在，当前我国仍然处于社会主义初级阶段，我国社会发展的主要任务仍然是坚定不移地走有中国特色的社会主义路线；一切思想、文化的研究、发展仍然是坚持马克思主义理论的基本原理；仍然要坚持改革开放。当前，我国社会的主要矛盾仍然是我国人民物质文化需要的增长与落后的社会生产力之间的矛盾。以上种种就决定了我国社会的发展仍然要靠一人才，因为人才能够更快地接受高校思想政治教育理论的"教化"，人才能够利用学到的知识解决实际生活中社会问题，人才能够运用知识解决矛盾。这样，"以人为本"才能最快地发展起来，政治、经济、文化、社会主义的各项建设等才能更好，更快地发展起来。

新中国成立后，我国的人才培养也经过了漫长、曲折的发展历程，而且，不同的历史阶段，对人才的培育有着不同的目标和侧重点。新中国成立初期，人才的培育要求树立鲜明的无产阶级世界观，既要精通业务工作又要精通业务知识；改革开放后，提出了培育"四有"青年；近年来，提出人才的培养要"从小树立远大志向，德智体美全面发展"。随着我国综合国力的提高，我国人才的培养效果也越来越显著，可以说，一定程度上，我国高校思想政治教育理论话语分析转型的目标是基本完成的。

第二节　思想政治教育话语分析转型的原则

"微时代"高校思想政治教育话语体系转型的原则是思想政治话语分析发展、研究工作中遵循的根本准则，这一原则具有指导思想政治话语分析实践的作用和意义。所以，这一原则的形成也必须要禁得住实践的检验，保证科学、合理和实用。除此之外，思想政治教育话语体系转型的原则还要能够有效指导解决转型过程中出现的新型问题和矛盾，以保证高校思想政治教育话语体系建设的成功创新和成功转型。

一、高校思想政治教育话语分析转型价值性与人文性结合的原则

（一）"微时代"思想政治话语分析转型契合人现实发展的价值

"话语价值与人的价值具有深刻的内在联系，话语价值是人的价值的重要表现，

而思想政治教育是人的价值实现的重要途径"。现代思想政治教育话语作为一种有着明确导向目的的社会实践活动，它不是外在于人的现实需要的抽象活动，而是一种与人的现实生活密切相关并引领人追求自由而全面发展的实践活动。马克思主义以辩证唯物主义和历史唯物主义的立场、观点和方法为基础，科学地揭示了人的本质，指出，个体既不是脱离精神世界的自然存在，也不是超越于物质世界的精神存在，而生活在"一定历史条件和关系中的个人"总是以一定的社会交往形式存在。因此，人就其本质而言不是纯粹的自然存在或精神存在，而是"一切社会关系的总和"的社会存在。

现代思想政治教育话语考量就是对思想政治教育话语的内容、目标、应用实践以及实施效果进行的价值评价与反馈，用以判断思想政治教育话语的社会效益。在社会生活中，人的作用发挥是精神性和物质性的统一，精神性作用为人的发展提供内在动力，物质性作用为人的发展提供外在保障。同样，在现代思想政治教育话语考量中也必须兼顾人的精神性作用和物质性作用的发挥，注重人本考量与物本考量的双向衔接，实现人的内在动力与外在保障的契合。现代思想政治教育话语人本考量是激发受教育者的内在动力，使之成为"自立（能力）、自主（意志）、自律（素质）和自由（个性）性质的个人"，把人的自我作用作为思想政治教育话语考量的关键指标。显然，人本考量以满足受教育者生命存在为前提、以受教育者的自我提升为根本指针。现代思想政治教育话语"以人为本"的理念是对把受教育者当作教育者完成教育实践的工具或对象进行的理性反思，也是对传统思想政治教育话语中革命导向性、政治主题性、发展预设性、理想信念鼓动性和主题内容确定性进行超越的结果。

"以人为本"明确思想政治教育话语的内容和形式应摈弃以客体视角为定位的受教育者，强调话语内容和形式回归人的"生活世界"，突出科学社会主义与人的生活实践的一致性。现代思想政治教育话语内容的"以人为本"指的是话语内容以人的实际需要为出发点，突出人们生活的世界的实际问题。现代思想政治教育话语"物本考量"则关注于思想政治教育话语在人的物质利益实现中的效力大小和实现的优劣程度。当然，物质利益实现是思想政治教育话语有效实践的根本保障，表达并服务于受教育者的物质利益是现代思想政治教育话语赢得社会赞同的基础，一旦动摇了这个基础，就会使现代思想政治教育话语成为"空中楼阁"，进而失去广大群众的信服和支持。邓小平指出："不重视物质利益，对少数先进分子可以，对广大群众不行，一段时间可以，长期不行。革命精神是非常宝贵的，没有革命精神就没有革命行动。但是，革命是在物质利益的基础上产生的，如果只讲牺牲精神，不讲物质利益，那就是唯心论。"因而，现代思想政治教育话语考量必须高度关注受教育者最基本的物质需要的满足，坚持"人本"和"物本"的有机结合，最大限度避免使人成

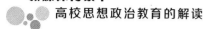

为只有精神需求却没有物质需求、脱离人类实际生活外在理念的——"神"。

中国共产党在领导人民群众改造中国的伟大实践中，逐步形成了一套"人民宗旨——人民标准——代表人民——以人为本"的群众路线的"人本"与"物本"相结合的发展观。这种发展观印证了唯物主义历史观的科学性，体现了中国共产党人始终坚守的宗旨意识，突出了当代中国各项发展"人本"与"物本"的有机统一，为思想政治教育话语提供了最基本的目的导向，深化了现代思想政治教育话语内容和实践"走进人的生活世界"的当代主题。

（二）"微时代"高校思想政治话语分析转型的人文性原则

人文性原则需要在"微时代"高校思想政治教育话语体系创新时保证各项创新工作的人文性，即需要充分保证人的言论自由，解放思想，保证人语言的说服力，增强语言的影响力，保证符合人的实际需求。

"微时代"高校思想政治教育理论话语分析体系转型的人文性原则需要符合科学发展观的要求，即保证人的主体地位，包括思想政治教育话语分析的专家、学者、思想政治教育工作者以及每一个普通高校学生。尤其是要注重学生的参与、学习能力，以富有人文性的话语分析手段和方法进行思想政治话语分析和研究以保证转型、创新工作的实效。

人文性的原则为高校的思想政治教育话语分析工作提供了理论指导和点明了发展方向，人文性的原则符合时代发展需要，也符合每个高校学生健康成长、学生参与各种社会交往活动、社会实践活动等的需要。

（三）应体现社会存在的合理性

韦伯最早提出"合理性"一说，经由霍克海默和阿尔多诺的进一步努力而发展成为"工具理性"。工具理性是指"人们排除价值判断或立足价值中立，以能够计算和预测后果为条件来实现目的的能力，或者说是为了达到一个明确的目的而考虑和使用一切最有效的手段所体现的特质"。现代思想政治教育的目标是促使受教育者的个体发展与中国特色社会主义事业的整体发展协调统一，现代思想政治教育话语的目标是在引领受教育者的思想发展过程中实现人与社会的协同并不断趋近人自由而全面发展的趋势。因此，现代思想政治教育话语要明确人是实现社会目标的手段，人的存在与他人、他物乃至整个世界密切相关，任何人都是"经济范畴的人格化，是一定的阶级关系和利益的承担者——不管个人在主观上怎样超脱各种关系，他在社会意义上总是这些关系的产物"，每个个体都是其他社会条件得以实现的工具。所以，现代思想政治教育话语需要向受教育者传达其"现在"的首要特征是一种对象性存在，而集体主义是维持其对象性存在的基础。如果现代思想政治教育话语漠视或背离了受教育者的"工具性"存在，受教育者就会成为脱离社会实在的自私自利的"非人"而失去其社会存在的必要性。

现代思想政治教育话语中的受教育者是不断追求真善美、实现自我完善、有明确的价值取向的人，而人的价值取向是自我价值和社会价值的相互统一，话语目标指向于人的全面发展。现代思想政治教育话语目标所包含的自我价值就是充分肯定个人维护个体利益、满足自身需要，把促进自我发展的愿望和要求理解为"人之为人"的正当权利和社会存在的基本价值。现代思想政治教育话语目标所包含的社会价值是使受教育者正确认识现实生活中人与人之间、个人与社会之间互为手段和目的的关系，个人不仅要实现自我存在的利益需要，还要对其利益实现过程中所影响的他人和社会负责，在满足他人和社会需要的过程中促使自我发展需要目标的实现。只有这样，个体的发展目标才能得以实现。因此，在落实现代思想政治教育话语目标的活动中，不能回避当代中国社会发展的社会主义属性，既要明确集体主义这一工具性原则、避免单纯的个人利益主张、防止极端个人主义和无政府主义现象的泛滥，又要契合人的发展要求、关切人的利益实现、避免"只讲付出、不讲回报"的超理想主义现象来干扰思想政治教育的实践，最终实现现代思想政治教育话语表达的目的性与工具性的良好衔接。

（四）思想政治教育话语体系创新是从工具理性走向价值理性的要求

思想政治教育话语体系是工具理性与价值理性的统一。传统的思想政治教育话语体系偏重于对工具理性的理解与研究，而忽视了其价值理性。思想政治教育话语体系的创新有其内在的机制原因，既有其作为工具载体必须紧跟工具使用者的发展而进行创新的原因，也有其作为一种话语形式在价值发挥方面活动的必然原因。它在完成思想政治教育任务，将其内容灌输给教育对象后，还应该具有使其产生思想改变的作用，并且在这个过程中，可以对自身的不足进行自我修复。

工具价值观曲解了思想政治教育话语体系的真正目的，即满足人的生存和发展的需要。它不仅仅把话语的运用作为思想政治教育的工具和载体，还可以说明其话语体系的作用和意义。作为一种言语表达形式的话语，需要有一个正确而合理的表达方式，这样才能充分发挥其本质的实践功能。思想政治教育话语体系的创新除了使实践的目标更容易实现，使其的工具作用得到最大限度发挥以外，还有另一个层面的价值，即其自身存在的形式和形态，对其所处的系统应该具备什么样的价值。也就是说，保证思想政治教育话语体系价值理性的存在，只有这样，才能使研究者充分认识到思想政治教育话语体系分析的真正价值、形成完善的自我创新机制，进而实现自觉的、完善的发展。把思想政治教育话语体系的价值统一于工具和价值时，就恢复了价值中目的和手段的真实关系，呈现出其多向性、多维性的特点。因此，弄清思想政治教育话语体系创新的价值，将工具理性提升到与价值理性相统一的层面，才能真正地明白其创新的目的与作用、增加准确性、提高自觉性，进而充分发挥思想政治教育话语体系的巨大价值。

总之，现代思想政治教育话语中的受教育者是自觉维护自我存在价值、民主政治权利、社会经济权利和自我价值实现的新型个体。而且，现代思想政治教育话语又面临着国内外、党内外环境变化所带来的各种挑战。因而，要在加速推进中华民族伟大复兴的中国梦的实践进程中坚持主流意识形态的调节、控制功能。现代思想政治教育话语内容需要创设各种话语情境，把受教育者自我实现的需要与社会发展的需要结合起来，实现受教育者个体主体性与社会发展现代性紧密结合，才能全面凸显现代思想政治教育话语在人的发展中的功能并为引领人的发展提供更加适应的社会基础。

（五）"微时代"高校思想政治教育话语分析应体现社会发展的价值导向性

随着经济全球化，科学技术的革命等，社会的发展水平越来越高，呈现出越来越现代化的表现。随着各种文化潮流的兴起，世界思想和文化方面也呈现出一片繁荣的景象，但是，在这种繁荣景象的背后却隐藏着看似正确，实际却错误地思想、意识等。为了保证我国社会的稳定向前发展，必须提高人们辨别思想、文化正确性的能力，也就需要克服当前社会中存在的思想、文化方面的弊端。

一方面，要克服思想政治话语分析中自我中心主义的泛滥。这种自我中心主义表现在具体事件中就是，思想政治受教育者认为思想政治话语分析存在的唯一价值和目标就是满足思想政治学习者的一切思想、文化需要。显而易见，这种观点是错误的，诚然，思想政治教育具有满足人民群众思想、文化方面需求的作用，但这不是其存在的唯一作用。如果过分夸大了思想政治教育受教育者的主体性，则思想政治话语分析、研究的工作质量和发展水平等都会受到一定程度的限制。

另一方面，克服思想政治教育者教学不当造成的社会本位存在倾向。如前所述，在避免思想政治学习者自我中心主义泛滥的同时，还要避免学生对老师的"唯命是从"，在注重思想政治教育理论课教学的同时，还要保证学生个性的独立，包括思想、行为的开阔、自由等，使学生们能够发散思维、更加有活力、善于创新地投入到思想政治教育话语分析的活动中来，而不要因怕出错而禁锢思想、遵循书本的条形主义来学习思想政治教育等。

总之，社会主义思想政治教育话语分析是一项不断实践，并在实践中发现问题，不断解决问题的历史性过程，它不仅需要思想政治话语体系自身的改造、更新和完善，更加需要思想政治教育者、思想政治学习者等主体个性的不断完善和保持自我价值地不断提升，即人类本身的进步才能推动社会思想政治教育文化的进步，社会的发展必须与人的进步协调统一。

二、思想政治教育话语分析转型方向性和开放性的原则

(一)开放性推动高校思想政治教育话语体系的转型和创新工作

1.“微时代”网络技术在思想政治教育话语转型中的作用

众所周知,当今时代网络的发展速度非常快,这也是“微时代”最显著的特征之一,而网络的发展最大的特征就是各类文化、信息、思想等交流、传播的开放性和时效性。正是由于网络资源共享的便利性、网民们发表言论的便利性以及资料搜索的便利性等特征,通过上网参与高校思想政治话语分析体系转型、创新研究的人越来越多,这就利于转型、创新方案的集思广益,利于发现“新点子”,进而促进高校思想政治教育理论话语分析体系的创新。

2.“微时代”思想政治教育话语体系转型与其他学科的开放性融合

由于高校思想政治教育话语分析研究体系是一个不断发展、变化,不断创新的开放型体系,所以,为了保证研究的先进性和科学性,思想政治教育话语分析的研究与其他学科的融合交流是十分必要的。比如,思想政治教育话语分析与公共关系学、社会学、教育学、心理学、人际关系学、沟通学、语言学等多种学科的融合等。这种融合可以开阔思想政治教育话语分析研究转型的视野,利于思想政治话语分析的创新;多学科融合也利于提高思想政治话语研究的实用性,以切实保证研究的效果;

3.全球性视域下思想政治教育话语体系创新转型的开放性

全球性的文化、思想发展背景对高校思想政治教育话语分析体系转型的影响表现在两个方面,这两个方面无一不体现了思想政治话语分析转型的开放性特征:

一方面,全球化使高校的思想政治教育话语分析能够走出国门,与世界各国的话语分析研究交流、融合等也提高了思想政治话语分析研究的水平,特别是与发达国家话语分析的交流等,可以借鉴和吸取相关方面话语分析的经验和教训,从而促进我国思想政治教育理论的话语分析。

另一方面,全球化使各国、各民族摒弃了本民族狭隘的话语分析研究思维和观念,转而接受开放的、更加先进的现代化话语分析理念,开阔了自己的眼界,同时积极地向世界宣传我国的传统文化、我国的思想政治文化等,这些都利于我国文化的发展,而且对于我国思想政治教育话语分析在全球话语体系中地位的提高也有所帮助。

(二)保证高校思想政治教育话语体系创新的前提是——研究工作的方向性

1.高校思想政治教育不同于一般的理论性课程的教学

它具有鲜明的意识形态性,它的创新也不可避免地受到意识形态的影响。思想政治思想、文化的教学和宣传要与当前国家统治阶级、社会的发展状况等相适应,

第十一章 微时代高校思想政治教育

· 169 ·

也就是思想政治教育具有政治性。我国思想政治教育的意识形态性及政治性表现为无产阶级的意识形态和为人民服务的原则符合我国当前特色社会主义社会的建设。值得一提的是，有观点提出，一个国家的思想阵地如果不被正确的思想、文化、意识等去占领，就会被错误的、消极的思想去统治，为了避免这一现象的出现，我们需要保证高校思想政治教育的正确性，并且保证思想政治教育的实效性。在此基础上，培养大学生的政治敏锐性，坚定马克思主义标志性话语，反对、打击网络或者社会上流行的反社会话语等。

2.坚持高校思想政治教育话语分析体系创新的方向性

保证话语分析研究成果的正确性和研究取得实效的基本原则之一。我国高校思想政治教育的方向性特征有两方面的含义：一方面，帮助受教育者树立正确的人生观、价值观和世界观，保持个体思维方式、意识形态的正当性；另一方面，使受教育者认同和跟随教育对象以及思想政治教育思想、文化、知识所代表的政治力量，也就是保持受教育者思想意识的政治性。以上两点是检验"微时代"高校思想政治教育成功与否的关键性因素，也是当前思想政治教育理论课话语分析体系构建、转型和创新的方向保证。

（三）高校思想政治教育话语体系创新开放性与方向性的辩证统一

开放性是保证高校思想政治话语体系的分析能够走出国门、走向世界并与世界先进的思想、文化话语分析等进行充分交流、融合的基础。开放性采用了当代先进的网络、数字等技术和手段进行思想政治教育理论课的话语分析。此外，还要保证思想政治话语的研究者、分析者、学习者等各个层面的参与者本身的开放性，包括个人主观思维的开放、眼界的开放等。

方向性是要保证高校思想政治教育话语分析坚持马克思主义的基本原理，保证思想政治研究的政治性，使其的各项理论性研究符合大学生实际生产生活、社会交往等行为的需求；使其能够符合当代我国社会主义社会的发展需求；使其符合社会主义精神文明建设的需求；使其保持独立，坚持中国特色社会主义发展方向不动摇。

思想政治教育话语分析体系转型、创新的开放性与方向性是相互统一的，开放性使思想政治教育发展的方向性受到了"威胁"，方向性保证了开放性的原则和发展趋势，二者互为表里，缺一不可，共同保障和促进者"微时代"高校思想政治教育理论话语分析体系的成功转型、升级和创新。

三、"微时代"高校思想政治话语分析转型坚持科学与生活实际结合的原则

（一）"微时代"高校思想政治教育话语体系转型的科学性

科学性原则的目的是要保证高校思想政治教育话语体系转型、创新、研究等各种行为活动的合理性和实效性。坚持科学性原则，需要做到以下三点：

1.理论基础的科学性

在当前"微时代"的背景下,对于我国高校思想政治教育话语分析的转型、创新而言,思想政治研究的理论基础必须是马克思主义的基本原理,这一点是经过我国党和政府的长期实践检验证明的,符合当前我国社会发展的需求,符合广大人民群众的根本利益。

2.研究内容的科学性

研究内容的科学性,包括高校思想政治教育教学内容、教学模式、教学方法,思想政治话语分析内容、话语分析方式、话语分析资源等的科学性。当前我国高校思想政治教育的目的是培养有理想、有道德、有素质、有文化的"四有"青年,一切教学内容为培养我国特色社会主义国家的接班人而服务:教学内容符合我国社会主义核心价值体系的建设,符合我国以爱国主义为核心的民族精神要求。

3.创新过程的科学性

思想政治教育理论课话语分析创新过程的科学性是指在思想政治话语分析时要利用科学的手段和方式进行研究;尊重事物发展的客观规律;注重理论与实践的结合;讲究实事求是,在此基础上,形成科学、实用、合理的,具有正确思想意识的研究规律,并按照这个规律进行一切思想政治教育话语方面的分析。

(二)"微时代"高校思想政治教育理论课话语分析的生活化

1.思想教育话语分析的生活化

是指话语分析研究中的各方面都要尽可能地接近广大学生的日常生活,使学生们能更加容易地理解和接受思想政治教育的各项理论知识。这符合"知识来源于生活""知识离开了生活便是无根之木"的观点。

2.思想政治理论作为一种高于每个人都生存其中的经济社会的上层建筑

容易产生脱离社会实际生活的倾向,这就给广大学生学习、理解思想政治教育理论造成了一种客观的阻碍。为了使人们能更好地理解并更专业地融入高校思想政治教育话语理论分析、研究工作中来,有必要先将思想政治的各种理论、学说放在人们熟悉的生活中进行解剖和分析。有专家也曾提出,思想政治教育内容来源于生活,也对生活中的具体问题的解决提供理论指导,离开了生活的发展,思想政治理论也就没有了研究的意义。没有了思想政治理论的正确指导,人们的生活也会陷入矛盾不可解决、不可调和的不可控现状中去。只有思想政治更加科学、合理、实用的服务于生活,广大人民群众的思维方式、道德品质、道德素养才能真正得到提高,整个社会才能真正进步,高校思想政治教育的话语分析、发展才更加有实效。

3.思想政治教育话语在人们生活中的改变不是一蹴而就的

在这一过程中,人们不断发现问题并不断解决问题,它涉及人们关心的问题、人们需要的事物以及人们生活中了解的事物的方方面面。对于普通大众而言,思想政治教育理论话语过于专业化，过于书面化，因此一般人不能很好地理解。这就需要将各种思想政治意识形态性语言通过社会实践，用生活化的语言表达出来，这样人们才能更好地运用思想政治话语，才能保证每个人都能确切地参与到思想政治话语分析的工作中来。

4.关于思想政治教育话语分析的生活化

国外许多先进的组织研究机构等作出了良好的示范，比如，国外的宗教话语分析、公民教育话语等都是将话语的分析融入了人们日常的学习、工作和生活中。在社会实践中检验和使用研究的话语，在实践中发现话语分析的问题与不足之处并及时改正和解决，这就省略了许多研究完成后再传播到人民群众中间等环节，提高了国家整体的话语研究速度，提高了话语转型的效率。这些成功的例子都可以作为我国思想政治教育话语分析工作借鉴的经验。

（三）思想政治教育话语体系的创新是科学性与生活化双原则的有机统一

"微时代"高校思想政治教育话语分析体系转型的科学性是保证思想政治话语分析专业化、正确性的基础，是为了保证思想政治教育话语研究的实效性和敏捷性而设定的；思想政治话语分析转型的生活化是为了更加贴近群众，为了使群众能感受思想政治教育的魅力，为了帮助群众树立科学的"三观"，感受思想政治理论的力量与价值。在进行思想政治教育话语分析时要保证科学性与生活化的有机统一，只有二者相互配合，才能最大限度保证思想政治话语分析研究理论与实践的综合工作效率。值得一提的是，保证科学化不是意味着"形式主义"，更不是"条文主义"，而是在进行思想政治教育话语分析时要结合实际的需要进行灵活的改正和变化；生活化并不是随意地打乱科学发展的规律与规范，而是要"以人为本"，讲究实事求是。总之，科学性与生活化的有机结合，可以使从事思想政治话语分析的相关专家、学者能够设身处地地为群众考虑，能够换位思考地考虑群众生活中的困难与优势，能够保证提出的理论更加切合实际，能够提高和促进思想政治教育话语分析转型的速度和进度。

三、"微时代"高校思想政治话语分析转型针对性与实效性统一的原则

（一）思想政治教育话语分析的针对性原则

思想政治话语分析面临着国内外、党内外环境变化所带来的各种挑战。因而，在加速推进中华民族伟大复兴的中国梦的实践进程中要坚持主流意识形态的调节控制功能，现代思想政治教育话语内容需要创设各种话语情境，把受教育者自我实现的需要与社会发展的需要结合起来，实现受教育者个体主体性与社会发展现代性的紧密结合，这样才能全面凸显现代思想政治教育话语在人的发展中的功能并为引领人的发展提供更加适宜的社会基础。

作为高校思想政治教育的受众对象以及思想政治话语分析参与主体一广大人民群众来说，人的知识背景、认知水平、接受能力、使用话语的能力等都各有不同，这种不同表现为层级的分层现象，当然，也正是由于这种分层现象，导致了思想政治教育话语分析的多样性，为了保证思想政治教育话语分析研究效果的实效性，需要分层次、有针对性地对不同认知层面的学生或者普通人民群众进行专门的教育，这就是思想政治话语分析针对性原则的手段和目的。

（二）"微时代"思想政治教育话语分析的实效性原则

实效性，是思想政治教育话语分析体系发展、研究等各项实践性活动的检验标准，只有保证思想政治话语分析体系的转型成功满足了群众需求，能够帮助群众解决实际的问题，能够满足大学生的思想、政治、意识形态、文化需求等条件，思想政治话语分析的转型才算真正的成功。不仅如此，思想政治教育话语分析体系的创新也是以此为标准，任何禁不住实践检验的创新都不是成功的创新，即使满足了一段时间的社会发展需求，也终究会在急速发展的时代浪潮中"原形毕露"。特别是当前"微时代"的发展背景下，一切文化、主流思想、政治意识等受到了现代网络思想、网络文化等的冲击，在这样的时代发展背景下，这种特征更加明显。因此，为了保证思想政治话语分析研究的科学性、正确性、先进性，我们有必要遵循、运用思想政治话语转型的实效性原则并将这种原则付诸实践活动来检验。

第三节 高校思想政治教育话语分析转型的载体

在当前"微时代"的背景下，高校思想政治教育话语分析的转型、创新手段和模式也进行了更新和发展，包括话语分析的载体也发生了变化，研究这些载体的内容、传递形式、传输作用等是高校思想政治教育话语分析开辟新途径的重要方法。以下简要介绍几种当前高校思想政治话语分析的载体类型。

一、"微时代"文化载体

（一）"微时代"高校文化载体的类型

"微时代"高校思想政治教育文化载体的类型分为校园内部的文化载体和校园外的文化载体两部分。研究高校的思想政治教育话语分析，大多涉及校园内部的文化载体，当然，由于现代网络技术的发达，学生们在校园内就可以知道校园外、国外以及全球各地的思想政治话语分析情况，所以，从这一层面来说，文化载体也并没有校园内外之分。但是，为了研究的方便进行，本文仍然区分了文化载体的校内与校外，校外的文化载体涉及了思想政治话语分析的实践活动，因此，校外的文化载体更加具有实用性，反映的现时中的问题也迅速一些，但是，研究起来也较校内文化载体困难一些。

1.高校思想政治话语分析校外文化载体分析

由于校外包括的范围和涉及的研究层面比较广阔，所以，校外的思想政治话语分析资源也相对充足。校外的文化载体形式包括思想政治话语研究组织、文化团体、思想政治教育专家讲座、思想政治学术交流会等。

2.高校思想政治话语分析校内文化载体研究

（1）高校思想政治教育话语分析的校园文化载体

校园文化载体是指以学校教师和学生为主体参与的一切物质和精神领域创造出来的文化以及参与的文化活动的总和，包括文化的产生、传播、教学、学习、交流等各个环节，其中学校师生所在的校园环境，师生参与的教学实践、价值观念树立活动、人际交往活动等也都属于文化载体的范围。

（2）文化载体之校园文化简介

一方面，校园文化产自校园这个学术气息浓郁的特定环境，就将文化印上了深深的"校园"烙印，这就不可避免地导致校园文化具有局限性，但是，校园这个特定的教书育人的场所也使各种文化的研究更为严谨。由于学校教学设施、教学器材、教学资源的齐全等，校园文化的专业性也是一般性文化研究不可比拟的。

另一方面，如同校园内学生来自全国各地，一定程度上可以代表全国人民的道理一样，校园文化也是大众文化的一个有代表性的缩影。在当前"微时代"的发展背景下，校外文化载体的功能和作用，校园文化基本都能实现，不同的是，校园文化汲取了一些专家、学者著作中的先进理论和经验，并且以此来进行教学工作，这就给高校思想政治教育话语分析的研究工作培养了后备人才和提供了知识基础保障，这就大大提高了高校思想政治理论课话语分析的效率。

（二）"微时代"文化载体的合理开发和利用

1."微时代"校园文化载体的开发和利用

校园文化是校园内广大师生进行文化实践创造、继承和传播校园精神文化的总和，是学校教书育人的重要资源，是学校内在的精神品质和灵魂，也是学生们学习知识、老师们进行教学活动以及包括师生研究思想政治话语分析在内的一切研究性事物的知识源泉。校园文化的丰富与否、内涵深刻与否直接影响到学校教学水平的高低。校园文化能否满足学生的精神文化需求，能够正确指导学生世界观、人生观、价值观的形成等是衡量一个学校文化价值和教学实力的重要因素。

校园文化具体包括的内容可以分为三个层面：第一，物质文化。学校的地理位置、校园布局、学校建设、学校建筑风格、教学设施、学校自然环境等都属于校园物质文化的范畴。物质文化是校园文化的外在表象；第二，制度文化。制度文化是人为的，充分发挥人的主观能动性而创造的文化，校园制度文化包括学校的组织机构管理、学校的行为规范、学校的管理制度等；第三，精神文化。精神文化是校园文化的本质和核心。精神文化包括学校的书本知识、学校的教学宗旨、教学理念、学校的优秀传统、师生的价值观念等。

（1）"微时代"校园文化的特点

校园文化相对于一般文化而言，具有十分鲜明的特点，这些特点在"微时代"这个背景下更为明显。校园文化的鲜明特点主要表现在三个方面：第一，超前性，因为我国教育的原则是面向现代、面向未来，而且我国教育的目标是为我国未来的社会主义建设培养人才，所以，我国各大高校的教育具有一定超越时代的前瞻性；第二，学术性，这是校园文化区别于大众文化的一个最显著的特点。校园文化的学术性使得学校的教育、学校的各项研究性活动更加专业化；第三，延伸性，校园文化的这一特点是一般性大众文化所不具有的。延伸性是指校园文化除了用在教育方面外，还用在许多相互关联学科的知识分析、课外解读等方面，这些都是需要学生以及每个个体去自我领悟的，这与我国传统文化博大精深的特点也是分不开的，具有一定的神秘性。

（2）"微时代"校园文化的功能

如前所述，校园文化的特点是其他一般性文化所不能比拟的，因为校园文化鲜明的特点，导致了校园文化的功能和作用也是十分独特的。以下简要介绍校园文化的几项功能：

①"微时代"校园文化的导向性

由于校园文化具有教育、培养人的功能，特别是高校的思想政治教育专业，它具有帮助学生树立理想，指导学生人生方向，点明学生行为准则的作用，这就是思想政治校园文化导向功能的体现。

②"微时代"校园文化的激励机制

校园文化更多的是培养学生的能力和素质全方位的提高和发展，特别是在"微时代"这个背景下，校园文化不似社会上的文化复杂，也不似网络上文化现象的良莠不齐，校园文化可以说是网络时代文化现实发展的一片净土。因此，校园文化给人的作用是积极、向上，有鼓励和激励作用的文化。它使人保持自信，精神饱满，而使人保持良好的状态，也是校园成为学习、研究的良好环境的原因所在。

③"微时代"校园文化的凝心聚力功能

校园文化具有帮助人树立理想，培养人生目标的作用，校园文化具有继承和发展我国传统文化的作用，而这些理想和我国的传统文化的基础就是爱国主义，爱国主义也是我国的民族精神的核心。所以，在发生重大历史事件时，学生们能够自觉、主动并且坚定不移地凝聚在一起，这都是受到爱国主义精神的影响，而这种爱国主义的来源就是一校园文化的传播。诚然，这种校园文化的向心力和凝聚力也是其他一般性文化不可比拟的。

④"微时代"校园文化潜移默化的功能

校园作为专业性学术研究的诞生和发展之地，校园环境就自带一种严谨、严肃、科学的文化氛围，加之学校通过各种教育手段努力使每个学生都能增长才干，全面提高学生素质。所以，长期浸润在校园当中，不可避免会被校园文化这种氛围影响，耳濡目染地就会规范自己的行为，进而使自身的思想政治品德素质得到提高，这就是校园文化潜移默化功能的体现。

⑤"微时代"校园文化的协调功能

校园环境作为一个社会的缩影，它也有明确的组织和分工，各种社团、管理部门、服务部门等区分得井然有序。在校园文化的教学、发展社会实践中，校园学生、老师等相互配合，共同完成教、学的工作，在此过程中难免发生碰撞、冲突，在这种情况下，师生会积极地寻求解决问题的方法和途径，而这与校园文化自我协调的功能和作用是分不开的。校园文化使师生们地位更加平等，更注重文明、礼貌，更加尊师重教。

⑥"微时代"校园文化的辐射功能

校园文化使每个在学校的人都能学到或者领略到校园文化丰富的内涵和文化的价值等，校园文化通过每个学生、老师、专家、学者的社会行为、社交活动等带到了社会上的各个小圈子里，进而影响到这些人周围的人和事物的存在和发展，这就是校园文化辐射功能的体现。

（3）"微时代"校园文化的建设和改造

①"微时代"校园文化建设的目的和意义

"微时代"校园文化建设和改造的目的是使原有的校园文化更加适应时代的发展，更加适合学生的成长以及更加利于各类文化、知识、学术的教授、发展和研究。当然，使文化更优秀以便培养出更加适合我国社会主义建设接班人也是改造校园文化的重要目标之一。

值得一提的是，校园文化的建设和改造要依据原有校园文化发展的客观规律进行，尽量避免对原有文化的破坏，文化改造要有计划，有目的，保证全面、系统和完善的进行。改造后的校园文化对于"微时代"高校的思想政治教育理论话语分析而言也具有十分重要的意义。

②建设和改造校园文化的措施

A.校园文化环境的建设和改造

校园文化环境的建设和改造，分为以下三个方面：

第一，校园自然环境方面。自然环境的建设和改造包括校园的绿化、美化，校园的建筑风格，教学楼的布局，大型教学器材的摆放，体育场馆的建设等方面。校园自然环境的建设与学校的经济实力、物力完善等因素有关系，在进行校园自然环境建设时，要保证各布局建设的实用性，还要注意保持美感，这样才能吸引广大的学生、专家、学者前来学习、生活。

第二，校园精神环境方面。如前所述，校园精神文明方面的建设是校园环境建设的核心，它与校园文化的联系最为密切。校园精神环境的建设包括学校的传统、校风、校训、学校的教育制度、学校的政策向导等。校园精神环境的建设和改造应该坚持创新和先进的原则，还要体现学校的教育理念和教育方向。

第三，校园制度环境方面。校园的制度环境建设与校园文化以及校园精神环境的建设有着很大的关系。科学、严谨、行之有效的校园制度环境可以保证学校教育的教学质量，可以给广大学生提供公正、公平、公开的制度保障；良好的校园制度环境建设还能体现学校的精神面貌和学校的文化品位，进而体现具有学校特色的时代化精神。

B.校园文化的建设和改造措施

第一，知识型文化建设。为了使学生能巩固学到的知识，为了检验学生学习文化的情况，以及为了增加学生学习知识的趣味性，学校可以定期组织相关科目的学术讲座，组织社团、研讨会、知识竞赛、校园文化艺术节等活动。这种活动不仅能够有效促进学生参加校园文化实践活动，而且对于拉近师生之间关系、学生之间关系以及打造校园和谐的学习氛围等都有十分重要的意义。

第二，审美型文化建设。众所周知，审美与艺术有着不可分割的关系，为了提高学生的艺术敏感度，为了促进学生德智体美的全面发展，学校可以组织相关的文学创作、书法比赛、形象设计展览、摄影比赛、舞蹈表演、音乐欣赏、相声欣赏、体育运动会等活动。这种活动可以有效提高学生审美，而且能够陶冶情操，丰富校园文化；磨炼学生意志，充实学生的学校生活等。

第三，精神型文化建设。如同上一点介绍的校园审美文化环境的建设，校园精神文化的建设和改造也是校园文化建设的重要组成部分。精神型文化建设要保证学生世界观、人生观、价值观的正确性，在此基础上促进学生的身体、心理素质的全面提高，这与本文研究的高校思想政治教育有着十分密切的关系。除此之外，学校可以开展各种心理课、心理教程、心理咨询等活动，保持学生心理的健康，以有效减少当代学生的学习、生活等压力，以保证学生的健康成长。

③建设和改造校园文化的注意事项

众所周知，我国党和政府十分重视我国教育事业的发展和建设，校园文化的建设和改造也受到了各级政府以及教育管理相关部门的指导和监督。我国党和政府在教育改革相关方面的规定包括，建设校园文化要保证体现我国特色社会主义的特点，体现当前的时代特征以及体现学校的特色；学校教育要积极、向上、丰富多彩，以保证学生的德、智、体、美全面发展；在注重学生心理素质、身体素质提高的同时，还要注意对学生优良品德的培养。

校园文化的建设和改造，一方面，要把握好文化建设的方向和原则，保证思想意识不偏离。注重校园文化建设的丰富性、多样性和内涵性，重视文化建设的教育意义。在关注文化理论建设的同时，还要保证文化的实用性，使校园文化能够真正指导社会实践；另一方面，校园文化的建设和改造要注意对各部门、各环节的监控、监督和管理，学校党委或者相关部门可以定期查验，以保证文化改造的正确性。除此之外，还要积极引进外资或者吸引相关社会上大型公司的投资等，以保证校园文化建设的先进性。

2."微时代"校外文化载体的开发和利用

如前所述，校外文化载体较之校内资源更加丰富，可利用性更强。校外文化载体的利用和开发需要注意以下几个方面：

第一，处理好文化多样化与主旋律的关系。

在当前网络盛行的时代背景下，各种文化都极为迅速地崛起和发展起来，世界文化呈现出交流、融合的现象与趋势。但是，也有一些消极、落后、低俗文化对正面文化侵蚀的现象，对于这种现象，我们要保持高度的政治敏锐性，坚持以马克思主义理论的基本原则和方法论来判断和分析文化，努力打造大众喜闻乐见的文化。特别是广大大学生，他们作为我国未来社会主义建设的接班人，他们更需要明辨"是非"，以保证自己学到的知识和接触到的文化都能陶冶情操、开阔思想，从而全面地提高自己。

第二，文化载体的开发策略。

关于社会上文化事业的发展，中共中央、国务院等相关部门曾指出，宣传、新闻、出版、文艺等方面的文化事业单位要积极弘扬马克思主义、共产主义的主旋律，为群众提供丰富、健康的精神食粮并为创建良好的社会阅读氛围做贡献。由此可见，事业单位保持文化产业开发的主旋律符合广大人民群众的需求，符合我国现代社会发展的生产力需要，是利国利民的产业开发行为。

第三，大学生对校外文化载体的运用。

由于我国施行开放的教学、教育政策，当前我国很多大学的教育已经实行了全面开放化，学校组织学生们开展社区文化，体会军营文化等使学生们开阔了眼界、增强了对文化实践的认识；学校组织学生参观纪念馆、博物馆以及烈士陵园等培养了学生爱国主义的民族精神，使学生树立了正确的"三观"，有助于学生学习和传承思想政治教育思想，有助于高校思想政治教育理论课话语分析实践活动的开展，此外，对于学校教学水平的提高、思想政治文化知识的传播等也大有裨益。

二、活动载体

（一）活动载体的类型

大学生思想政治教育的活动载体，从其分类上讲具有多样性的特点。按照活动目的和内容的不同，可以分为调查研究型、宣传鼓动型、实践劳动型、科技开发型、社区服务型、勤工助学型等。

调查研究型，此类活动的主要目的是了解历史、认识国情，在实践中接受教育，解决错误的思想问题。调查研究活动一般都有明确的目的和需要解决的具体问题，调查的内容包括经济、政治、教育、科学、卫生、人口、环境及社会热点问题等各个方面。这一活动的开展有利于学生把理论和实践紧密结合起来，在实践中加深对理论问题的理解。

宣传鼓动型，此类活动主要是组织大学生深入人民群众，广泛宣传党的路线、方针政策和时事，使广大群众进一步了解国家的政策。

实践劳动型，此类活动的主要目的是加强知识分子尤其是青年学生对劳动生活的体验，加深他们与劳动人民的感情，提高他们的思想品德素质。

科技开发型，此类活动的主要目的在于利用社会实践活动的优势，提高大学生的科研能力和知识应用水平，进而培养他们适应社会经济和科技发展的能力，使其能更好地为经济发展做贡献。

社区服务型，此类活动的目的主要是培养大学生的奉献精神和团结互助精神，增强大学生的社会责任感。

勤工助学型，此类活动的主要目的一是使大学生在劳动实践中接受锻炼，增长知识和才干；二是使大学生通过自己的劳动获取一定的经济报酬，使其能够更顺利地完成学业，这对于那些贫困的大学生来说是十分有利的。通过参与活动，他们完成了成长、蜕变，实践活动也培养了他们艰苦奋斗、自立自强的宝贵精神和品质。

（二）活动载体的组织形式

1.党团组织活动

高校中的党团组织，是在上级党委领导下对学生进行思想政治教育、管理的基层组织，担负着贯彻落实党的教育方针，实现学校的德育目标的重要任务，是高等学校向学生全面开展德育工作的组织基础。高校的党团组织具有组织严密、结构稳定等特征，是一种典型的正式组织，它肩负着对大学生党员及广大大学生进行系统的、有计划的思想政治教育的任务，是高校进行思想政治教育的有效载体。在大学生的思想政治教育中，学校党团组织的活动是极其重要的渠道，学校思想政治教育的任务、内容和要求，大部分要通过学生中的党团组织贯彻到学生中去。学生党团组织活动具有鲜明的政治性、规范性、教育性，是引导大学生进行自我教育的主要途径。学校党团组织可以针对大学生的特点，通过诸如马克思主义研究会、党的基本知识学习小组、党课团课教育、时事政策讲座、参观访问、社会调查、社会公益劳动、各种知识竞赛以及丰富多彩的文艺、体育活动等形式，来对大学生进行日常的思想政治教育。把学生党团组织建设与学生思想政治教育实践活动结合起来，这是高校党团建设实践中必须始终坚持的一条重要原则，也是一条重要经验。

在新的历史条件下，要从多方面入手加强党团组织活动在大学生思想政治教育中的重要作用；要创新学生党支部的活动组织方式，增强其凝聚力和战斗力，使其成为开展思想政治教育的坚强堡垒；要充分发挥共青团和学生组织在教育、团结和联系大学生方面的优势，通过各种主题教育活动和服务活动把广大学生紧密团结在党的周围，以便更好地发挥学校党团组织的桥梁和纽带作用；要着力加强班集体建设，组织开展丰富多彩的主题班会等活动，发挥学校党团组织的团结学生、组织学生、教育学生的职能；要注重改进和提高党团组织的活动质量，做到高品位、高层次，增强党团组织活动的吸引力和感染力。

2.学校组织的社团活动

众所周知，学校社团的组织和建立，符合时代发展的要求，满足了学生参与社会实践的要求；参与相关专业的社团利于拉近师生之间、学生之间的人际关系，利于挖掘学生潜能，对于高校学生兴趣、爱好的培养也有着十分重要的促进作用。与社会上的各种社团相比，高校校园社团更加具有集中性、凝聚力、知识性、科学性与趣味性。此外，高校社团的管理和组织直接对学生会、班干部、各学校管理部门等负责，这也决定了社团秩序的严谨性，保证了学校社团活动氛围的和谐、友好性，基于此，社团组织的各种社会实践活动，开展的各种学术研讨会等践行效果和取得的成绩也会更加理想。

值得一提的是，学校社团的发展、建立和管理也不都是一帆风顺的，学校社团的发展也面临许多现实的问题和困难。诸如，社团管理困难，社团组织人数过少或者过多，社团制度不完善，社团内部行政腐败，社团经费有限以及高校社团发展不平衡等都是阻碍社团进一步发展的问题，如果不能重视并尽快解决这些问题，学校社团的发展态势会越来越差，失人心，进而被淘汰。

为了帮助学校社团保持可持续发展，学校相关管理部门应该坚持四项基本原则，坚持党和政府颁布的各项政策和规定并结合学校社团发展的实际情况来指导和管理各项社团活动以及社团的日常事务，以保证社团发展方向的正确性。学校要加强对社团的监督和管理力度，制订切实可行的社团管理计划，严格监察社团的一切重大活动，以保证社团内部管理层面工作的有效性。此外，为了更好地发挥校园社团的各项功能和作用，每个高校学生、每个参与社团的个体应该自觉履行参与社团的责任和义务，明确参与社团的规章和制度，对自己的言行负责，每个人都要对社团的管理、发展等进行监督，举报不正当的社团管理行为等以保证社团发展的绿色、健康和可持续性。以下简要对学校的几种社团类型进行介绍：

（1）高校文体性社团

顾名思义，文体性社团包括文艺和体育两种类型的社团。文艺类社团在大学校园内受到了广泛的欢迎，特别是在文科类院校中，文艺类社团的报名、参团人数等场场爆满。比如，书法社、美术社、演讲社、辩论社、诗词社、京剧社、摄影社、体育社、街舞社、瑜伽社、健美操社等。

（2）高校学术性社团

高校的学术性社团最大的特点就是社团参与人员、社团研究项目的专业性。这类社团一般会有专业的教师指导和带领，这种类型的社团准入门槛比较高，参与学术性社团可以有效地提高学生的专业知识、增长见识，可以很好地丰富学生的校园生活。比如，文学社、心理学社、思想政治教育社、历史社、艺术设计社、报告社等都是专业性较强的高校学术性社团。

（3）高校服务性社团

服务性社团的主要任务是通过社团成员的劳动为校园内的老师、学生等人群或部门提供服务。这种服务有的为义务类型，有的是学生的勤工俭学有偿性服务，社团成员们利用业余时间，在学校周边的报亭、超市、洗衣部、理发室等场所工作。学生们通过工作充实了在学校的日常生活，学生在活动中进行社会实践体验，完善了自己的个性，也增长了个人的技能。

（4）高校科技性社团

高校科技性社团也是一种专业性较强的组织，科技社团成员一般具有简单的技能、维修等技术，社团活动多在节假日或者学生的课余时间进行。社团常见活动包括，义务的技术支援、参加企业讲座、参加技术咨询会等。

综上所述，组织社团可以有效地召集、组织学生参加一系列有益的社会实践活动，利于凝聚学生的力量，利于培养学生团结、合作的意识和能力；参与社团活动也可以有效地帮助学生完善独立的个性，帮助学生实现自我管理和自我教育；参与社团组织的社会实践可以深化学生学习的包括思想政治教育在内的一切理论知识，利于学生陶冶情操，对于学生的健康成长有着十分重要的意义。

3.社会实践活动

社会实践活动是大学生思想政治教育的重要环节。共青团中央和中国青少年研究中心进行的一项调查显示，有65.1%的大学生认为，在高等院校中开展思想政治教育最有效的途径是参加社会实践活动。大学生参与社会实践能充实学科的课堂教学内容，拓宽教学渠道，有效完善学校实践教学体系。调查发现，当前许多高校的学校课程教育仍然以理论教育为主，实践教学课时比较少且渠道单一，学生实际的专业技能和综合能力培养不够，因此，学生的社会实践参与能力还有所欠缺。大学生需要将理论知识转化为实际能力，才能更好地适应社会需要。在社会实践中，学生会遇到很多具体问题，学生需要动手、动脑，需要思考、解决这些实际问题。在解决这些广泛的现实问题中，学生学到了在学校里学不到的知识，得到了在学校里得不到的锻炼，知识和能力得到了全面拓展和提高。在新的历史时期，知识经济的崛起和素质教育的拓展，对青年学生参与社会实践提出了更高的要求，社会实践成为大学生必备的人生经历和成才的重要途径。

社会实践是大学德育中理论与实践相结合、学校教育与自我教育相结合、学校教育与社会教育相结合的关键环节和根本纽带。当前，开创大学德育的新局面，迫切需要进一步探索和改进大学生的社会实践，把大学生的社会实践活动不断引向深入。当前，我国大学生的社会实践活动呈现出一些新的发展趋势，主要表现为：第一，从感知实践向参与实践发展；第二，从注重思想进步向全面提高素质发展；第三，从"单项结合"向"双向结合"发展；第四，从形式单一向多样化发展；第五，从无序实践向有序实践发展。

社会实践不仅具有教学功能和服务功能，而且具有德育功能和社会化功能。大学生社会实践活动是课堂教学的延伸，是加强学生思想政治教育、培养锻炼综合能力、全面提高素质的有效途径，也是加强学校与社会联系、促进共同发展的桥梁和纽带。大学生社会实践活动，作为一种行之有效的思想政治教育形式，能够有效地引导青年学生走与工农相结合，与实践相结合的成才之路。大学生社会实践活动通过社会调查、劳动锻炼、科技服务、技术培训、产品促销等形式进行，参与社会实践活动对大学生思想政治教育起到了非常重要的作用。在长期的实践过程中，学校大学生社会实践管理部门总结出了许多好的活动形式和实践内容，如支教、普法宣传、党的理论宣传、义务文艺演出等，这些优秀的经验值得相关部门继续弘扬和继承。

关于大学生社会实践活动的内容和形式如何进行创新才能增强吸引力和实效性问题，要着重从以下几方面入手解决：一是社会实践活动要满足学生个性发展的要求，最大限度拓宽活动领域。大学生社会实践活动可分为勤工助学、实习、科技、文化、卫生"三下乡"和青年志愿者行动等若干种类，学生可根据社会的需要和自己的实际情况选择适合的时间和项目进行实践。如贫困生可选择勤工助学；农村生源的学生可参加社区服务实践；城市生源的学生可参加寒暑期"三下乡"了解农村发展状况等，这样的实践活动能满足学生个性发展的需要。二是社会实践活动要适应市场经济发展的需要，实践活动内容要丰富。社会主义市场经济的深入发展，带来了越来越多的有偿或无偿的短期工作机会，如各种钟点工、志愿者翻译、会场礼仪，等等。同时随着高校体制改革的进一步深化和后勤社会化，高校与社会企业的联系更加紧密，学生自我管理、自我服务的模式逐步形成，弹性学分制进一步确立，这都丰富了大学生社会实践的内容，拓宽了实践活动的领域。三是在社会实践活动开展的过程中要更加注重"点"与"面"的结合。大学生社会实践活动作为一项社会性活动，就其主要意义而言，在于其参与的普遍性。我们要努力扩大活动的参与面和覆盖面，使在校大学生都能受到教育，得到锻炼。高校团组织要及时解决活动过程中遇到的问题，同时要抓好学生骨干的选拔和培训，发挥学生骨干的带头作用，做到"点面结合，以点带面"。

（三）活动载体的功能开发与拓展

众所周知，思想政治教育话语分析是一项思想政治教育方面的社会实践活动，所以，提高活动载体的功能开发与拓展对于提高思想政治话语分析研究的发展水平和质量有着十分重要的意义。以下简要分析思想政治活动载体的教育功能：

1.导向功能

实践的力量往往比理论的力量更有说服力。对大学生进行理论教育是非常重要的，但是仅有理论的引导还无法解决学生的所有认识问题，还必须借助于社会实践，把理论上的结论放到实践中去检验和分析，从理论联系实际的层面去加深对理论的理解与认同。社会实践活动增加了大学生同社会接触的机会，在学生们参与社会实践，越来越多接触社会的同时，可以加深学生们对党和政府各项方针、政策的理解，增进了学生对社会的责任感，进而帮助学生们树立理想，奠定正确的社会价值观念。

2.激发功能

参加思想政治教育社会实践活动主要有两方面的激发功能：

一方面，参与思想政治教育社会实践，可以促进学生对思想政治理论知识的理解，利于提高学生们将学到的知识运用到社会实践中的能力，利于帮助学生树立正确的"三观"；参加思想政治教育社会实践也利于思想政治教育话语分析水平的提高，实现研究的科学性、实用性；此外，学生参加思想政治教育社会实践，利于提出新课题，利于培养学生独立自主的创新精神，这一点对于培养创新型人才有着十分重要的意义。

另一方面，参加思想政治教育社会实践，可以培养学生们的团队精神，利于实现人际关系的和谐、实现学生间的友好交往；利于培养学生的社会责任感和主人翁意识；利于实现学生的自我管理，培养学生不屈不挠、勇于面对挫折的精神和品质，进而实现学生的自我超越。

3.评价功能

社会实践活动的评价功能可以帮助大学生在现实问题面前进行正确的选择，促进大学生价值判断能力和选择能力的提高。大学生在社会实践活动中可以把自己亲身获得的、来自各方面的社会信息汇集起来，进行去伪存真、去粗取精的加工处理，从大量繁杂的信息中做出正确的评价和选择。

三、管理载体

（一）管理载体的类型

管理载体涉及学生生活的方方面面，包括学校教学管理、学校行政、学生的自主管理和服务以及学生个人日常生活的管理等，以下简要对各种管理载体进行总结：

1.教学管理载体的功能和作用探究

众所周知，教学管理工作是学校行政管理的重要组成部分，与学生的校园学习和生活等有着十分密切的关系，包括学生后勤生活管理、学籍、考勤制度、毕业实习、学生毕业等的管理。管理工作做得好，学生们会更加喜爱学校，更加喜爱学校的生活，才能更加投入地参与到思想政治教育话语分析的研究中来，反之，管理载体的功能和作用不能全面实现，学生们会因学校学习和生活的混乱等无心学业，这就大大影响到了学校的教学质量提升以及广大学生的健康成长。为了保证教学管理载体功能和作用的正常发挥，管理部门应该坚持使用德、智、体、美全面的学生考核办法，坚持理论与实践相结合的原则，对学生进行指导和管理。

2.校园行政管理载体的作用

校园行政管理属于教学管理的一部分，但是，由于校园行政管理主要传递和执行国家、政府以及各级教育部等的教育方针和政策，所以，各大学逐渐将校园行政管理部门从教学管理部门中分离出来。但是，有的学校行政管理处依然负责学校规章制度的制定、整顿校风校纪等工作。

校园行政管理，需要注意两方面的问题，一是，评比制度，包括教学方法、教学模式、学生成绩、教学改革方案等的评比，教学评比活动是一种较为有效的校务管理办法，受到了许多高校的广泛采用；二是，奖惩制度，顾名思义，奖惩制度是建立在评比制度基础上的，奖惩制度用于对一些错误、恶劣的违法乱纪行为实行处分，对优秀学生、优秀事迹、优秀教学行为进行奖励等方面。

由于校园行政管理部门是学校各权力执行的中心部门，所以，行政管理部门工作效率的科学、合理、实用与否直接关系到学校建设、学校教学水平、学校形象等的优劣。为了保证学校能够健康、有序、积极、向上地发展下去，以及为了提高高校思想政治教育话语分析的研究水平，学校行政管理部门应该坚持党的路线和各项方针、政策，规范各项规章制度，严格执行程序；引导学生遵纪守法，爱国，树立理想，团结，关心集体；帮助学生实现勤奋学习，健康成长的目标。

3.学生的自主管理载体

学生的自我管理，包括在自身学习方面的管理、校园生活的管理、人际交往的管理以及学生组织开展研究性活动、社团活动的管理等。学生通过自我管理实现各方面的思想政治教育话语分析工作参与，通过与专家、学者以及同校学生的交流，传递思想政治理论的相关专业知识，在这一系列的社会实践活动中实现自我升值、自我教育，并且在不断的实践中增加对思想政治教育理论的理解。

4.高校学生日常生活的管理载体

高校学生日常生活的管理是学生进行校园生活各种社会活动，养成校园行为习惯的原则和方式，是学生更好地学习、更好地从事思想政治话语研究的物质基础。包括学生在校园的衣、食、住、行，校园环境管理、遵守公共生活准则等方面。为了更好地改善、加强高校日常生活的管理，学校应该联合社会大型的公益企业等，积极为学生谋求助学金、奖学金，以改善家庭困难学生的校园日常生活；政府部门要加强对高校学生接受教育政策方面的优惠、鼓励和支持，以解除学生学习的后顾之忧。

（二）学校管理载体的育人功能

前文已经介绍了学校管理载体的功能和作用，但是，在学校管理的载体中，还有一项特殊的育人功能就是——学校管理载体的育人功能。众所周知，学校的职能之一就是育人，学校管理只有将严格、按秩序与人性化、教育人、保持学生个性的开放性管理模式相结合起来，才能真正实现对学生的教育和栽培。

此外，学校管理部门不能只依靠严格的行政手段制约学生，而应该培养学生德、智、体、美全面发展的意识和观念，按照培养我国未来社会主义事业接班人的标准进行人才培养，提高学生的社会责任感，督促学生自觉遵守学校的规章制度。对于严重违反学校纪律的学生要严格处理，不放松学校的管理，以免出现学校秩序混乱等情况。值得一提的是，还要特别注意对管理层人员工作的监督。首先，管理人员要有牢固的思想政治教育意识，树立良好的道德品质，以身作则；其次，管理人员要注重对自身管理方面专业知识的学习和提高，特别是在当代多变的"微时代"的情况下，时代的变迁、学生的个性、意识等变化也极快，管理人员要保持自身知识的先进性以实现对学生、业务等的科学管理；最后，管理人员要积极履行自身的责任和义务，加强在实践中的锻炼，以保证自身管理意识和管理水平的提高，努力为学生创造一个严肃、认真、科学、有效的校园学习环境，以保证学生的健康成长。

四、校园人际关系载体的开发和运用

（一）校园人际关系载体类型

由于人是社会性动物，人类的一切生产、生活活动都离不开社会关系的调节，而良好的人际交往关系可以使个体更好地参与社会实践。对于大学生而言，优秀的人际关系可以使大学生更加顺利、安心、专注地参加各项思想政治教育话语分析活动。

1.校园学生之间的人际关系

众所周知，学生之间人际关系的形成产生于学生之间的共同点，相似的性格、气质、兴趣爱好、思维方式等利于拉近学生之间的关系；学生之间关于学习成绩的竞争等易于引发矛盾。一般情况下，学生之间并不会涉及财产纠纷等利益问题，所以，学生之间的人际关系问题一般是以共同的人生方向、不相上下的价值观、人生观和世界观为基础进行的交流。

但是，对于个性相反，个人能力差距悬殊的同学也不要排斥、诋毁，而要更加积极地交流和来往，形成一种友好的学校氛围，避免产生拉帮结派、孤立等消极人际交往行为。避免因为各种人为的恶劣行为导致学生出现极大的情绪波动进而影响正常的学习，避免内向的学生出现人际交往障碍等症状。总之，校园和谐、友好的氛围需要学校每位成员的共同努力。

2.校园师生之间的人际关系

老师与学生是校园各项教、学活动的参与主体，学生与老师之间的人际关系问题是校园人际关系研究中的一个重要课题。作为我国未来接班人的培养人员，老师具有指引学生树立正确理想，帮助学生实现人生目标，关注学生健康成长的责任和义务。作为学校受教育的主体，学生们在学校学习一切理论知识，参加一切课外活动，参与一切研究性课题等都需要老师的组织、领导和指导。只有形成尊敬师长、爱护学生、和谐友好的师生关系，并且师生之间相互配合才能真正提高学校的教育水平，才能取得良好的高校思想政治教育话语分析研究成果。

3.大学校园同乡之间的人际关系

大学作为一个特殊的学习、生活环境，它的学生和老师群体来自全国各地，因此，学生之间、师生之间常有在一区域生活过的友人们，这就在无形之中使同乡的人们对彼此产生了亲切感，进而有力地拉近了双方之间的关系。来自同一区域的学生，他们可能具有相同的语言表达习惯、相同的生活背景、相同的生活路线等。处理好同乡之间的人际关系，需要双方有友好交往的态度，寻求双方观念、意识的共同点，如果二者"三观"的认识差距较大，则要求同存异，允许不同意见的存在，尤其避免出现利用同乡关系拉帮结派、打架、违法乱纪等现象。

4.学校朋友之间的人际关系

所谓"朋友"就是人际交往双方具有极为相似的世界观、人生观、价值观，他们的社交行为、社交习惯以及社交圈组成等都有相似的部分。大学校园朋友的关系，一般经过了更深层次的验证，是人际交往双方人际优化、筛选的结果，是一种较为可靠、稳定，给彼此以安全感的关系。正常的朋友关系交往可以使广大学生得到感情的寄托，利于学生正常人际圈的形成，利于学生更加顺利、更加专注地参与思想政治教育话语的社会实践和理论研究。除此之外，朋友间的行为、习惯、选择等也会影响到对方的行为习惯，影响到对方的思维判断等，这也是人际关系中交往各方互相影响的表现，因此，结交一个正直、善良的朋友也是大学生校园人际关系的重要任务，所谓"良师益友"就是指在朋友身上学到许多自己没有的优点，以实现自我增值。

综上所述，大学校园师生之间的关系、同学之间、同乡之间以及朋友之间的人际交往关系等都会对校园人际关系载体的开发起到重要的作用。此外，校园之间的人际关系也具有社会上人际关系所不具有的特点：大学生人际关系最大的特点就是人际关系交往方受到其他人员"三观"的影响，影响到学生人格的发展和完善。当然这也证明了大学时代是青年增长知识、树立理想、实现人格独立的黄金时段。因此，各大学校为了实现培育人的教学功能和目的，需要积极宣传高校思想政治教育思想和文化，使学生们了解、熟悉马克思主义的基本原理，加深对我国特色社会主义社会建设的认识，培养学生的政治敏锐性。学校可以多组织思想政治社团、思想政治文化研究等活动，促进学生多参与，避免学生走弯路。

（二）新形势下大学生人际关系的内在矛盾和变化

随着社会的发展，尤其是网络时代的到来，学生们自由、个性的发展与人际交往中的"条条框框"似有新的矛盾出现，学生们追求个性与人际交往中谦和有礼、以集体利益为重等原则也略有冲突，如何解决这些矛盾，将是每个"微时代"背景下学生应该思考的问题。

大学阶段正是学生们增长学识、增长才干、身心全面发展的重要阶段，学生个体与社会，学生之间，学生自身思想的困惑、矛盾等也在这一时段萌发出来，学生们通过接受学校的科学文化知识，通过参与社会实践等来树立自己的"三观"，培养自己的社会责任意识，形成自己的行为习惯、形成自己的思维模式等。人际交往的成熟可以使学生更快地融入社会，可以减少学生走一些因错误认识导致的弯路。良好的人际交往还能培养学生的团队意识，利于学生自我评价，进而不断地改正和完善自己，能够有效促进学生思想道德素质的全面提高。为了更好地帮助和解决学生的人际交往问题，以下简要总结"微时代"大学生人际交往中的内在矛盾和变化：

1.开放的交往心理与拘谨的实际行动之间的矛盾

进入21世纪，各大学校的80后、90后以及00后的大学生们接受了先进的知识，学习了先进的交往观念，他们的心理、思维、思想文化等更加开放，在此理论的指导下，他们的交往方式也更加独立和自由。但是，我国传统的道德观念是讲究中庸、温和的保守型交往，这就造成了学生心理认知与实际行动自我判断的冲突，加之有些学生更加内向，更加希望通过便捷的网络进行交往，这就导致他们心理上保持开放，但是，行动上选择保守，一些人甚至形成了"宅男""宅女"一族，这就大大限制了学生正常的人际交往，不利于学生人际圈的形成。所以，为了保证学生健康、正常的人际交往，必须解决好学生开放的交往心理与拘谨的社交行动这一矛盾。

2，单纯的人生阅历与功利性的交往目的之间的矛盾

显而易见，广大学生的人生阅历是比较单纯的，但是，有些学生从小接受的教育就是"利益最大"等功利性的交往观念，而且，在市场经济发展的一些弊端的作用下，一定程度上，社会上呈现表面功利化的人际交往潮流。因此，学生们在潜意识里已经给每个交往对象分了"三六九等"，显然，这种交往观念和交往行为是不正确和不正当的。为了改正这种错误观念，学校的思想政治教育等的开展是十分必要的。

3.虚拟的网络交往与实际交往中人物印象存在差距的矛盾

网络时代，学生们一致青睐于网上交往的快捷、便利和隐蔽性，在网上私密的交往方式中，学生们可以较为自由地表达自己的观点和想法。但是，在实际的交往行动中，学生们却表现出消极、懒散，这种网上社交与实际交往中的差距使广大学生们丧失了拓展人际关系网的兴趣，如果按照这种情况发展下去，学生们的正常人际交往网络会渐渐枯萎，进而学生们的学习、生活压力得不到缓解，委屈、悲伤等感情也无处诉说，学生们得不到心灵上的慰藉，学生们的健康成长也无从保证。

（三）建设和谐校园人际关系，促进学生的健康成长

人际关系的友好、和谐利于大学生学业的进步和提高，而且，良好的人际关系对于广大青年学生的健康成长也有着十分重要的意义。人际交往可以使学生更好地融入社会，增长自信，利于校园知识等的互动和传播，利于学生参加各种社会实践，进而更加充分地认识社会，更加巩固学到的各学科理论知识等。

1.教师的"人际吸引力"

对于学校的各学科教育而言，老师处于主导地位，学生处于接受教育的客观、次要地位，而且，师生相对而言，老师更加熟悉校园的环境、行为习惯，所以，各学科的老师们应该主动地跟每个学生沟通和交流，即加强老师的"吸引力"，努力使每个学生都能喜爱老师的教学。这样，对于学生学好该专业的知识也有很重要的作用，也利于学生在学校的健康成长。反之，学生对老师提出的教学方面的意见和建议，也利于老师教学水平的提高。

2.拓展学生人际交往的教育资源，开阔隐性教学的渠道

众所周知，学校的人际关系交往渠道分为正式的、正规的交往与私人的、隐私的交往两种。校园师生之间的教学关系、社团组织专业课研究等交往属于正式的人际关系交往；而同学之间、舍友之间、同乡之间、朋友之间等就是较为私人的人际交往。如前所述，非正式的交往群体往往是由于兴趣、爱好等一致而结成的群体，所以，他们进行各种社交活动更为顺利和便捷，群体成员之间针对专业课知识的分析、探讨、研究等也更加有效率，而且，私下学生之间、师生之间针对专业课的探

讨，更加直观、更加具有互动性，能够更加强化和感染对方的学习。因此，如果能够把握非正式的人际交往渠道，学校专业的知识传播会更加深远，学生学习的效率也会大大提高。

此外，当前各大学校的学生多为家里的独生子女，他们从小就习惯了以"自我为中心"，习惯了独来独往，加之现在大学的班级观念已经淡化，学生们的集体意识，团结、合作等意识和能力也在逐渐退化，这对于学生正常的学习交流、扩大人际圈等都是相当不利的。为了进一步提高教学效率以及为了保证学生正常的人际交往等，学校相关部门或者师生们本人要充分挖掘非正式交往渠道的教学资源或者扩宽知识等的传播渠道；学校可以开设心理咨询中心，或者开设心理课教育，方便学生自觉地参加心理测试或者心理培训；老师要在教学过程中多鼓励人、以身作则，发挥老师的示范作用，保证教学的亲和力；学生们可以开展文明寝室评比，成立兴趣社团等，以进一步促进自身与学生、老师之间人际交往的和谐。

3.将提高学生心理素质落实到学生的思想政治教育课程之中

如前所述，由于当代学生多为独生子女，他们从小的思维意识、思想观念都比较独立和以自我为中心，这就导致了学生们在人际交往时容易出现矛盾，解决这种矛盾，需要双方的自觉包容、调和和配合。许多学校为了改善这种不良现状，也设立了许多人际关系理论知识教育的课程，置办了许多人际交往技巧提升的书籍供学生们借阅，这些措施给学生的人际交往提供了理论指导，一定程度上帮助学生解决了人际交往中的矛盾和困惑，利于学生的健康成长。

五、传媒载体

（一）"微时代"传媒载体的类型及特点

大众传播媒介是人类社会发展到一定历史阶段的产物，它是随着人类科学技术的进步而逐步演变而来并在漫长的历史发展过程中形成的特有信息传播形式。传统的大众传播媒介指的是印刷媒介，如报纸、杂志和书籍，以及广播、电影、电视等电子媒介。

校园常见的传播媒介是书籍、报纸以及各种杂志等，这种传播媒介简洁明了、可重复阅读。调查发现，学生们在这三种传播媒介中更喜欢和最常传递的传播媒介是报纸媒介。报纸可以根据文献类型划分为：金融类、文学类、自然类以及社科类等；按照地域划分可以分为：地方性报纸、都市报纸、乡村报纸等；按照报纸的出版时间可以分为：早报、晚报、日报、周报等。除了报纸，大学生们还喜欢杂志的阅读，调查发现，有1/3的学生经常阅读。学术期刊在大学生中比较受冷落。在书籍阅读方面，大学生经常阅读的是世界古典名著、流行文学和中国古典名著。但是，经常阅读学术专著的人很少。

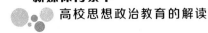

总体来说，报纸、杂志、书籍等印刷媒介有如下一些特点：一是大学生可以根据自己的阅读兴趣自由阅读；二是能满足大学生读者的特殊兴趣和需要。大学生对信息的渴求度相对而言是比较高的，而印刷媒介恰好具有信息量大的特点；三是能够为大学生提供具有权威性的信息。但当代大学生在利用印刷媒介时也存在着一些问题，比如，有的学生喜欢读表面型的刊物，拒绝深入思考，不喜刻苦钻研难度较大的文化、思想本质等，这就导致了他们学习的文化都是"快餐型"文化，他们的思想意识、思维方式也不固定，容易受到外界潮流思想的主导和影响，没有自己确定的"三观"，容易被"带偏"。

电子媒介的特点与印刷媒介不同，在电子媒介中，广播是以电波传递音讯的一种大众信息传播工具，它具有传播速度快、传播广、声情并茂、听众多的特点。由于收音机等广播通信工具价格便宜，携带方便，节目丰富，所以受到许多大学生的青睐。有些大学生还通过收听一些英语广播来提高自己的英语水平。电视与广播媒介一样，也是凭借电波来传送节目的，传播的速度和广播一样快。不同之处是，广播只传送声音，电视既传送声音，又传送图像。它具有视听兼备的特征，它有一定的真实性、现场感和观众参与感。因此，收看电视节目，已经成为当代大学生获取社会信息的重要方式和闲暇生活的重要内容之但值得警惕的是，西方一些发达国家凭借自己国家的实力，包括经济、知识、文化、技术等优势大肆发展卫星视听系统，以求占领不发达国家的文化阵地。这种宣传手段使许多第三世界国家的电视节目、广播等都被发达国家的电视节目占用，而发达国家则控制自己的电视、广播，不允许不发达国家的节目播出。如果任由这种情况发展下去，第三世界国家的文化传播市场将被逐渐占领，这些国家的传统思想、文化等也会逐渐消亡，进而被发达国家同化。此外，当前学生对电子媒介使用一个显著的特点就是，大多数学生对娱乐新闻、综艺类电视节目感兴趣，而对政治新闻、社科类知识节目兴趣不大，而许多娱乐类影视节目等缺乏一定的文化内涵，不能满足学生健康成长的精神文化需求，学生长期观看这种节目容易使思维浅薄化，考虑问题片面化，这都是不利于包括高校思想政治教育话语分析研究在内学生知识的积累和自身素养的提高的，这也是教育相关部门或者广大学生应该引起注意和思考、解决的问题。

（二）充分发挥传媒载体的思想政治教育功能

1.传媒载体对大学生政治观念意识形成的影响

大众媒介对高校学生培养政治意识、完善自身技能以及认识社会等产生的影响有两方面。

（1）大众媒介对学生思想政治意识和观念的积极作用

大众媒介可以使学生阅读、浏览、学习网上的丰富学习资源，极大地便利了学生的学习和生活，利于学生的健康成长。大众媒介打开了学生学习思想政治教育的思想观念、开阔了学生的眼界，利于学生对社会的更深层次认识；大众媒介丰富了高校校园学生的业余生活，使校园生活更加充实，对于学生的全面发展等也有着十分重要的促进意义。

（2）大众媒介对学生思想政治意识培养的消极作用

以网络的使用为例，由于网上言论发表自由、网上匿名留言等，许多不法分子发布了许多违背事实、损坏国家利益、虚假的政治信息等，这些信息经过大量阅读和转发，降低了相关方在公众中的形象，损害了其利益。网络上各种"快餐阅读"诱导青少年去阅读和转发，使学生们偏离了对思想、文化等的正确认识。大众媒介商业化的特点使网上的文学庸俗化，占用了人们的正当学习、工作时间，减少了对社会发展等重大问题的关注。

2."微时代"高校大学生媒介素养教育

如前所述，21世纪是一个人才竞争的时代，是一个大众媒体蓬勃发展的时代，因此，为了保证人才的全面发展，学会、掌握并熟练网络、各种媒介等的使用技巧对于培养学生的道德品质等十分重要，而使用网络、使用媒体等的习惯、行为无不体现着个人媒介素养品质的高低。以下简要对当前我国大学生们媒介素养的表现进行分析：

学生对媒介的认识只知其一，不知其二，即学生对现代媒介的功能、作用等使用多居于感性层面，对媒介带来的积极、消极影响以及如何抵制媒介的消极影响等不甚了解，也不主动思考解决等。

学生对大众媒介的资源使用能力还有待提高，学生们普遍对网络上的娱乐新闻、奇闻、怪谈等感兴趣，而对国家时事、政治、专业的学术资源等不感兴趣也不进行主动地了解和使用，显然，这种对网络丰富资源的熟视无睹不利于学生利用媒介提高自身素质。

学生们使用大众媒介带有相当明显的功利性和目的性。学生们利用大众媒介进行娱乐消遣、网上购物等各种网上消费，而弱化了网上学术讨论、网上自主学习等功能。

学生们使用大众媒介的道德规范等还有待提高。由于学生们缺乏对知识产权、版权、进网秩序等方面规章制度的了解，有些学生利用网络技术剽窃他人学术著作，显然，这是侵犯他人权利、有损他人利益的行为。这种行为不仅有害于校园网络、校园大众媒介的使用秩序，对于学生的健康成长等也有着极大的消极影响。

3."微时代"大学生应对媒介消极影响的措施

由于大众媒介对学生学习思想政治教育、对学生的校园学习和生活等的影响是两方面的，所以，制定应对大众媒介对学生学习的消极影响的措施也应该从正反两个方面考虑，以下简要总结几点应对措施：

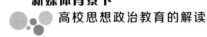
我国国务院发出的规范大学生思想政治教育意见的文件，明确规定了社会上各种新闻、出版、文艺、宣传等组织、社团和公司等要弘扬社会主义主旋律，以便打造良好的社会舆论氛围，这一措施大大便利了广大高校学生在校外进行思想政治教育理论知识学习以及参加校外的思想政治教育实践活动等。

利用大众媒介信息传播快，阅读便捷等特点强化高校思想政治教育知识、信息等的传播。发挥大众媒介资源丰富的优势，整合各种时政、金融、教育等信息，有针对性地为学生的学习服务，增强大众媒介的教化功能。

学校相关局域网管理部门严格把控校园网上论坛、网站等信息发布的真实性、健康性，避免出现各种不良信息，以保证校园文化不被腐蚀、校园严谨的现实及网上学习氛围不被破坏。

有美国学者说过，媒体文化就是一场文化的战争，实力强的、宣传效果明显的文化就会成为网络的主导文化。所以，为了保证校园文化的纯洁性，学校相关部门可以设置专人，定期对校园网上的各种文化进行筛选和淘汰，加大对高校思想政治教育方面的宣传力度等。

大众媒介的使用坚持以正确的思想道德意识、正确的网络言行等规范和引导广大学生的行为，以满足学生的思想政治文化需求、以实现学校"教书育人"的目标、以保证学生的健康成长。

利用大众媒介方便、快捷的特点和功能，培养学生自觉遵守上网行为准则，引导他们对自己的行为负责。鼓励学生利用网络资源进行自我学习、自我教育，保证学生学习的开放性，以培养学生独立的个性，使学生能够更加深切地认识、体会社会，进而更好地学好学校的思想政治教育理论。

六、网络载体

（一）"微时代"网络载体的开发和利用

1. "微时代"高校学生校园生活、学习的网络化

学校为了实现教学水平的提高，为了满足学生的知识、技能需求，为了保证学生的健康成长，充分利用了"网络教育"这个载体，包括网络视频的制作、网络教学、在线考试、网上师生互动、网络答疑等。这些新颖的教学模式和教学形式利于提高学生的学习兴趣，提高了学生的学习效率。此外，学生参与网上教学评论等活动，利于老师时刻关注学生的思想动态、关注学生的实际学习情况，进而进行有针对性的教学活动等。

对于"微时代"高校学生的思想政治教育话语分析而言，网络使其有了更丰富的研究资源。现在一些具有很高点击率的新闻媒体网站可以作为大学生思想政治教育的依托，在这些网站上面发表专题或是在这些网站的BBS上进行讨论，让这些商

业网站的高点击量带动和深化网络思想政治教育。

利用网络载体，学生可以随时随地地进行思想政治话语教学的学习、研究和分析，可以及时地反映自己调查的问题和参考意见，利于学校思想政治话语分析团队成员之间研究信息的交流，这就大大节约了研究的时间，简化了研究环节并且加快了思想政治话语分析研究的速度。为了更加方便学生进行深入学习，学校或者相关部门可以成立专业的各科目学习网站、课后作业论坛，这样，教师可以随时地上传视频供学生们学习，这种学习方法改变了传统的"耳提面命"的课堂授课模式，给予了学生充足的自我学习时间，学生们可以根据自己的安排选择合理的时间进行学习，也利于提高学生的学习效率。

2.相关部门健全网络管理，抵制不良信息的入侵

学校或者相关部门严格网络管理秩序，健全网络使用体制等是对学生负责、对社会负责的表现。网络秩序的安全、健康利于打造适合学生学习的环境，利于和谐、友好社会氛围的构建，是保证社会稳定发展的必然要求。以下简要总结几点健全网络管理的方法和措施：

（1）完善网络使用规章制度，规范网络社交行为

学校行政或者管理部门可以结合学校学生使用网络的实际情况，设立网管机构，制定严格的网络行为准则，加强学校用网监督措施；提高对进网数据的监控和管理力度，杜绝低俗、落后、封建、迷信、色情等不良文化、文字、视频等的入侵。

（2）丰富网络文化活动内涵，提高学生网络素质

学校利用网络技术举办的网上作品展、网络知识竞赛、网上思想政治话语交流等活动丰富了教学活动举行的内容，利于引导学生自主地开展趣味型学习；学生利用网络设计的各种页面、板报、个人网站、网络创意等方案提高了学生使用计算机的技能，有效提高了学生的网络素质，这对于提高学生的个人技能，促进学生的全面发展有着十分重要的意义。

（3）加强网络使用引导，提高有用信息的获取能力

调查发现，许多高校的学生利用网络只是玩游戏、看视频、看小说、听歌、网上聊天、发电子邮件等，这种做法不能实现网络这个便捷工具的真正价值，而且，看视频等消磨了学生的大把时间，浪费了学生正常的学习时间，容易导致学生学习态度的懒散，这些都是利用网络载体不合理的结果。为了改善这种情况，学校相关部门可以给学生上网进行一定的强制性引导或限制，以保证学生上网的安全性、健康性，促进学生学习成绩的提高。

（4）倡导绿色上网，提高学生用网的自觉性

由于网上传播的各种信息的复杂性，许多不良网络信息的传播对学生的健康成长等有相当大的危害，这就需要学生提高对不良信息的识别与抵制能力；学校方面

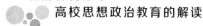

需要提高和培养学生自觉抵制、对抗恶劣网上信息的素质和能力，以保证学生免受不良信息的影响，更加遵守网络使用秩序，保证校园网络环境的健康、安全和和谐。

3.建设校园网，充分发挥网络载体在思想政治教育中的功能和作用

为了建设好校园局域网、为了保持上网环境的良好、为了充分发挥网络载体在教学方面的功能和作用以及为了切实地提高学生的学习效率，学校或者相关部门应该积极履行创建便利上网条件和建设便利网络环境的责任和义务。

学校建设校园网，一方面要提高学校的上网硬件配置，包括铺设网线、安全用电、装置路由器、保证网络信号、加快上网速度等；另一方面，学校要重视安全、便捷、和谐、友好网络氛围的打造，以便吸引更多的学生参与进来。对于一般的网络载体使用来说，现代的网络载体在教学方面的使用更加新颖，教学网络载体的使用也受到越来越多人们的关注。高校学生思想政治教育载体的创新运用，表现在三个方面：一是表现在对传统载体的改造和创新上；二是表现在创设一些以前没有的新型载体上；三是表现在综合了现有多种载体所形成的思想政治教育载体上。以下简要介绍几点高校思想政治教育网络载体使用的创新之处。

（1）前所未有的教学形式创新

由于思想政治教育是一门教育、培育学生树立理想，建立正确"三观"的课程，它不同于一般性的理论课，所以，传统的思想政治教育并没有通过网络等进行人规模教学和传播。"微时代"高校思想政治教育利用网络载体进行的教学突破了传统的网上教学、传播形式，可以说是一种革命性的进步。当前，在各大高校的教学过程中，老师利用网络建立专门的思想政治教育"红色"网站，建立思想政治话语研究公告博客，创建专家、学者讨论群，组织、整理思想政治理论兴趣爱好网络空间，记录学生学习电子档案以及通过网络向学生布置作业、分配任务、提供思想政治教育知识资源链接等都大大提高了学生学习思想政治教育的兴趣，提高了学生的学习效率，还利于培养学生独立自主学习的能力，这对于学生独立自主个性的养成、早日熟悉社会等都是十分重要的。

（2）对传统教学载体的改造和创新

众所周知，传统的教学载体已经不能满足时代发展的需求、不能满足当代大学生学习知识的需求，因此，传统的教学载体必须被不断地改造才能保证学校教学水平的正常发挥、才能保证不限制学生的正常成长和发展等。"微时代"思想政治教育对网络载体的使用加入了现代学校管理的方式和手段，利用网络更加便利、科学、安全地对学生的考试、成绩、考勤、学习进度等进行管理和控制。这些科学化的管理使学生们更加自觉地管理自己，增强了学生民主的观念和意识。

（3）"微时代"高校思想政治教育对网络载体的综合运用

由于网络载体的便捷性，高校的教育工作加大了对网络载体的使用度，而且综

合了对各种载体的使用方式，将其都运用在了"微时代"网络载体中。包括学校的文艺表演、教学讲座、学校的社会活动、学校的民主选举以及网络互动等都通过网络进行，网络载体也帮助调节了人际关系、整合了各种教学资源。总之，网络载体的使用利于形成教育合力，利于实现高效思想政治教育的目标。

（二）"微时代"网络载体对高校学生思想政治教育的影响

毫无疑问，"微时代"网络的发展是对包括学生在内的全体社会人群的一把"双刃剑"，利用好网络技术，包括多媒体、电视、聊天工具等可以方便学生的学习和生活、便利人们的日常生活缴费等、方便上班族文件传输等；利用不好网络，反被网络的消极信息、不良文化等吸引，反而成为网络的奴隶，影响到个体的思维、道德、精神等问题。以下简要分析"微时代"网络载体对当前高校大学生的积极、消极两方面的影响：

1. "微时代"网络载体对高校学生的积极影响

一方面，由于网络信息传播速度快，网络的共享信息量大，学生可以通过网络看世界，这就有利于学生平等意识的树立，利于学生眼界的开阔。网络的显著特点就是信息传输的高效率，而这一点与现代社会经济和社会发展的快节奏是相契合的，对于提高大学生的效率、观念和进取意识有着积极的作用。网络空间是一个信息来源多元化、信息分配民主化的新型"社区"，大学生可以从中体验人与人之间在消费、信息方面的平等意识进而增强民主和参与观念。经济全球化的浪潮得力于信息全球化和互联网技术的跨国发展，网络信息流动的无国界性可以拓展大学生的国际视野。

另一方面，网上购物、网上就医挂号、网络聊天、网络学习、网上交友等改变了学生的生活方式，使学生不再仅仅局限于校园枯燥的学习环境。网络使信息等实现了地域的跨越，可以使来自各地的高校学生们通过网络问候、关注远方家人、朋友的动态、状况等。网上电子邮件、文件、语音、直播等互动改变了学生间的交往方式，促进了人们交往关系的融洽。网上学习资源的广阔利于学生独立自主的学习，利于提高学生知识、开阔学生眼界等。

除此之外，网络的发展促进了社会政治、经济、文化的飞速发展，加快了整个社会发展的脚步，因此，对于时代的发展也提出了更高的要求，包括对人才、技术等素质、能力的要求。为了适应"微时代"的发展，学生必须努力提高自己的各方面素质、培养创新能力、提高自身的学习效率、增强自主学习能力等，而提高这些能力和效率最行之有效的方法就是一网络的运用，由此可见，网络给人才的培养、发展等提供了一个良好的空间和平台。

2. "微时代"网络对高校学生的消极影响

第一，由于网络信息传播的快速化，西方各发达国家的思想、政治、文化等在网络大肆流行起来，但是，这些文化中有"三观"不正，低俗、不健康或者阻碍学生正常发展的文化，如果学生们不能提高对正确文化的辨识度，长期浸润在这种消极的文化当中，学生的社会观念、思维方式等都会潜移默化的西方化，这对于学生树立正确的理想，坚持我国特色社会主义社会的建设有着极大的破坏意义。

第二，由于网络的隐蔽性，许多网络"黑客"利用各种技术，窃取他人智力成果，偷窥他人信息、资料；一些道德低下的网民还利用网络进行欺诈、骗钱、宣传违法书籍、广告等，这种行为容易造成社会道德混乱，网络秩序失调，不利于包括大学生在内的广大青少年的健康成长，如果不能对这种情况进行及时制止，学生们吸收、学习和接受网络上的不良知识、错误的"三观"标准，会导致学生双眼蒙蔽，不能正确辨别、摆正是非观念，降低学生的审美力，形成一种被消极文化"洗脑"的状态，显而易见，这种行为导致的后果是相当严重的。

第四节　高校思想政治教育教学模式的时代化转变

一、高校思想政治理论课教学新模式

（一）高校思想政治教育开放性教学模式探究

为了适应21世纪以来全球经济的飞速发展、为了提高我国的高校思想政治教育水平、为了实现高校思想政治教育的时效性，我国各大高校结合多年的教学经验，总结和探索出了一种开放性的教学模式，这种教学模式适合包括高校思想政治教育在内的多个学科的教学，以下简要对高校思想政治开放性教学模式进行探讨。

1.思想政治课开放性教学的内容

开放性教学模式如同一般性教学模式一样，它也有一定的教学层次、教学环节以及特定的教学环境，不同的是这种教学模式更加大胆、新颖，更加自由和开放，更符合大学学生的年龄特点，充分给予了学生自由发挥的空间，利于调动学生学习思想政治教育的热情。以下简要介绍高校思想政治开放性教学的基本内容。

（1）教学内容的开放性表现

与传统的教学方式相比，开放性的教学模式在教学内容方面就凸显出了鲜明的特点。开放性的教学内容包括，教学更加贴近学生真实的生活；教学内容更加关注党和国家制定的各项方针、政策；教学内容由传统的、封闭的、固定的概念、案例等扩展到了全世界，使国际各种局势的变化会尽快地呈现在高校思想政治教育的课堂中；教学内容更加具有时代感，使学生们能够感兴趣，而不是"念书"或者"听天书"。

（2）高校思想政治教育教学主体更加开放

教学主体的开放性体现在实际教学中就是"学生地位的提高"，学生与老师地位

平等，将老师的引领、主导作用与学生的主观能动性结合起来，鼓励学生提出问题，在课堂上自由、平等地交流，这样才能畅所欲言、才能真正提高学生的思想政治道德素养，从而促进学生的全面发展。

（3）开放的高校思想政治教学形式

高校思想政治教育开放性的教学形式讲究"走出课堂"，老师带领学生们积极参与社会实践，采用新型的、现代化的教学技术进行教学，这在"微时代"背景下的体现更为显著。学生参与社会实践可以在实践中培养自己的责任感、提高人际交往能力、培养良好的道德品质等，在此基础上学生能够做到学以致用，进而实现自我素质的提高、达到教学的目的。

（4）高校思想政治教学诸环节的开放性

第一，合理开放的教学准备工作。众所周知，传统的教学模式，课前的教学准备，包括教学大纲的制定、教学计划的设计、教学方式的选择等都由学校或者教师本人进行设定，而开放性的教学准备工作实行了学生参与的教学准备模式。这种教学模式中学生代表可以收集广大学生的意见，老师可以根据学生意见进行相关方面的教学准备工作，可以在学生学习较为吃力的地方进行详细讲解，这些地方老师也会重点备课；对于可以略过的地方老师则可以分配较少的准备功课的时间，这样可以提高老师的教学效率，也能提高学生思想政治课程学习的效率。

第二，开放的思想政治课堂教学。在课堂上，学生可以积极发言，老师可以根据实际情况定期组织课堂讨论、演讲、辩论等，充分激发学生的学习主动性和创造力。

第三，开放的思想政治考试管理措施。根据各学科、各项目考试的特点，可以设立各种开卷、闭卷、在线等考试方式，可以采用平时成绩形成性考核、学分制等来评判学生成绩的优良。

第四，开放的教学管理机构设置。充分发挥学生会的职能，建立各种社团、组织、俱乐部等，保持学生学习的自主性和独立性，同时也要保证各种组织建立、运行秩序的科学、合理、健康和严谨，以免破坏学校和谐、友好的学习氛围。

第五，开放的教学评价环节。教学评价可以有效收集学生意见，聆听学生想法，可以明确学生学习中的不足；教学评价包括学生、老师的自我评价，专家、学者的专业评价，学校的社会评价，课程的教学效果评价，等等。

2.高校思想政治理论课开放性教学的特点

（1）科学性

如同事物的发展规律一样，高校思想政治教育理论课开放性教学也坚持着科学教学的原则，主要表现在，它的教学理论依据是以科学为基础的。除此之外，它的构建方法、实践也都是建立在科学的基础上的，这样才能更好地进行教学、更好地保证学生的学习，这种科学精神的指导也能保证思想政治教学方向的不偏离。以下简要对高校思想政治开放性教学科学特点的各方面进行分析：

①高校思想政治开放性教学的理论基础是科学的

如前所述，高校思想政治教育的基础是马克思主义理论，这一理论是经过实践检验的科学的世界观和方法论。马克思主义"以人为本"的思想落实到高校思想政治教育方面就是"以学生为本"，显而易见，这种教学观念将老师与学生放了平等的地位上，摆脱了传统的教学以老师为主体的地位，更加利于师生之间的互动，更加利于师生们探索真理、追求真理以及更好地参与思想政治社会实践、更好地揭示事物的客观规律。

马克思主义的世界观和方法论不仅指导、构建了高校思想政治教育的理论框架，而且指导思想政治教学批判地吸收了西方现代教学理论中科学、实用、合理的部分，这就加强了我国高校思想政治教学的科学性。马克思主义各种建构主义教学论、人本主义教学论等都利于高校的思想政治开放性教学，可见，思想政治教学的科学性是高校思想政治教学开放性的良好保证。

②高校思想政治开放性教学的立场是科学的

高校思想政治教育开放性教学的立场是建立在科学基础上的辩证唯物主义，它保证了高校的思想教育工作一切从实际出发，按照客观规律办事，将理论与实际相结合，不纸上谈兵，"不唯上"。

③高校思想政治教育开放性教学的方法是科学的

高校思想政治教育教学方法的科学性体现在实际教学中就是运用了唯物辩证的思维方法。唯物辩证的思维方法是一种科学的方法论，它能指导人们有效地分析问题和解决问题，在实际的高校思想政治教育活动中就是，辩证地处理了教学严格管理与人文关怀的关系，辩证地处理了师生教学主客体的问题，辩证地分析了现代教学思想与传统教学理念的关系，辩证地对待了校园内外学习资源、学习环境等的关系，辩证地处理了科学文化传承与创新的关系，而这些都是保证高校思想政治教育开放性教学的方方面面。

④高校思想政治开放性教学的体系是完整的、科学的

高校思想政治教育开放性教学模式是以"一个核心"与"几个基本要素"组成的一个科学、合理、实用、完整的教学体系。它的各教学环节逻辑清楚、思维严密，具有深刻的系统性，各环节有机配合，共同构成了一个向心力巨大的科学教学模式。

（2）人本性

简单地说，"人本性"就是"以人为本"，它是相对于"神本性"和"物本性"而言的；科学性讲究的是合理、实用和真实，人本性则讲究以人为主体，求善；高校思想政治教育开放性模式的科学性原则讲究遵循客观规律，人本性则比较人性化，

更在乎是否合乎目的性。思想政治教学不仅要讲究科学性，还要讲究人本性，毕竟，思想政治教学的主体，思想政治话语研究的参与者、主导者都是一人。

如前所述，高校是思想政治教育不同于一般的理论性课程教学，它涉及大学生理想、价值观的树立，所以，一定要保持其理论教学的正确性并且保持学生的良好学习效果。以人为本，强调将人放置于主体地位，保持人的价值的至上性。高校思想政治教育的"人本论"教学原则就是关心每一个学生、解放学生思想，最终培养一个自由、乐观、创新、思维活跃、全面发展的我国社会主义建设的合格接班人。

在我国高校的思想政治开放性教学模式中，以人为本主要表现在以下几个方面：

表现在包括思想政治教育在内的各学科的教学目的上：要求教学方式、教学方法、教学目标、上课模式等满足、适应学生的全面发展。

表现在以学生为主体的教学核心理念上。开放性的教学模式不再跟随传统教学模式中"老师就是对的"的观念，上课不再是老师主导，而更多的是讲究师生互动。这一核心教学理念渗透在教学的各个环节，以保证学生学习的实效性、保证思想政治教育开放性模式的有效性。

表现在师生之间、学生之间的人际关系上。众所周知，学校就是社会的缩影，学生参与各种社交活动，学生与社会群体之间关系处理得恰当与否对学生的学习效果影响也有着至关重要的作用。开放性的教学模式中"以人为本"的教学理念下，师生之间、学生之间的交流更加开放和自由，他们真正实现了在平等的基础上交流和探讨，这对于学校组织的各项社团活动等成果的有效也有着十分重要的作用。

（3）和谐性

高校思想政治教育开放性教学除了具有科学性与人本性之外，还具有和谐性。和谐性，简单来说，就是指通过思想政治的教育使学生实现学生个体、学生与老师、学生与同学、学生与自然以及学生与社会之间关系的安定、和谐，这也是实现社会主义和谐社会建设的目标。只有实现了高校思想政治科学、人本与和谐性的统一，高校思想政治教育的开放性教学才能实现得更彻底，思想政治教学的效果也才能更加显著。以下简要分析几点高校思想政治教育开放性教学和谐性原则的表现：

①教学内容与学生的求知需求之间的和谐

高校思想政治教育的理论基础是马克思主义基本原理，在此基础上，结合我国国情，学习了毛泽东思想和中国特色社会主义理论。实践证明，这些理论很好地指导了人们的实践，利于培养高素质的高校人才。除此之外，高校的思想政治教学内容还包括，思想政治修养、中国近代史以及法律基础，此外，时事政治也是高校学生学习思想政治教育的必修课。各门课程之间相互衔接、相互配合，在和谐的基础上吸收思想政治学科的研究前沿成果，在不断地更新、创新之中共同促进学校思想政治教育的发展。

②教学主体的和谐性

如前所述，高校思想政治教育开放性的教学模式中学生与老师处于平等的地位，师生之间相互理解、相互探讨、共同致力于思想政治话语分析研究等实践活动中去。只有形成这种良好的人际关系，形成一种良好的教学、学术探讨氛围，才能更有效果地实现高校思想政治教育的目的。

③教学形式的和谐性

由于高校思想政治教育的内容与教学的形式等都具有多样性，特别是在当前"微时代"的背景下，高校的思想政治教学方式发展更加多元化，一定程度上，这种多样性增加了学生学习思想政治教育的积极性。但是，在不合理的教学安排下，很可能出现教学内容与教学形式不符的情况，在这种情况下，教学内容得不到很好的传授，教学方式也得不到很好地教学效果呈现。因此，只有实现了教学形式与教学内容的和谐、保证教学步调一致，才能取得教学最优化的结果。

④教学环境与教学实践的和谐

在保证高校思想政治教育理论教育和谐的基础上，还要保证思想政治教育实践的和谐。而高校思想政治教育的实践活动就离不开校园环境、社会环境、国内时政形势、国际局势以及网络环境等的影响。为了保证学生们参与实践活动的有效性，学校相关部门应该积极地调查、研究和控制、管理相关的影响因素，最大限度为学生创造良好的思想政治教育实践环境，也就是实现教育环境与教学实践之间的和谐，进而实现良好的教学效果。

⑤教学手段与教育模式的和谐

在保证高校思想政治教育理论与实践教学秩序、教学环节等都和谐的基础上，还要保证教学手段与教学模式的和谐。思想政治教学模式与手段要保证教学各环节的协调统一，实现传统教学手段与新型的现代化网络教学手段的和谐，这样才能实现整个教学体系的协调，增强教学的说服力，提高思想政治教学的艺术性，激发学生对思想政治教育的学习热情。

（二）高校思想政治理论实践教学模式

1.基本内涵

众所周知，高校思想政治教学实践是一种对教学理论的强化行为，通过教学实践，学生可以更加深刻地认识教学理论并能够掌握理论指导实践的能力。值得注意的是，高校思想政治理论实践的教学，需要充分调动老师和学生的实践参与积极性，以便更好地将思想政治理论与实践结合起来、将课堂教学与社会实践结合起来、将学习行为与研究活动结合起来，这样才能更有效地提高学生思考问题、解决问题的能力，也易于培养学生独立自主解决问题的实践能力。

值得一提的是，高校思想政治教学的实践活动不同于一般性理论课的教学实践，它涉及了学生"三观"地树立，涉及学生理想的培养，极大地影响到了学生对社会的分析、了解和认识。可以说，学生参与思想政治理论教学实践是将来学生步入社会各种生产、生活活动，社会行为习惯等的缩影。应该明白，保证了学生参与思想政治理论课社会实践的正确性，一定程度上就保证了学生将来参与社会活动的正确性。对于高校学生参与的思想政治理论教育实践活动而言，其实践目的就是为了更好地锻炼学生改造客观世界的能力，使学生实现客体价值，提高学生参与实践的能力与提高自身素质。但是，学校不能通过学生参与实践成绩的好坏就断定学生本性、思想、行为等的优劣，实质上，高校思想政治理论课实践活动仍然是一种应用化、实践化的教学活动。为了使学生更好地、更正确地、更自由地参与思想政治理论教育的实践活动，以下简要总结几点思想政治实践教学的注意事项：

（1）正确理解教学目的

高校思想政治理论教学的实践活动目的不是单纯为了提高学生的学习成绩，更多的是教育学生增长知识、培养学生服务社会的能力，以保证学生的思想、观念、意识等方向不偏离、保证学生的健康成长。

（2）思想政治理论课教学实践需要培养学生系统规划的能力

高校通过组织学生参与思想政治教育的理论课实践，培养学生系统规划的能力，组织学生参与思想政治理论课实践活动利于学生进一步认识社会、观察、思考、分析社会。大学生通过社会实践，更加系统地认识了思想政治理论知识，利于学生们独立、自主地将相互关联的思想政治课程组织成一个统一的思想政治教学体系，利于学生运用马克思主义基本原理分析和解决问题，这也是检验学生学习效果，检验学校培养学生的能力的重要环节。

（3）正确理解高校思想政治理论教育实践活动的形式

正确理解思想政治教学实践的组织形式才能更好地参与社会实践，高校的思想政治教学实践分为广义和狭义两种。广义的教学实践不局限于课堂之上，也不局限于学校之内，它可以使学生们深入到社会中去调查、分析和研究；狭义的理论课教学实践就是指课堂上的实践教学活动，这种活动节省了教学时间，但是，活动的空间有限，所以，实践研究的成果往往具有局限性。总之，高校思想政治理论课教育的两种实践活动形式，各有利弊，学校或者相关部门可以根据学校的实际教学情况、学生的特点等进行合理的实践安排。

（4）高校思想政治理论课的教学实践讲究研究性与实践性的并重

由于高校思想政治教育是一门理论性很强的课程，这就决定了其教学必须保证必要的实践活动，否则，思想政治教学容易"纸上谈兵"，学生们学习、考试也容易单纯以"背书"来应对。思想政治理论教育讲究实践与研究性的并重是指，要求学生们在参与社会实践的同时，善于联系思想政治的教育理论、善于在社会实践中发

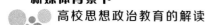

现问题，并运用理论解决问题；善于观察、分析、研究社会实际中存在的问题、社会现象等，在分析、研究的过程中促进学校思想政治教学水平的提升，促进学生个人对思想政治理论的理解，在实践中树立科学、合理、正确的世界观、人生观和价值观。

2.高校思想政治理论课实践教学的特点

（1）目标性

思想政治理论课实践教学目标是指在一定的条件和环境下，人们对思想政治理论课实践教学活动所期望达到的结果。实践教学目标要服务于高效思想政治理论课的总目标，即把大学生培养成为中国特色社会主义事业的建设者和接班人。思想政治理论课实践教学的目标包括以下几个方面。

①教育目标

高校思想政治理论课实践教学的"育人"功能，即"寓教于行，以行育人"，让学生在实际生活中认识社会、认识人生、接受教育、学会做人。在实践中，引导学生深入思考、运用辩证的方法分析各种问题，从而加深对马克思主义基本理论的理解，提高对党和国家方针、政策的认识，促进科学的世界观、人生观和价值观的树立，增强培养良好道德品质的自觉性，并引导学生正确面对"应该做什么，不应该做什么""做什么样的人，怎样做好这样的人"的问题。比如，思想政治理论课实践教学就是要让学生认识到劳动是光荣的，实践是有益的，为人民服务是崇高而神圣的，进而认识到我们的人生价值一只有把自己的前途和命运与祖国及人民的前途和命运联系起来才能实现。

②能力目标

能力目标是指实践教学活动在帮助大学生完成从书本到现实，从理论到实践的飞跃的同时，使大学生在各个方面都能够得到较好的锻炼和提高。在实践教学活动中，要充分依靠和发挥大学生的力量，让他们参与实践活动的策划、准备和组织，从而达到锻炼、提高大学生创新能力和组织、管理能力的目的。通过参观、访问、社会调查等实践活动，培养大学生观察问题、分析问题的能力；通过撰写调查报告或研究论文，来提高学生的写作能力和开拓进取的精神；通过开展各种社会公益活动和社区服务活动，引导大学生走出校门，到基层去，到工农群众中去。这样不仅可以使大学生认识社会、认识人生，而且可以帮助学生解决"知行不一致"的问题，使大学生在实践中不断增强把认知转化为行为的能力。

③政治素质目标

政治素质目标是指通过实践教学把大学生培养成为中国特色社会主义事业的建设者和接班人。思想政治理论课实践教学活动能够引导大学生去探究现实社会中的各种现象和问题，并且运用所学理论去分析这些现象和问题、提出解决问题的办法，使大学生在探讨、研究各种现象和问题的过程中，坚定社会主义信念、明辨是非、不断完善自我，从而提高自己的思想政治素质，健康成长为中国特色社会主义事业的建设者和接班人。

（2）自主性

高校思想政治理论课实践教学打破了传统课堂教学形式注入式的强制性，更强调活动主体的自主性、强调学生的主体地位和主观能动性。思想政治理论课实践教学活动中教师大多数情况下是一种协助式、筹划式、组织式的教学，学生在教师的指导下自主组织安排实践教学活动。学生可以根据自己的能力、水平、兴趣爱好、专业特长等自主选择活动项目，确定自身角色，自觉、自愿参与其中。这体现了学生不仅是教育教学的对象，而且是思想政治教学活动的主体，是有思想、有感情的主体。

（3）参与性

高校思想政治理论课教学实践将深刻的理论思维与鲜活的感性体验相结合，通过强烈的现场参与感触发和增强了理论思维的兴奋点，而不是"空洞"的说教。思想政治理论课实践教学具有内容上的直观性和对象上的互动性。思想政治理论课教学的内容、形式及取材不再是刻板艰涩的概念、判断、推理等逻辑形式和逻辑演绎，而是活生生的事实、图像和景观以及真切实在的亲身体验，这种教学形式可以达到思想政治理论教育"润物细无声"的理想教学境界。思想政治理论课实践教学突出学生的参与性，彻底改变了学生被动接受的学习地位，使其积极主动地融入甚至决定、主导整个教学环节，充分张扬了现代教育所要求的学生主体地位，体现了现代教育发展的趋势。

（4）针对性

思想政治理论课实践教学是提高思想政治理论教学效果和提高学生运用理论观察问题、解决问题能力的重要手段。因此，思想政治理论课实践教学必须要紧紧围绕课堂教学的理论内容来设计和开展。实践内容的选择一定要有针对性：一是理论基础要有时代性，在课堂教学中，要整合、调整、充实思想政治理论课的教学内容，更多地融进反映时代要求的内容，跟上社会发展的步伐；二是实践内容要有现实性，实践的内容要紧扣时代主题，紧密联系现实社会的热点问题；三是要考虑不同学生的要求，实践的内容要考虑不同专业、不同年级的学生要求。

3."微时代"高校思想政治理论课教育的实施

众所周知，学校理论课的实践是巩固学生学到的理论知识的良好机会，高校思想政治教育理论课的实践，是使学生增长知识、提高学生的社会服务意识，使学生进一步了解社会、树立理想以及树立正确的"三观"的机会和重要途径。以下简要介绍高校思想政治教育理论课实践的几个环节：

（1）策划合理的选题，制定科学的教学方案

高校思想政治教育理论课选题的制定一定要结合思想政治教学的特点，保持时政教学案例分析的时效性；结合党和政府关心的问题，策划选题；关注社会和民生，保证选题筛选的意义；在选题众多的情况下，可以分类进行；选题策划前根据学生的实践调研报告进行选题策划意义分析；选题策划要经过多方讨论，反复验证合格后通过，以此来保证学生学习思想政治理论、参与社会实践的实际效果。

思想政治教育理论选题策划结束后，开始制定切实可行的理论课教学实践方案。顾名思义，教学方案要保证科学性、实用性，结合学校自身的发展情况，学校的实际教学情况等进行不断调整和完善，特别注重对校内外教学资源的运用等。教学方案设计者要开阔眼界、调查民意、发挥每一个学生的能力和智力，以保证教学方案的实施效果。

（2）加强实践指导，巩固理论培训

调查发现，当代的大学生普遍缺乏实践的能力，或者参与实践活动的能力、水平差距较大，为了保证全体学生学习高校思想政治教育的实际效果，有必要在学生参加思想政治教育教学实践之前，对其进行严格的培训。特别是校外的社会实践活动等，更要进行专业的实践培训，包括社会实践的调查练习、服务对象筛选、调查报告书写、实践手册使用、社会实践注意事项，等等。只有保证了参与社会实践步骤、手段和形式等的正确，才能保证社会实践研究的正确性，参与的思想政治教育社会实践才是真正有意义的社会实践。

（3）建立健全思想政治理论课实践教学考核的机制体制

建立思想政治实践教学的评估、考核体系是保证学生、老师参与实践进步的有力工具，及时地进行教学实践评价，可以使学生、老师发现自己在实践中的不足并尽快弥补，这样才能进行实践教训和经验的总结，进而为下次思想政治理论课教学实践做准备。建立规范、科学、合理、客观、系统、公正、多元的评价体系有利于实现教学公平、利于提高学校思想政治教育的水平、利于提高学校思想政治研究的水平。这种科学、公正的思想政治教学实践可以拉近师生之间的关系、可以保证教学计划的科学性、可以保证良好的教学进度、利于学校教学秩序的建设。

（4）赏罚分明，及时表彰总结

在高校思想政治的教育过程中，要注意及时总结，以保证评价的实效性；吸纳思想政治教育理论课的实践活动要保证实践工作的完整性，比如，学生上交调查报告以后，老师要进行相关的考核并给出评审意见。在此基础上，可以挑选优秀的调查报告做成高校思想政治理论课教学实践的优秀成果进行展览，这是对教学实践工作的总结，也利于学生们反思自己的不足、对优秀作品的优良之处进行借鉴、取长补短，进而保证思想政治教育工作实践活动的实效性。此外，要赏罚分明，在思想

政治理论课教育实践活动中，对于违反课堂纪律、诋毁学校形象、发生严重不良行为的学生要进行严厉批评；对于优秀的学生实践表现以及对于优秀的实践活动调查报告等要适当进行表扬，以发挥优秀学生的先锋模范作用。

（四）反思性教学模式

所谓反思，顾名思义，即自我省察、自我回顾，就是行为主体对自身既往行为及相关认知理念自觉进行换位思考的认识活动和探究活动。反思的指向主要是关于过去的意识和行为，具有价值评判的性质。事实上，反思一词本身就含有"反省""内省"之意，从本质上来说就是一种批判性思维，即通过对自己的思想、自己的心理感受等的思考，审视、分析当前的认识活动。教学中反思的内涵是立足于教师自身之外，是对教师自身的教学思维和行为的一种批判。反思的目的既是为了回顾过去或培养反思的意识，更是为了指导即将进行的教学活动和教学实践。反思不仅是内隐的思维活动，而且也是外显的实践行为，联系着思维和行动两头，能够确保反思结果在教学实践中得到检验。高校思想政治理论课反思性教学，就是在思想政治理论课教学实践过程中，教师对自身的教学活动不断地进行反思的一种行为，是对教学行为和教学过程进行批判地、有意识地分析与再认知的过程。它需要教师在教学实践活动中积极关注自身的教学行为和具体的教育情境，以开放的心态接纳不同的观点，从多个角度积极思考问题、研究教学活动并对自己的选择与行动负责。

1.高校思想政治理论课反思性教学的特点

反思性教学和传统教学相比，主要有以下几方面的特点。

（1）目的明确性

反思性教学是教师对自身教学活动的多元思维过程，是一种目的明确的研究过程。从直接层面上说，是对自身教学过程中教什么、怎样教和为什么这样教的省察和反思；从更深层次上说，是对教师自身的师德修养、教学理念、师生关系等的理智化暗示、假设、推理和检验。因而，反思性教学的目的在于有效解决教学中的问题并提高教学质量，它首先关注教学的目标和结果是否有效达到，是否具有明确性。

（2）科学探究性

探究即探讨和研究，是人们认识、理解和改造周围世界的重要方式。反思性教学观是建立在现代教学理论基础上的科学教学观，其基本观点与传统消极学习观相对立。它以探究和解决教学基本问题为基本点，因而具有探究的性质。另外，反思是在回忆或回顾已有的心理活动的基础上找到其中的问题以及答案，也就是从自己活动的经历中探究其中的问题和答案，重构自己的理解，激活个人的智慧。反思性教学观不仅注重解决问题，更注重学习创造性与主体性的人格培养，并以此作为反思性教学的主要目的。

（3）思维批判性

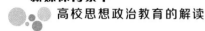

反思性教学强调教师对教学行为的积极思考与批判分析，反对机械地灌输和简单的重复。同时它又是探究取向的，要求教师以批判的眼光看待教学中出现的问题并善于通过积极的探究寻求问题的答案。通过对教学实践的反思，教师自觉地对自身已有的教学活动，以及教学活动中所涉及的相关因素进行持续的、批判性的审视、思考、探究和改进，从而调节并改善自身的师德品质，不断提高教学能力和教学质量。从实质上说，反思思维是批判性思维，经常批判性地、反复深入地思考问题，个人知识结构就会进一步完善、牢固，思路会更开阔、更灵活，见解会更深刻、更新颖。反思性教学使学生在批判中学习、教师在批判中教育，使高校思想政治理论课教、学参与者善于思考，勤于探究，使参与者更加睿智和成熟。

（4）对话合作性

反思性教学的主体包括教师个人与集体、学生、专业研究人员。教师个人与集体、学生、专业研究人员是实施反思性教学的三个核心要素，构成了反思性教学的"四位一体"关系。教师个人的自我反思、教师同行间和师生间的合作对话、专业研究人员的专业引领以及全员跟踪推进，是实施反思性教学的四种基本力量，缺一不可。反思性教学是一种群体反思活动，除了强调师生之间在课堂内的双向反思探索活动之外，还要求教师之间、教师与专业人员之间在课前、课后进行群体的交往与沟通，针对教学中存在的各种教学问题进行探讨，包括解问题的方法、途径等，这么做有助于教学实践的日趋合理。

（5）实践操作性

反思性教学以解决问题为基点，立足于教学实践行动中客观存在着的真实问题，得益于行动研究的实践运用。反思性教学过程中的行动研究是实践和反思相结合的研究。它基于教学实践，使教学理论与教学实践联系在一起，直接指导教学实践，使得特定情境中的教学实践者能够对自己的教学情境有真正的理解，并做出明智而谨慎的决定。因此，反思性教学通过行动研究的运用，更加重视教学的实践操作性；同时，也追求教学实践的合理性，这必然要求反思后的新的教学假设和新的教学改进也要经过实践检验。

2.高校思想政治理论课反思性教学的具体应用

反思性教学与常规教学相比具有许多优势和特色，然而，反思性教学在思想政治理论课中的应用还属于"新生事物"，在应用中还要遇到这样和那样的问题和挑战，需要注意从以下几个方面来加强反思性教学。

（1）将教师主导作用和学生主体地位相统一

反思性教学的目的主要有"学会教学"和"学会学习"两个方面，因此，要充分发挥教师的主导作用和保证学生的主体地位，实现"教"与"学"的统一、反思性教学过程既是知识的传递过程，也是知识的生成、创新的过程。教师和学生在知识的生成过程中是平等的主体，教师的职能由"教"转为"导"，教师不再是单纯的知识传递者而是学生学习的组织者、促进者、辅导者，师生应形成一个"学习共同体"。教师在指导学生学会通过各种渠道获得知识，储存知识外，更重要的是要引导学生学会选择、判断、运用、创造知识，保证学生的学习朝着正确的方向前进。反思性教学将学生置于课堂的中心位置，要求教师要深入到学生中间，创设师生之间、学生与学生之间平等、和谐的民主学习氛围，建立起民主平等、相互信赖的关系，以平等的身份参与教学，发挥学生的学习积极性。在教学过程中教师要面向全体学生，给他们以主动参与教学活动及表现、发展能力的机会。教学过程中加强学生之间，师生之间不同观点和想法的交流，以促进学生自觉反省、反思，调动学生的情感、兴趣、意志等非智力因素，让学生在问题的情境中发现问题、提出问题、解决问题，教师只是给予学生系统的学法指导。

（2）加强对信息收集处理的指导

思想政治理论课属于人文学科，有综合性、多样性的特点。其教学内容与社会生活息息相关。每一个置身于社会生活中的人，都会对各种社会现象形成自发的、朴素的认识。当前，世界经济全球化和政治格局多元化，国内多种经济成分和多种分配方式并存，伴随而来的是社会分化为多种利益群体和不同阶层、社会组织形式多样化、生活方式多样化、就业岗位和就业方式多样化，这些社会存在反映到社会意识中，就表现为价值取向的多元化。来自社会现象的各种信息以及教学主体的价值观念多元化，都是丰富的教学资源。教师要加强信息收集处理的指导，提高学生的思考、诘问、评判、创新知识的能力，提升学生智慧和张扬学生的个性，以实现教学实践的合理性。

收集信息的途径有很多，既有物力的，如教科书、博物馆、遗址、纪念馆、文化馆、自然和人文景观等；也有人力的，如教师、学生、家长等；既有校内的，如图书馆、教室、实验室等；也有校外的，如展览馆、博物馆、历史遗迹、现代化新农村等；既有显性的，如教科书、文献、网络、图片、录像、影视作品等；也有隐性的，如爱国精神、献身精神、奉献精神、教师的反馈、学生的反馈等。教师要引导学生走出教科书、走出课堂和学校；开阔学生视野，吸收大量丰富的信息，可以有效地克服以往思想政治理论课课堂信息狭隘的局限性，提高教学效率。同时，教师如果能指导学生将这些信息资源去粗取精、去伪存真，由表及里、由此及彼，收集、筛选、比较、确定，很好地加以利用与开发，对高校思想政治理论课反思性教学是大有裨益的。

（3）注意加强对结论多样性的保护

反思性教学要求教师要学会促进以学习能力为重心的学生整体个性的和谐而健康的发展。这就要求教师要与学生真诚地沟通，尊重学生的人格，营造民主、平等、开放的氛围，让学生畅所欲言，保护结论的多样性。一是要承认学生的独立思考和探索是有意义的；二是学生对教师的观点提出质疑，发表不同的看法时，教师要清醒地意识到这是学生生命自主意识积极活动的表现，应加以激励和表扬，不要认为是对自己的不尊重而予以严厉批评；三是要解放学生的思想，给学生提供积极的个性化思考和自主探索的时间和空间。

（4）教师要注重自身素质的提高

课堂教学是一门遗憾的艺术。堂课很难做到十全十美，即使课前精心准备，深思熟虑，课上运筹帷幄，精彩纷呈，但是课下细细琢磨，总会有令人感到遗憾、存在急于弥补之处。科学、有效的反思可以减少遗憾。反思性教学是教师专业发展和自我成长的重要途径。在教学中，教师要不断反思教学的观念。反思性教学的本质是一个"提出问题——探讨研究——解决问题"的过程。教师以问题为情境，自觉地把自己的课堂教学实践作为认识对象，进行全面、深入、冷静的思考，再以体会、感想、启示等形式进行总结，经常反思，多思则活，思活则深，思深则透，思透则新，思新则进，不断形成和提高自我反思的意识和自我监控的能力，不断丰富自我修养，提升自我发展能力，最终由教书匠发展为教育家、研究者，逐步完善教学艺术。

总之，除了上述教学的新模式，大学生思想政治理论课教学的新模式还有思想政治理论课讨论式教学模式、思想政治理论课情感教学模式、思想政治理论课案例教学模式、思想政治理论课专题式教学模式、思想政治理论课活动教学模式，等等，且各种教育模式也一直处于不断地改革和发展之中。诚然，大学生在思想政治理论课的教学过程中，在选择合适的教学模式时，也要不断地研究和发展各种教学模式。

二、提升思想政治教育主体话语能力

（一）促进思想政治教育主体理念的创新

主体理念创新是思想政治教育话语体系改革创新的先导。创新的产生发展是在实践过程中，人们从理想、思考到实现的一个历史发展过程。它的发展是由创新性理念的指导而形成的，而且整个发展实现的过程都需要创新性理念的指导，以实现新的创造的呈现。理念的创新、思想的解放、观念的改变才能使思想政治教育话语体系的改革、创新得以运行。思想政治教育主体在研究实践过程中，应确立积极的创新理念。首先，"以人为本"的理念。以人为出发点，回到人的感性、具体、现实的生活中，在思想政治教育实践中遵循受教育者身心发展的客观规律，充分考虑受教育者各自的内心感受与情感体验。其次，统筹兼顾的理念。思想政治教育话语理论的创新应该是在实践话语基础上进行自我描述的创新，应保持文本话语、理论话语与实践话语的一致性、协调性，坚持马克思主义意识形态话语与学术话语的协调。

最后，与时俱进的理念。思想政治教育主体能够顺应时代的发展，结合教育对象的发展需求、与时俱进地进行话语的创新；能根据社会环境的新特点和思想政治教育的新气息，不断利用新型的大众传播媒介，创新话语体系的载体和内容。

（二）培养思想政治教育主体的话语创新思维

创新有自己的思维发生机制。思想政治教育主体应善于发现导致其进行话语创新的问题。有专家说过，创新起源于问题，创新内在地包含着问题的解决。

思想政治教育主体在思想政治教育的实践过程中，应通过思维活动不断察觉和把握问题，了解其话语体系存在的弊端与发展的趋势。然后，结合思想政治话语分析的实际情况，采取一定的方式进行改变，最终达到思想政治教育话语的目标状态。通过创新思维，发现思想政治教育话语体系的实有状态与应有状态的差别，在不断地解决差别、实现过渡的过程中，逐步摸索对思想政治教育话语体系怎样改变、改变成什么样的思路，最后实现有效的创新。思想政治教育主体应拓展自己的思维模式。思想政治教育主体的创新思维应以推动创新和参与、接受创新的客体相配合，可以把受教育者的各种反应考虑进来，进而制定出相应的选择方案。但当前思想政治话语的创新始终处于一种信息接收、发展不对称的状态，思想政治教育主体始终不能掌握受教育者的所有信息，而且这些信息也在不断地改变，使得大部分的创新意愿因为没有充分理论的支撑而破灭。因此，思想政治教育主体的创新思维应由单向思维变为双向思维，由一维思维变为多维思维，由"无反馈"思维变为"博弈型"思维，这样才能更好地实现全面创新。

（三）培育思想政治教育队伍的话语能力

高校思想政治教育的目的在于为我国的社会主义建设培养人才，结合我国现阶段社会的发展情况以及我国高校学生的年龄、性格等特点，各大高校确定了人才培养的原则，即大学生思想政治队伍建设要政治强、纪律严、业务精、作风正。思想政治队伍建设主体是思想政治课教师、辅导员队伍以及宣传部、共青团干部等，通过这些主体的日常工作来进一步落实"育人为本，德育为先"的理念。为此要努力从以下几方面来提升这支队伍的思想政治教育话语能力和话语实效：

第一，坚持制度为基，建立健全高校思想政治队伍职业化、专业化和专家化的长效机制。

第二，思想政治队伍建设坚持育人为本，增强团队成员使命感和归属感。学校人才的培养要坚持在使学生获得知识、技能的同时，提高学生的思想道德品质，培养学生的人文素养，促进学生的全面发展；在社会实践中提高学生的社会意识和社会责任，加强学生服务人民群众意识的培养，并将一切服务落实于行动中。落实"立德树人"，关键在教师，尤其是高校辅导员队伍、思想政治课教师等。

第三，创新发展平台，提高高校思想政治理论课教师的教育教学能力。

三、创设思想政治教育话语自觉的话语境域

话语境域即语境，对话语的产生与理解有巨大的影响。创设良好的思想政治教育话语境域促进话语体系的自觉创新。一方面，根据社会影响下的思想政治教育话语语境的自发性和非确定性特点，充分利用其积极因素，消化其新生因素，遏制其消极影响，使其纳入思想政治教育所创设和营造的良好语境之中；另一方面，思想政治教育对象总是生活、工作在一定的微观环境中的。每一个环境又有自己的语境，因此，思想政治教育话语创新应该进一步把握与创设组织、人际交往和家庭独特环境等相关的方面，进而创造适合新的话语传播接受的各种境域，使新话语的产生有深厚的生长土壤。这样就有利于促进个性话语的生成和创新，彰显思想政治教育话语体系的个性化和全面性。总之，一个新的领域的产生、发展、完善必定是一个由低级向高级不断发展的创新过程。而只有了解这个新的领域有何价值与作用，才能发现它的不足与创新之处，才能真正地去研究为什么要创新，如何去创新。思想政治教育话语体系也是一个这样的过程，需要我们在实践过程中不断地去寻求构建它的最优路径，进而实现它的最终目标。

作为一种对受教育者的思想发展施加影响的实践活动，思想政治教育话语总是抓住一切可能的机会对受教育者思想发展和社会行为产生影响，并积极介入思想政治教育话语的各个境域。思想政治教育话语时空范围、话语的境域可以动态延伸发展。一方面，思想政治教育话语资源的获取、话语信息的传递及话语内容的影响从一定区域向更大区域延伸；另一方面，伴随着聊天、资讯交往平台等网络载体日趋成熟与完善，人们的社会关系结构也从现实生活中位置节点向虚拟空间延伸建构，那么随之发生相应调整的是思想政治教育话语的内容和方式。在思想政治教育话语的现实境域，人们之间是基于一定的社会伦理、道德规范、政治意识和法律规范而交往，并在一定阶级的教育目标下参与教育活动。这种教育实践活动主要是对教育者起主导作用，教育者掌控着话语主导权，通过"一对一"或"一对多"的单向线性教育来传递责任意识、荣辱观念和主导价值观念，并在格式化、模式化的话语内容传递中把受教育者的自我"劣根性"抑制在教育者可控范围内，把受教育者的思想发展引向教育者所预设的方向。但在思想政治教育话语的虚拟境域中，教育者霸权遭到解构，教育者话语内容的局限性和教育活动的限定性遭到了突破，使受教育者在话语结构中有了更广阔的获取话语内容与进行教育的空间，受教育者逐渐摆脱了现实境域中被话语信息边缘化的从属地位，有时甚至成为话语内容的发布者、拥有者和主导者。

教育者只有顺应思想政治教育话语这种位置关系的转换，才能有针对性地创新话语方式并增强话语实效。思想政治教育话语模式也从教育者中心模式向着虚拟空

间中教育者和受教育者双中心模式发展。特别是，虚拟空间中的思想政治教育改变了过去相对单一的灌输式话语方式，用图文并茂、色彩鲜明、影像综合、交流评述等形式表达和再现思想政治教育话语内容，增强了思想政治教育话语的感染力和影响力。且这种灵活多样、特点鲜明的传递方式契合了受教育者社会生活的节奏和需要。数字化交往形式扩大了思想政治教育话语内容的信息储备，网络交往的快捷、交互增加了思想政治教育话语的影响范围，为思想政治教育话语向虚拟境域的拓展提供了可靠的物质基础和技术保证。

　　总之，从社会经济环境、政治环境、文化环境和传媒环境的变化来认识思想政治教育话语环境的变化，主要是通过这些环境因素自身变化，相互之间所形成的纽结与话语内容、话语方式以及话语过程之间的联系来体现，进而寻找思想政治教育话语环境变化的事实依据，为思想政治教育话语方式转换提供理论和方法上的指导并切实提升现代思想政治教育话语的实效。在世界全球化运动和改革开放政策的引领下，中国以自身潜在的发展能力迅速崛起，并通过自身良好的发展形象融入世界发展大潮之中。这种融入一方面帮助思想政治教育话语获得了更多的国际资源，促进了思想政治教育话语的现代转换；另一方面使中国承担了更多的国际责任，拓展了思想政治教育话语的交往空间，进而增强了其影响力。在中国日渐增强的经济实力、和谐稳定的社会环境中，良性运行的政治生态、负责任的国际担当推动下，中国话语、中国精神、中国特色正成为一种全球共识，其结果使现代思想政治教育话语内容的生成、交往和发展处于更加有利的话语环境中。

第十二章 大学生德育视域下微信环境安全治理机制研究

第一节 "全微时代"微信的功能和原理

微信在使用上是以手机为主要的使用终端，调查显示，微信用户的手机比例高达95%，当你在公共场所中观察、在交通工具上一瞥、在宿舍休息、在教室上自习时，你会发现很多人都在用微信，而且使用微信也不再仅仅局限于大学生，一些成年人甚至老年人也在顺应时代的潮流"玩"微信。这不仅说明微信的用户黏性强，同时也体现了微信能随时随地进行沟通、交流的使用特性。

一、微信社交功能原理简述

微信利用移动数据网络或者wifi等实现上网功能，进而通过微信与人聊天、语音、视频、文件传输等。微信可以通过手机定位查找好友、使用摇一摇添加好友，此外还可以"查看附近的人"，还可以实现摇一摇听歌等，这些功能都是聊天软件前所未有的，所以，它的新颖、便捷之处赢得了广大人群的喜爱。

（一）查看"附近的人"

如前所述，这个功能是微信出现后新增加的功能，它的使用原理是通过对人群的定位而出现微信用户的信息，进而可以添加好友等。研究表明，手机定位的准确性与手机用户所在地区的手机基站建设分布、手机基站数量、手机用户周围的环境等有着密切的关系。一般而言，手机用户在手机基站数量建设多的城市，则其定位的信息更加准确。

（二）微信"漂流瓶"

微信漂流瓶的功能设计借鉴于QQ邮箱漂流瓶的功能，微信漂流瓶中可以设置显示漂流瓶的来源、位置、发送时间等，也可以设置不对外显示，以增加微信用户的神秘感。漂流瓶可以实现与陌生人的匿名聊天，在这里，人们可以畅所欲言，可以通过微信添加海内外的朋友等，是一种开放性很强的交友工具。

（三）微信"摇一摇"

通过微信"摇一摇"同样可以实现添加、结交周围朋友的目的，微信摇一摇可以摇到微信用户、附近的歌曲等，可以实现轻松、便捷、迅速地交友请求，也是一种便捷的交友方式。此外，摇到的歌曲等可以直接发送朋友圈，以便向亲朋展示自己的听歌信息，增进彼此了解，拉近自己与朋友间的关系等。

二、微信的信息传播方式及特点研讨

众所周知，微信信息传播具有便捷、迅速的特点，这种特点从微信的传播方式中就能体现出来，当前微信软件的信息传播方式分为两种：

（一）一对一的传播

这是指微信用户通过软件将信息、文字、图片、视频、音频等传播给另一用户的过程，这种传播方式的互动双方是可数的，确定的，有一定的传播范围，一定程度上，可以保证信息传递的私密性。

（二）一对多的传播

顾名思义，这种传播方式是指信息发出者有确定的一个，但是信息接收者、信息传递者存在不确定性，传播范围也存在不确定性，但是，毫无疑问，信息的接受对象数量是多数的，这就是一种点对面传播的方式。

点对面具体的传播方式和手段有三种：

1.微信朋友圈

朋友圈如同QQ空间，可以发布微信用户的说说、动态；可以显示发布者的位置信息；微信用户可以通过评论、点赞等实现与亲友的互动、联系。新版本的微信朋友圈功能还升级、增加了信息对外公开的权限，微信用户可以实现"圈人""提醒谁"的功能等。

2.微信群聊

如同QQ的群、讨论组，微信群聊可以实现多人聊天的目的，这种信息传递方式实现了多人互动，加强了网上聊天的趣味性，对于加强亲友间的关系等有着很大的帮助。

3.微信公众号

微信公众号是一个较为专业的信息展示、传播平台。其信息发布、传播的方式由公众号持有者定期发送；微信用户只要关注、添加了公众号就能收到公众号的动态更新等；公众号的用户关注数量可以达到上千，甚至上万，因此，一个好的微信公众号也将是一个用户广告等的良好宣传平台。

微信的传播特点：

（1）微信软件使用的便捷性

包括微信软件的下载、安装等都十分便捷，可操作性高，而且没有任何年龄限制，全民都可轻易地学会并使用。

（2）微信信息接收的即时性

在良好的网络条件下，微信的信息发送、接收等都十分便利，升级后的微信信息发送还增加了信息撤回、复制、转发、收藏等功能。

（3）功能齐全

调查发现，最新版本的微信软件，除了聊天、语音、视频、文件传输、朋友圈等功能外，增加了二维码扫描、摇一摇、微信钱包、网上支付等功能。

（4）微信的熟人社交功能

升级后的微信软件可以读取手机的通讯录，这就可以实现微信与手机的一体化，即通过微信软件可以联系亲友，不必再打开手机联系人等。

（5）微信传播的生动性

微信信息的发送实现了"表情包"的使用，使文字、图片、音频、视频等都可以实现共享和交流，这种交流方式增进了交流双方的互动性，实现了"身临其境"的感觉，给用户带来了新的网络使用情感体验。

（6）微信使用的低资费

由于微信软件是可以免费下载的，所以，微信的使用成本比较低，只要支付流量费用即可。

（7）信息公开与否的双重选择性

微信用户可以设置朋友圈等照片的对外开放与关闭对外开放，也可以设置对谁开放等，这种功能更加灵活和人性化，受到了广大微信用户的喜爱。

（8）自主化与平等化

微信平台为微信用户提供了一个可以释放个人自由活动空间的独立平台。

（9）语音功能

语音功能使人们随时随地的可以语音与人交流，实现了"手机中电话"的功能。

综上所述，微信可以通过便捷的交流等拉近人与人之间的关系，网上交友的便利一定程度上也能拓宽微信用户的现实"朋友圈"；微信信息的传播、转发速度之快也是前所未有，而且微信软件使用耗费的流量、费用等较低，可以被广大微信用户接受；微信用户的不断增多便捷了人们的生活，也给人们的生活带来一一些诸如个人信息泄露等困扰问题，所以，微信网络的使用是一把双刃剑，如何安全、稳定地使用微信，需要每个微信用户以及相关部门的共同努力。

第二节　大学生使用微信的利与弊

一、大学生社会实践的形式与原则

为了丰富、充实高校学生的校园生活，当前各大学校的社会实践形式多种多样，各学校在社会实践的组织形式和参与活动原则方面存在着细微的区别，这也是为了突出该校的办学特色以及特点，但有一点是各大高校所共同遵循的，那就是，社会实践都是以马克思列宁主义为基础，以毛泽东思想、邓小平理论以及"三个代表"等重要思想为理论指导，在此基础上，坚持科学发展观，以保证学校社会实践组织的有效性和实践活动的方向性。

（一）大学生参与社会实践的形式

大学生的社会实践活动是一项涉及面广、投入较多、社会影响较大的系统性工程，不仅涉及社会生活的方方面面，而且形式多样。特别是当前"微时代"的发展背景下，学生们参与社会实践活动的方式和手段更加灵活，网络也给予了学生们参与社会实践的极大便利。有了网络技术，一些科技、设计、创新等高难度的活动也成了目前学生们参与社会实践的首选项目之一。结合各大学校社会实践的实际发展情况，以下简要介绍几种社会实践的类型。

1.校园内部教学中的社会实践

校园内部的实践活动以课程学习中的实践活动为主。课程教学中的实践活动参与主体包括广大高校学生和老师。课程教学实践活动以开发和利用课程资源为基础，强调对基础知识的学习和对基本实践技能的掌握。

课程学习中的社会实践活动可以很好地调动学生们的学习积极性，提高学生们参与社会实践的热情，也可以丰富、充实学生枯燥的校园生活，使学生在快乐的活动，欢快的氛围中学到各项技能。比如，常见的课堂案例教学、课堂模拟等有效地提高了学生的学习技能；化学、物理专业的课堂实验有效锻炼了学生的动手能力；校园演讲赛、辩论赛的举行严谨了学校氛围，促进了学生之间的正当竞争，利于提高学生学习能力；各项项目设计、展览等利于培养学生的动手能力和创新能力，利于学生们发散思维，进而对学到的知识进行有效的整合、分析等。

2.学校组织的社会调查和考察

毛泽东同志曾说过，没有调查就没有发言权，由此，关于社会实践调查的重要性可见一斑。参与调查、研究型社会实践可以提高学生接触社会的频率，利于学生正确认识社会并提前融入社会，利于学生树立理想、建立正确的"三观"。

学校组织的社会调查实践活动相关的方面有三类：

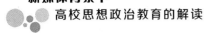

第一，社会调查完成后会进行文件记录、数据分析和论文写作环节；学生要保证论文写作格式的正确，保证论文写作的真实性，论文要具有研究性和实际的参考价值。老师在学生的社会调查过程中要注意指导、监督和考查学生，以保证调查性社会实践的实效。

第二，学校根据社会实践的特点、各专业学生的特长等将学生们分为多个小组，小组之间分工合作，共同进行社会调查活动。比如，社会热点、时政类的社会实践可以安排思想政治教育、新闻类专业的学生负责，以保证参与社会活动的实际效果。当然，其他专业有兴趣的学生也可以积极报名。

第三，调查和考察类型的社会实践参与要有一定的目的和要求，以保证各调查的真实性，不得弄虚作假。学生在参与社会实践时要严于律己，对自己的言行负责，自觉遵守学校、社团的纪律等，以集体利益为重。

3.学校组织的科技创新和文化活动

以组织大学生"挑战杯"申报项目预演活动为例，学校通过建立创新基金，合理开放实验设备，为学生提供平台，结合专业研究特点，引导学生，争取在技术改造、科技发现、工艺革新、技术推广模式上有所突破。同时，积极引导一批有创业兴趣的学生，配备专业指导教师进行相关专业的科技创新活动。参与学校组织的科技创新和文化活动可以提高学生的创新能力，培养学生的创新技能，利于帮助学生实现创业实践，利于培养学生的开拓创新精神。

在郊区、农村，人们的文化生活显得尤为缺乏。为了改善这一现状，学校组织要以学校团委为媒介，建立以学生团队为主体，学生自行组织、参与的社区、乡镇文艺演出团队，结合法律宣讲、先进文化传播、环境保护等方面知识，为广大农民提供娱乐观赏、放松、参与项目，帮助达到建立环保型、知识型、舒适型小区、乡镇建设的目的。同时，参与郊区、农村的文化创建活动可以为学生提供良好的锻炼机会，培养学生组织、协调的能力等。

4.科技、文化、卫生"下乡"活动

"下乡"活动是对大学生们利用自身的科技、文化、卫生等相关专业的技能参与乡下、农村等偏远地区社会实践活动的总称。这种类型的社会实践活动需要参与者吃苦耐劳，有坚强、独立的性格等特点，也能很好地培养学生坚韧不拔、不屈不挠的良好道德品质。此外，"下乡"的社会实践利于我国农村地区的经济发展，利于帮助农民致富，进而提高农民的生活水平，特别是在我国西部地区的支教、医疗帮扶、环境保护、法律知识普及以及科技支持等方面的社会实践可以有效支援西部地区的开发和建设，利于缩小我国的贫富差距。

学生们参与农村地区或者偏远山区的社会实践活动，是贴近群众、了解社会、体察民情的活动，利于学生对社会现状的深入调查、利于学生更加全面的认识社会、利于学生们履行社会责任。值得一提的是，学生们潜移默化地学到了农民群众身上勤劳、善良、朴实，甘于奉献的精神和品质，利于学生们树立为人民服务的道德观，对于学生个人的成长等也有十分重要的作用。

比如，文体部的学生深入农村地区，建立图书展览会，普及文化知识，进行支教等有效改善了部分地区贫困、落后、迷信等社会现状；医学专业的学生在农村地区普及医学知识、免费为群众检查身体、免费发放药品等提高了群众对医学的认识，使群众学到了基本的医学知识，不再"有病乱投医"；计算机专业的学生深入农村学校进行小学生的计算机义务辅导等提高了学生们使用计算机的技能和水平，利于农村地区儿童的全面发展。

5.义务支教和挂职锻炼

高校学生以郊区贫困学校、西部不发达地区的学校为平台，成立"义务支教"小组，运用所学知识和技能，积极服务农村教育，达到了服务新农村建设的目的，也为大学生提供了了解社会、锻炼自我、展示自我的机会和舞台，促进了学生综合素质的全面提高。

挂职锻炼，指大学生到企事业单位担任一定职务，经受锻炼、丰富经验、增长才干、了解社会、了解国情、更普遍地接触人民群众。如北京科技大学的馆陶魏僧寨镇实践团；四川农业大学的百名大学生"村官"挂职锻炼社会实践团、"过把村干部瘾"一村干部挂职锻炼服务团等。

6.勤工俭学

大学生勤工俭学主要包括担任家教、货品推销员、餐饮店服务生等形式，是一种有偿的服务形式。勤工俭学活动使大学生在锻炼自己的同时，还可运用所学知识和劳动换取一定报酬。学校应利用假期时间在校内合理安排勤工助学岗位，在校外争取企事业单位、政府部门的支持，开发利用一切可以利用的资源，最大限度为经济困难的学生争取勤工俭学的机会。学校相关管理部门可以建立并不断完善大学生勤工助学的制度，以保障学生参与实践活动的安全性，避免出现学生权益受损的情况。

学校组织的勤工助学社会实践活动可以培养学生吃苦耐劳、勤奋刻苦的优秀道德品质，有助于学生独立自主性格的养成，也能使学生通过劳动获得报酬，从而减少学费等经济压力。按照勤工助学社会实践活动的特点可以将其分为以下几种类型：

第一，管理型勤工助学社会实践，管理型实践活动一般由管理学院的学生参与，包括财务管理、人事管理、经济管理等。学生参与社会实践活动，在获得劳动酬劳的同时，也利于自身管理技能的提高。

第二，服务型勤工助学社会实践，调查发现，学生们参与服务型社会实践频率最高的一类是，家庭教师。家教活动多由师范学院的学生参与，参与此类社会实践，学生可以为以后参加工作等积累经验，便于学生日后的职业发展。

第三，智能型勤工助学社会实践，智能型勤工助学社会实践分为工程设计、网页设计、软件开发、环境设计等类型，参与这种类型社会实践的学生也多是相关专业的学生，如同其他活动的实践效果一样，智能型社会实践可以有效锻炼并提高学生的专业技能。

第四，劳务型勤工助学社会实践，劳务型社会实践是最常见的社会实践类型，比如校园环境清理、打字、会计兼职等。这类社会实践简便、快捷，易于执行，而且对于学生们一边上学，一边工作的时间安排等也有着巨大便利。

7.专业实习

高校的专业实习活动分为校内和校外两种实习类型。专业实习活动可以有效提高学生的专业技能，而且，学生能够在社会实践中体会理论知识的原理，进一步巩固所学的知识。学生参加专业实习还利于学生准确选择毕业后的发展去向，利于学生早日融入社会。比如，医学院校学生到医院实习，师范院校学生去中小学进行教学实践，文科院校学生到对口单位进行专业实践，这些活动领域虽然各异，但其实践性质和作用则是相近的。这个环节对于培养学生从实际出发解决问题的意识、虚心向工作水平较高、技能高超的专业人员学习的能力都有促进作用。而且对于专业技术、技能和知识的传承，对于丰富学生实际知识，提高学生运用所学理论知识分析问题和解决问题的能力等都大有裨益。

8.法律宣讲和环境保护

对于不同的群体，广泛开展法律宣讲，比如对于城区居民，开展侧重交通法规的宣讲；对于沿海居民，侧重开展渔业保护法的相关宣讲等，提高了广大群众的法律意识和法制观念。在为建立法治社会良好秩序的过程中，学生自身的法律意识也得以加强和提升。

保护环境，减轻污染，遏制生态恶化，不仅是政府管理的任务，也是全社会的使命。作为大学生，更有义务贡献自己的一份力量。通过环境系列讲座、协助清理垃圾等活动增强学生"共同营造和谐的绿色生活"的信念。

9."青年志愿者"活动

高校的青年志愿活动一般多为学校党支部、学生会等组织。志愿者活动包括，公益植树、敬老院送温暖、西部支教、义务执勤等各种类型。常见的"青年志愿者"活动为，大学生们志愿参与、宣传公民道德，通过发传单、出板报、设立图片展览以及现场解说思想政治思想、文化等形式进行我国传统文化、美德、先进思想等的宣传。学校组织开展青年志愿者活动，对于我国社会的发展而言有着十分重要的意义，利于建设我国社会主义初级阶段精神文明核心价值体系、利于保证我国以马克思主义理论为基础的中国特色社会主义的思想主导地位；对于参与活动的学生个人而言，利于积累学生的社会实践经验、利于学生对思想政治教育各方面知识的深入理解、利于学生认识社会、利于培养学生的社会责任感。

10.参观学习和军训

众所周知，大学校园的军训一般设在大学一、二年级时期，军训的目的是锻炼学生吃苦耐劳、勤奋、顽强不屈、守纪律、有集体观念的意识和能力，以保证学生能尽快适应大学校园的生活，避免学习、行为、思想、习惯等的懒惰和涣散。

学校组织的参观学习活动不同于大学军训，它可能是随时组织的，没有固定的时间。参观场所包括纪念馆、烈士陵园、抗战博物馆等，目的在于使学生铭记历史、学习历史，培养学生的爱国精神、明确社会主义建设的责任和义务，以便培养学生日后为国效力的意识和能力。参观学习和军训相同的地方就在于，二者都是为了学生更优秀、更健康的成长，以便为我国的社会主义建设培养接班人。

综上所述，学生参与社会实践对学校的教学水平、对我国社会的发展以及对每个学生个体等都有十分重要的促进意义。但是，为了使学生更加积极地参与社团活动，加入社会实践，以及充分调动学生的热情、实现社会实践组织的目的。学校应该针对不同专业的学生设置不同的实践任务；同一社会实践，也可以由两三个相关专业的学生共同完成等；学校要针对不同年龄阶段学生的特点分配实践任务，创新社会实践参与形式，改革教学活动的内容，以便社会实践活动组织得更加完善，以便切实增强学生解决实际问题的能力，培养、提高学生的社会责任意识和社会责任感。

（二）大学生社会实践的原则

凡事都会遵循自己的一套原则，大学生社会实践也不例外。大学生社会实践应遵循以下几方面的原则。

1.坚持以正确的思想为指导的原则

大学生社会实践活动应坚持正确的思想指导，才能达到预期的目的，收到应有的效果。马列主义、毛泽东思想、邓小平理论、"三个代表"重要思想和科学发展观是最根本的思想方法。一切工作都离不开正确的思想方法作指导，离开了它，就要犯错误，就将一事无成。

高等学校加强大学生思想政治教育工作是培养社会主义建设者和接班人的必然要求，大学生社会实践的首要意义是将思想政治教育的目标、任务和内容紧密结合起来，使大学生通过社会实践逐步树立正确的世界观、人生观和价值观；能够运用辩证唯物主义的基本观点，全面、客观地观察、分析和解决问题；能够用历史唯物主义的观点和方法看待社会和人生，正确分析和评价现实生活中的政治、经济、文化道德现象和各种社会思潮。

大学生在实践过程中必须自觉运用马列主义、毛泽东思想、邓小平理论、"三个

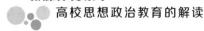
代表"重要思想和科学发展观去观察、分析和解决问题，只有这样，才能形成正确的世界观、人生观和价值观，才能在政治上、思想上进步，才能真正在实践中增长才干，才能为社会做出应有的贡献。反之，大学生的社会实践活动就会迷失方向，大学生们就不可能在政治上、思想上进一步成熟，就不可能真正地在实践中增长知识和才干，锻炼意志品质，也不可能为祖国、为人民做出更大的贡献。

应当根据不同时期、不同年级、不同专业学生的思想特点和思想政治教育的要求，有针对性地确定社会实践的思想教育主题、内容、形式，使学生能够通过参加社会实践更好地在思想政治方面受到教育。

2.坚持育人为本、实践育人的原则

实践不能偏离育人的主题，否则就会本末倒置。坚持育人为本就是在组织大学生参加社会实践活动的时候，要把优化学生的知识结构、促进知识的转化和拓展、增强学生技能、完善个性品质、树立社会意识等作为主要目的，其他一切活动都以此为中心。同时，在社会实践活动中应注意培养大学生为社会服务的意识和能力。为社会做贡献是衡量社会实践活动价值的一个重要方面，也是社会实践活动寻求社会支持、保证健康发展的必要条件。

所谓实践育人，是指以学生在课堂上获得的理论知识和间接经验为基础，开展与学生的健康成长和成才密切相关的各种应用性、综合性、导向性的实践活动，促使他们形成品格高尚、精神创新、实践能力强的全方位发展人才。

实践活动为学生从社会中学习知识提供了窗口，而实践过程本身也为学生增强实践能力、树立创新意识、培养团队精神提供了机会和条件。基于此原则，在社会实践活动的内容和形式安排上，一要坚持人才培养目标，使大学生通过社会实践活动的锻炼，培养高尚的德育素质；二要针对大学生所学专业和兴趣爱好，着力提高专业素质和文化素质。如果大学生无法在社会实践中学有所用，无法全身心投入，那么就不能实现其自我价值，社会实践将流于形式。既然我们把社会实践活动的立足点放在育人上，那么就应该把社会实践活动与大学生成才的愿望结合起来。如果活动的内容和形式不能被大学生所接受，即使是根据文件规定硬性地把他们组织起来去参加活动，也很难收到好的教育效果。

实践育人的观念一方面要求高校教育工作者要引导学生在社会实践中提高思想政治品德修养、社会责任感和历史使命感，激发他们的爱国主义精神，从而调动他们学习的主动性和积极性，充分发挥社会实践锻炼人、教育人、培养人的功效；另一方面也体现了以学生素质发展为本的理念。大学生社会实践的目标之一就是促进自身素质的全面发展。

3.同专业学习相结合的原则

一是要根据不同专业、不同年级学生的专业特点和专业水平，精心安排社会实践的内容。如对文科学生，可安排他们进行社会调查、宣传党的方针、政策等；工科、农科学生，可安排他们为乡镇企业、中小企业和农村进行科技咨询、技术改造、产品设计开发等。低年级学生可以以考察、咨询服务为主；高年级学生、研究生则可围绕为单位排忧解难、办实事来安排活动。

二是要发挥专业课教师在社会实践中的指导作用，如带领学生推广学校的科研成果，指导学生为企事业单位承担生产技术课题选定等。

三是尽可能地把社会实践同专业实习结合起来。如在专业实习中，根据需要和可能，适当安排社会实践的内容。

4.坚持理论联系实际的原则

马克思主义认为，理论的基础是实践，同时理论又为实践而服务。高等学校在人才培养过程中必须遵循这一基本规律，把理论教育与实践活动紧密结合起来。毛泽东同志曾将知识分为书本知识和实践知识两种。大学生从小学到大学，接触的大部分是书本知识，十分缺乏实践经验。从一定角度看，他们的知识是不完全的，肤浅的。此外，从可持续发展战略来看，一个民族的持续发展力和竞争力更多地取决于智力开发的状况。由此，高等教育面临着一个紧迫任务。就是在教育中如何开发学生的智力。

"实践是检验真理的唯一标准"，把理论知识运用到实践中去，在实践中检验和巩固原有理论知识，并在实践中拓展和创新，使之指导新的实践。这样，将理论与实践两者统一起来，互相促进，相得益彰，才能完善学生的知识，才能开发学生的智力。因此，大学生在社会实践活动过程中必须自觉坚持理论与实践相结合的原则，在理论与实践相结合的过程中，获得较为完整的知识，总结新经验，创造新理论。

5."双向受益"的原则

所谓"双向受益"，是指社会实践不仅要使学校和学生受益，也要尽可能使活动接受单位受益。因此，在安排社会实践时，除了着重考虑对学生思想教育和专业教育的要求外，还应考虑地方和活动接受单位"两个文明"建设的需要，把社会实践同地方和活动接受单位"两个文明"建设的需要结合起来。近几年一些团组织和学校在活动中创造的"洽谈会""选题见面会"的形式，即学校提出服务项目，地方提出急需项目，双方进行洽谈，然后根据双方商定的项目选派学生开展社会实践，这是一种很好的形式，值得借鉴和推广。

6.坚持课内外相结合、集中与分散相结合、点面相结合的原则

大学生社会实践活动的形式多种多样，其中有些在校内就可以开展，如青年志愿者活动、勤工助学活动、科技学术活动等，这些活动往往是经常的、大量的，学生参与面广、人多，效果也较好。对校外的实践活动学校也要给予充分重视，支持和引导学生利用假期走向社会。校外实践活动与校内实践活动在内容、形式上都有

较大差异，校外实践活动多以社会调查、科技文化服务、志愿者活动等形式为主，人员较为分散，社会教育的效果不易把握。因此，为使社会实践活动取得预期效果，学校应有计划地建立大学生社会实践活动基地。

组织大学生参加社会实践活动的意义在于使大学生的思想水平和知识能力得到不断提高，因此应立足于"面"；但社会实践又是一个深入探索、不断创新的过程，离不开"开路先锋"作用的"火车头"，所以也要重视"点"的作用。任何活动若没有广泛的群众基础将无法深入持久，而没有榜样和先导的作用也是难以启动的，所以应该点面结合、以点带面。

"点"上活动是学校组织的"示范活动"，要讲求"精"，即组织精细，安排周密；"面"上活动是对全体学生的明确要求，要讲求"广"，即每个学生必须结合自己的特点和实际开展形式多样的社会实践活动。具体而言，就是学校一方面要面向全体同学，采取多种形式开展社会实践活动，使"示范活动"在活动规模、组织形式、活动内容、主体结构上体现出不同的特征，保证面的扩展；另一方面，还要根据不同活动类型、主体、方式的特点，有主次、有区别地对待，保证重点，从而带动和引导整个社会实践活动的全面展开和质量的普遍提高。

7.就近就便的原则

由于经费、交通、活动接受单位接待能力等方面的限制，社会实践应就近就便安排。

一是多数学生应回到家乡就近开展社会实践。

二是集中组织的社会实践队伍应当精干，选择的活动地点、活动内容应与活动目的相一致。

三是学生在社会实践中，吃、住、行等应从简安排，不应过多增加接待单位的负担，削弱社会实践的效果，应当防止和杜绝以社会实践为名行观光旅游之实的风气。

8.坚持受教育、长才干、做贡献的原则

大学生社会实践活动是高校思想政治教育的有效措施，是促进大学生早日成才的正确途径，是推动社会主义和谐社会建设的巨大力量。在实践过程中，必须把受教育、长才干与为社会做贡献有机结合起来。

"受教育"，就是要按照党的教育方针，按照建设中国特色社会主义事业对青年一代的整体要求进行教育。通过社会实践活动，使广大青年大学生受到理想信念教育、改革开放教育、国情社情教育，激励青年大学生肩负起历史赋予的重任，引导学生走与实践相结合、与人民群众相结合的正确成长道路。这是组织开展社会实践活动的一项政治责任。

"长才干"，就是要根据改革开放和发展社会主义市场经济对人才培养的新要求，通过社会实践活动培养大学生的实践动手能力和社会适应能力，丰富阅历，增长见识，磨炼意志，不断提高其综合素质。

"做贡献"，就是要充分发挥大学生的知识技能优势，为社会经济发展做出力所能及的贡献。

三者密切联系，相辅相成，实现了党的要求、学生的愿望、社会的需要之间的统一，体现了目标与途径的统一。"受教育、长才干"是大学生社会实践的目的，只有通过实践，才能使大学生受到教育和锻炼，巩固和深化理论知识，增长解决实际问题的才干，提高自身综合素质。"做贡献"是"受教育、长才干"的途径，社会实践通过大学生主观能动地参与而发挥教育作用，"做贡献"的过程也就是大学生能动地参与实践的过程。

学校要精心组织和安排大学生社会实践的内容，使其在"做贡献"的过程中受到教育，增长才干。值得一提的是，忽视了"受教育、长才干"，社会实践活动就没有了灵魂，失去了方向；忽视了"做贡献"，社会实践活动就丧失了现实的基础，也就无法实现育人的目标。只有在工作中全面把握和坚持三者相结合的原则，才能够激发和调动各方面工作的积极性。

9.精心组织的原则

大学生社会实践应该遵循精心组织的原则，应该重点把握好三个环节：

一是事先进行动员、联系，确定社会实践的内容和形式、参加人员、接待单位、经费来源等。

二是活动开展过程中，带队教师、干部和学生骨干及地方或接待单位干部应进行精心的指导，帮助学生解决在活动过程中遇到的思想问题和实际问题，对于可能出现的消极因素进行积极地引导。

三是活动后，对活动成果进行总结、消化，对好的经验进行推广。

10.坚持整合社会资源、互利双赢的原则

在当前学生社会实践基地建设中，要充分发挥学校的学科优势和智力资源优势，建立足够数量而又相对稳定的社会实践基地，使之既有利于大学生在社会实践中奉献智慧，锻炼成才，又有利于学校教学科研的发展和地方经济建设。学校可以根据高年级大学生的学习生活特点，将毕业实习、订单式培养、就业培训、就业选择有机结合起来，让高年级的大学生到毕业后希望去的工作单位参加社会实践活动，从而达到提高能力、培养素质、双向沟通、增进了解、促进就业的目的，同时也为大学生更多地了解企业、服务企业、在企业"建功立业"等提供便利。

所谓"互利双赢"，是指社会实践不仅要使学校和学生受益，也要尽可能地使活动接受单位受益。因此，在安排社会实践时除了要着重考虑对学生进行思想教育和专业教育的要求外，还应考虑地方和活动接受单位物质文明和精神文明建设的需要。

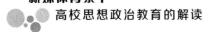

要把社会实践同地方和活动接受单位的需要结合起来，让大学生在服务中实现参与，在贡献中受到教育，真正实现学校为地方经济建设提供服务，地方为学校的人才培养提供平台，双方协调发展，共同进步。

大学生参加社会实践，是认识社会、锻炼能力、接受教育的过程，是大学生利用社会资源对社会进行服务的过程，但是，这种服务是有成本支出的。在市场经济条件下，单向的付出不符合经济规律，是不能长久的。只有双向服务，合作共赢，才能适应市场经济发展的要求。所以，通过社会实践架设起高校与企业、地方合作的桥梁，构建高校与社会间的双向服务体系和长效机制，才能实现学校资源和社会资源的双向服务和合作共赢，才能进一步促进社会资源对大学生成长和成才发挥作用，真正实现社会实践的长效性。

只有坚持以上原则，才能在大学生社会实践工作中把提高思想政治素质教育作为首要任务，确保每一个大学生都能参加社会实践，确保思想政治教育贯穿于社会实践的全过程，不断提高社会实践的针对性、实效性以及吸引力和感染力，保证大学生社会实践活动长期、健康发展，并调动校内外各方面的积极性，努力形成全社会支持大学生社会实践的良好局面。

二、大学生使用微信的利与弊

伴随着众多社交软件的开发和应用，比如说QQ、陌陌、微博、人人网和微信等的广泛传播和使用，让只要是会上网人的一个帖子、一条微博，甚至是连一句说说都有可能以"蝴蝶效应"的方式影响到整个社会的动态。而在这些方式中，微信以其所具有的社交性、快捷性和自由性等众多的优势为当代大学生所喜爱。所以微信作为一种可以进行人际沟通的新手段、新方式，很快在大学生群体中流行。微信的使用量日渐增长，其中的使用群体有年轻化、高学历化的趋势。代表着时代潮流和思想前沿当代大学生青年群体，他们拥有极强的适应力和非常出众的接纳力，这就使得微信很快在大学生群体之间蔓延传播开来。但是在微信传播、发展的同时，微信所引发的社会问题也是随之而来。于是，怎样才能正确认识微信对于大学生生活和学习的影响，怎么做才是正确使用微信，特别是如何在网络中进行防盗防骗是每个当代大学生都需要进行思考的重要问题。由此看来作为微信使用主体的当代大学生，在进行网络人际交往中遇到的众多挑战和机遇需要大学生清楚的分辨开来。所以，微信在当代众多大学生学习和生活的上的影响是值得社会与学校关注的重大问题之一。

（一）微信对大学生来说有哪些影响

1.微信对大学生的积极影响

微信作为突破了时间、空间限制的"新媒体"事物对大学生来说吸引力还是蛮强的，它还在无形中拉近了大学生与其他人之间的距离，有时还会给大学生们带来许多意想不到的好处。

（1）有助于提高学生创造力，利于开拓大学生固定思维

现代的众多大学生都有自己独特的思维方式，他们在面对新事物时，有着独特的发散式思维和独特的思考方式，因此可以在其新事物的基础上进行不断地创新进步，进而衍生出更多有趣且正式可行的商业模式。有很多大学生根据自己的具体情况申请了诸多公众的微信账号特意来做网络销售以自力更生，这也显示出微信作为一种新的商业平台，给大学生带来了更多的创业想法和创业机会。

（2）可以丰富校园的生活，节省一定程度的学习时间

人性化的微信拥有着各种各样的系统功能。相对于传统的通讯方式来说，微信更加的方便快捷，因此在极大的程度上更能满足现代大学生的需要。大学生可以利用微信来记录自己生活中的点点滴滴，也可以利用微信中的朋友圈功能来发布各种各样的消息，通过朋友们的转发，就可以迅速的组织到与自己意愿相同的同学，在很大程度上可以节省我们的自由时间；此外，各种微信销售活动和实体店相比，不仅更加便宜，还节省了购物的时间，加强了同学之间的信任。

（3）增加了交友方式，充实了大学生平时的情感交流

现代大学生基本上都是00后，微信可以基于他们不同的性格特点、提供不同的适合他们表达自身情感方式的平台，甚至还可以选择给谁看和不给谁看，或者"摇一摇"与陌生人进行交流来纾解他们的低落心情，或者解决在生活碰到的有些想不通的问题。所以微信凭借着其可以表达思想观点和倾诉烦恼的最佳平台而逐渐成了当代大学生们最喜欢的社交软件之一。一系列的调查研究表明，大学生对友情的需要大大地高于其他群体，微信可以提供一个非常方便的平台，这样更加利于大学生的心理健康。

2.微信对大学生行为的消极作用

手机用户在平时生活中总有一种"手机响了"的幻觉，而且学生群体中有的在课堂甚至是卫生间也要刷微信，更有甚者过度沉溺于微信当中，晚上不睡进行刷微信玩手机，反而在白天课上大睡特睡，这样极其透支身体也可能产生身体生理上的一些疾病。

由于微信使用的匿名性、隐秘性和神秘性，学生们可以在微信网络里尽情宣泄实际生活中的愁绪、苦闷等。一定程度上，这种发泄缓解了学生日常学习、生活的压力，但是，网上虚拟的网络毕竟与现实有着相当大的差距，这就导致学生们更加热衷于网络交往，而忽略了现实中的人际交往，久而久之，学生们现实的人际交往能力等就会相对弱化，这有悖于学校培育学生，提高学生能力、素质的教学目标，也不利于学生的健康成长。

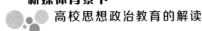

（1）微信在大学生学习生活中的消极影响

调查发现，在实际中有相当多的大学生在上课经常使用微信进行聊天，在学习中玩微信这样很大程度上会影响到大学生自身学业的发展。

在校大学生有相当大的一批人玩微信过度，甚至沉迷于微信，离不开手机，更加离不开微信，患了"手机综合征"。具体表现为，时不时打开手机，上课带手机看微信不能集中注意力听讲；用手机拍上课的照片发微信，还有许多同学抱着课下看的心思却未及时查看，这样肯定会极大程度的影响自己的学习；一些学生甚至养成了时不时刷微信朋友圈的习惯等。这一系列行为容易导致学生视力下降、记忆力下降。而且，熬夜玩微信容易降低学生免疫力，引发食欲不振，这种行为不仅不利学生听课效果、学习成绩的提高，而且对于学生树立理想，健康成长等都有巨大的危害。

（2）微信对学生的行为习惯等产生巨大影响

微信中各种看似正确的"心灵鸡汤""伪真理"等被广大学生认同，学生们按照此标准指导自己的言、行，显然，这种言行与现实中社会的道德规范等是相违背的，但是，学生们丧失了辨别正确思想、道德的能力，反而以此为豪，振振有词，从此也可以看出微信消极的影响阻碍了学校思想政治教育工作的顺利开展。

（3）微信中过多的公众号，使大学生面临文化冲击

微信朋友圈、微信公众账号中定期更新、发布的文章，有的看似正能量，实则扭曲道德，导致文化庸俗化、片面化，学生们长期接受这种文化的熏陶，容易形成畸形的世界观，不利于学生正确理想的树立。一些过于"西化"的文章一味倡导西方文化的先进性，学生们长期接受这种文化，不利于就我国传统文化的继承和发展，这种文化传销可以说是一种和平的文化霸权演变，对于我国文化实力的发展和提高等也有着相当大的阻碍作用。

通过对上文分析，总结微信对大学生行为的误导如下；

微信的使用属于个人网络行为，其活动难以监控，预见性低，为思想政治工作增难添堵。在微信中，每个人都是自媒体，都是信息的创造者和传播者。同微博相同，微信提供了宽广的探讨空间，朋友圈发布的信息都是身边的同学、朋友所关注的信息，或是个人、朋友的实时信息，还有一些校园、社会热点问题等，大学生非常热衷于了解这些事情，并加以评论，这种行为占用了学生正常的学习时间，不利学生文化知识的增长。

微信朋友圈本身就属于一种病毒式的传播裂变，一条具有爆点的信息一经发布后，就会在圈内迅速传播，在一个圈内的成员在一定程度上具有行为及意见相同性，信息一旦传播，便会引起思想或行为上的共鸣。微信朋友圈是大学生表达个人观点，转发关注热点的重要途径。微信的保密性较好，非好友者不得见朋友圈内的信息。

但也正因为这一原因，若不同时是一个人的好友，则不能看见各自及相互之间的信息，这也解释了为何我们回复朋友圈信息时，会看到信息发布者一些答非所问的评论。这也削弱了思想教育者获取信息的能力。过度沉溺依赖于微信带来的交际活动和推送信息，容易使大学生交往异化。

调查统计结果显示：微信已经成为一种生活方式。部分学生在早上起床后、晚上睡觉前、课余休息时间、等候时间这四个时间段使用微信的频率最高。一方面由于微信自身的吸引力，能够满足大学生沟通交流的需求；另一方面，由于部分大学生自制能力较差，不能够在合理的时间范围内使用微信。

微信对信息发布的门槛较低，由于监管技术有限，有相当一部分信息难以鉴别和控制，而共享的平台使得微信的信息网络四通八达，这就使许多不良信息、西方文化思潮等也趁机涌入到微信主流信息传播的行列中来，从而影响大学生对正确事物的判断。正如，"人的思想品德的形成与发展是在主体的社会实践活动的基础上，客观外在因素和主观因素相互作用的产物，它是在一定社会环境背景下，内外因素相互矛盾并不断转化的过程。"

（4）微信对大学生思想的消极作用

由于微信信息的接收与获取存在隐蔽性，学校难以对其进行信息监控和过滤，使得学生接触了更多网络上不同阶层的人和事，他们大相径庭的文化背景和道德价值不断地冲击着思想政治教育者在学生心中的权威地位。除此之外，个别思想政治教育者受限于年龄和使用网络技术水平，使得他们很难及时了解学生在微信上的思想动态和网络信息动态。信息的滞后性使得思想政治教育者在学生的互动中处于一种比较被动的状态，有个别学生还会质疑思想政治教育者的观点与话语，这对于学校思想政治教育工作的顺利开展是极为不利的。

微信的"摇一摇""附近的人"功能可以使微信用户快速结识周围的人，当然大多是陌生人，这在一定程度上扩大了大学生的交际范围，同时也助长了大学生交友的复杂性、随意性，信息真假难辨的未知性，容易上当受骗，进而导致身心受损。微信注册时提供了包括自己的头像、喜好、签名、关联微博等信息，而且用户经常在朋友圈发布照片，姓名等真实信息不经意间会泄漏自己的隐私，这使得个人信息的安全度降低。如果这些信息被不法分子利用，将会成为犯罪的利器。

网络上的人身份不确定，再加上大学生社会经验不足，自我防范意识薄弱，容易受到犯罪分子的引诱，容易上当受骗。朋友圈发孩子的照片，被不法分子利用，说是孩子被绑架，然后问父母进行敲诈勒索，这一系列利用微信作案的行为真是令人发指。这不仅仅使自己受损失，还牵扯家人受伤害，得不偿失。所以任何事物都有两面性，微信在扩大交友范围的同时又会引发很多问题。其实微信只是一种介质而已，最关键的还在于使用它的人的防范和自我保护意识。

（5）微信对大学生生活方式的消极影响。

唯物主义提倡我们用辩证的观点看问题，凡事看到好的一面也要看到坏的一面。微信也如此，人们广泛使用微信，说明微信是有其优点和吸引力的。但是如果使用不当，必然会带来负面影响。

微信产生的大量信息，无论信息的来源是权威者，还是普通用户，使用者都应该怀有批判的精神，不盲信盲从。在高校，大学生是微信的主要用户，微信的海量信息发生和传播对大学生的信息分析和判断能力提出了更高的要求，对大学生判断信息真伪的能力提出了挑战。微信的虚拟性和自由性特点使得虚假信息无处不在，因此，大学生应重新审视自身在使用网络的过程中应该持有的态度和自身在网络使用过程中的行为准则。大学生必须要树立合理使用微信的观念，积极进行自我教育。在使用微信的过程中，能够调节和控制自己的行为；在不影响生活、学习的情况下，理性使用微信，并自觉接受社会主义主流意识形态教育；并清醒地认识到使用微信交流的过程中，应该遵守现实中的道德操守和行为规范，明白自己在使用微信过程中出现的言行可能对社会造成的危害，不利用微信去做违法乱纪的事情，做一名严格守法的人，做一名思想和行为都合格的大学生。

三、微信传播形态下高校校园文化传播规律

（一）传播者与受传者的对立统一

在微信传播形态下，校园公众平台信息的管理发布者即为校园文化的传播者。相关部门将学校中发生的大事，有关学校的人文历史，能传递正能量的美文故事整理出来，通过微信平台发布给受传者。受传者通过阅览平台内容，接受校园文化。对传播内容的接收、理解、认同是传播者完成校园文化传播活动的必备条件，如果受传者不认同接收到的内容，传播者就如同做了无用功。在这个过程中，传播者与受传者存在传递与接收的关系，相互对立。但是受传者可以通过平台、邮箱或现实中提议等方式对接收到的信息或者不认同的内容向传播者进行反馈。传播者根据接收到的反馈，对平台信息进行修改、调整、完善。在这个过程中，传受双方的关系又是统一的，双方共同努力，推动着校园微信平台的发展与完善。

（二）规范平台，打造特色传播

在校园微信公众平台的前期建设中，如何宣传、如何传播、传播什么能起到好的效果等都是需要摸索的。校园微信公众账号的管理发布者在丰富微信平台内容时，往往直接转载校内网站的新闻，或者与校内其他媒体进行合作。但"使用与满足"理论认为受众选择接触不同形式的媒介，实际上就是一种对个人基本需求的满足。因此，想要充分利用微信公众平台，使校园文化传播达到更好的效果，就要设置专业的"新媒体"团队，打造固有精品栏目，以满足学生与老师生活或精神上的不同

需求。值得一提的是，设置精美的微信平台内容，既可以提高微信平台的利用率，也有利于将平台渗透到学生生活的方方面面。这样不仅能锻炼微信团队的内容筛选、内容编辑、平台管理能力，还可以有效传递校园文化，引导学生树立正确的世界观、人生观、价值观。

（三）通过议程设置影响受众

美国传播学家 M.E.麦库姆斯和 D.L.肖发表了《大众传媒的议程设置功能》，提出"议程设置功能"理论假说。他们认为大众传播具有一种为公众设置"议事日程"的功能，传媒的新闻报道和信息传达以赋予各种"议题"不同程度的显著性方式，影响着人们对周围世界"大事"及其重要性的判断。这种议程设置功能在微信公众平台上也有所体现。

虽然微信传递的信息属于碎片式信息，但与微博不同的是，微信可以将大量碎片式的信息集中整合在某一个热点问题之上，并进行专题式传播；或者将展现校园文化的碎片式信息做成专栏，定时推送。例如，中国农业大学在微信平台举办的"劳动者之歌"专题，专门为大家讲述在学校不同岗位默默奉献的劳动者们的故事；东北大学则通过"五四微讲述"这一专栏，向同学们介绍优秀学子、青年教师、学生社团等为梦想奋斗拼搏的故事。各大高校连续几天进行专题信息的发布，使受传者在不知不觉中就受到了专题信息的影响。这种对信息的筛选、把关、整合，可以有效地将校园文化精神融入消息、通讯的字里行间，潜移默化的在学子心中埋下校园精神的种子，对内增强了学生的荣誉感与归属感，对外打造了良好的校园形象，创造了利于学校发展的网络舆论氛围。

第三节　微信环境下大学生隐性思想政治教育工作的冲击与应对

微信作为"新媒体"形式，广泛受到消费者的青睐，方便了人们的交流和沟通；但是微信也存在着很多负面影响，微信潜藏着对个人信息保护不完善等威胁网络安全的隐患。此外，负面舆论的扩散往往会起到"涟漪效应"，这种效应会使无数个这样的消息源同时传播，其传播力和影响力便会急剧扩大，影响到了社会的安定与和谐。面对此种情况，大学生应如何正确地看待和帮助解决这些问题呢？

一、微信中的网络安全问题

（一）负面舆论

所谓"负面舆论"就是，以文章、图片等为宣传手段，发表虚假广告、信息，歪曲历史，抹黑人物，形成流行性言论以搅乱社会秩序的信息。负面舆论通过朋友圈、微信公众账号等途径传播，信息的浏览量、转发量越大，形成的舆论效应越大，这种造谣生事的行为已经严重地破坏了微信环境的秩序。

负面舆论性文章不仅针对个人，还包括对社会现象、公众人物、政府、社会本身等的诋毁和污蔑，这种文章常以吸引人的标题等作掩护，通过转发，形成了一种"涟漪效应"，其带来的社会影响力不亚于现实社会中的游行、示威等活动。但是，由于微信用户信息隐蔽的特点，制造和发布这种舆论信息的始作俑者不能够轻易地被发现，这就给政府及相关部门的执法等造成了阻碍，如何更加迅速、准确地抓到恶劣言论创作人也将是当下乃至今后众多相关部门应该引起注意和解决的问题。

（二）微信犯罪

不法分子通过微信实施诈骗、信息窃取、网络暴力，虚假、色情信息宣传等已经构成了微信犯罪。由于微信交流的隐蔽性，以及人们识别微信诈骗能力低等原因，近年来，微信诈骗已经成为一种新的犯罪途径。以下简要对微信犯罪的几种途径进行探究。

1.微信用户资料、信息等泄露

微信用户资料、信息等不仅属于公民个人的隐私信息，而且这些信息关乎公民银行存款、居住地址、车辆信息、电话等的安全。一些犯罪分子通过各种方式窃取并泄露用户信息，以此来赚钱或者直接进行诈骗，还采用威胁、警告等方法恐吓微信用户，诸如此类都严重侵犯了公民的隐私权，威胁到了公民的身心健康。

2.宣传不良色情信息

不法分子通过微信"朋友圈""摇一摇""定位功能""漂流瓶"以及"附近的人"等方式在网上发布和宣传色情信息，甚至以此来"招揽生意"，严重影响到了微信安全的使用环境。

3.通过微信实施的网络诈骗

犯罪分子利用发虚假广告、不安全网址、病毒等手段向微信用户发送信息进行诈骗。以发布不安全网址为例，用户一旦打开犯罪分子发的网址，就会自动进入软件下载界面，下载的软件会直接安装到手机等终端，进而窃取用户的通讯录、照片、信息等资料，犯罪分子收到用户资料后，伪装成快递员、公司领导等对微信用户进行诈骗。

4.通过微信实施的网络暴力

网络的隐蔽性，隐藏了犯罪分子的真实身份，给了犯罪分子兴风作浪的机会，他们通过微信发表各种污言秽语，辱骂、诽谤明星、公众人物、国家、社会以及普通的微信用户。这些信息经过多次转发后，形成…种话语潮流，使当事人名誉受损，严重影响到了当事人的身心健康发展，甚至导致不能承受这种压力的人产生自杀、轻生等行为。这种无中生有、口诛笔伐的行为成了一种网络暴力，它对人的伤害已经赶上甚至超越了现实社会中的暴力。

5.微信微商

微商是一种以微信信息传递为营销手段的一种简单的电商发展形势，现在我们仍然随处可见身边微信用户的微信朋友圈中出现各种代购信息。微信微商几乎不需要资金，只要一个智能手机和充裕的时间去做就可以完成。因此，微商行业出现了混乱的现象，产品的质量等也参差不齐。微商代理一般会找到经过 PS 技术处理过的商品照片，保证商品外在的精良，以吸引更多的人加盟，这也正是许多人所说的"微商就是网络传销"的道理。加入微商需要发展下线，只有发展到了下线，你才能升级，微商的收入来源也基本都是代理交的保证金，因此，这些类型的微商根本不能盈利，你询问上级商家的时候，商家会告诉你经营时间短暂、要多坚持几天才可以盈利，等你在坚持做微商一段时间还是没有盈利时，你再次询问上级商家，他会告诉你方法不对等，一直等到没有办法联系到上级商家为止，才知道被微商骗了，因此大学生做微商一定要用理性的眼光去看待，谨防上当受骗。

微商骗人的基本手段一般有以下几种：

利用假的个人信息，掩饰自己的真实身份，一旦等你发觉被骗的时候，你根据骗子给你留下的信息在网上进行搜索会发现毫无踪迹。

一些不法分子一般会以晒图、晒美食、炫富等方式给自己的诈骗行为做掩护。以这种方式来暗示自己白富美、高富帅的身份，以勾起人们对于物质的渴望。其实，那些晒出的各种活动出席照片、各种收款截图等，大多是 PS 成的照片，那些用来彰显交易成功的收款截图也大都是骗子们所 PS 合成的，反正就是暗示人们商品有很好的效果，以吸引人们去购买，或者合作开店、加盟等。

不法分子假借微信、微商之名发布各种商店的优惠活动，吸引人们抓紧报名，然后在后期不法分子会说明名额有限，需要交钱，事后会返还，但是，人们一旦交了钱，就联系不到这个所谓的"微信商家"。类似这种行为的微信诈骗现象还有很多，新闻上也屡屡曝光相关人员的诈骗短信、诈骗信息等。总之，这种利用网络、利用微信骗钱的行为已经构成了严重的犯罪，成了一种威胁社会稳定的重要因素，这就需要相关部门积极地进行监督、管理，及时遏制这种行为的发生，以免发生不可估量的后果。

此外，不法微商还会发一些类似"心灵鸡汤"的激励性文字、文章等引起普通民众的注意，以树立自己积极、向上的正当形象，增加自己的说服力，使人们感觉微商行业特别能赚钱，特别轻松等，一旦他骗钱的目的达到，就会删除受害者微信信息，逃之夭夭。

二、互联网对思想政治教育的影响与策略

基于现代互联网技术的发展，互联网给思想政治教育也带来一定的影响，因此

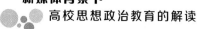

需要对思想政治教育进行优化策略的研究和探讨，以发挥互联网对思想政治教育的积极意义。在《现代思想政治教育学》中，作者指出了现代思想政治教育初步体系的构建，深入研究了现代思想政治教育学，整理以及完善了现代思想政治教育学理论体系，并结合互联网技术，对加速现代思想政治教育建设的积极影响进行了探索。

《现代思想政治教育学》一书，不仅吸收了党的十一届三中全会思想政治教育学科研究成果，同时在继承性与时代性的统一、理论性与应用性的统一方面做出了努力，以便完善当前思想政治教育体系。在《现代思想政治教育学》一书中，主要包括前言、序以及思想政治教育学的研究对象、思想政治教育发展论、思想政治教育本质论三章具体内容。在《现代思想政治教育学》第一章，主要是讲解现代思想政治教育学概论，分别从思想政治教育学的研究对象、范畴体系、学科体系、理论基础与知识借鉴方面，结合现代思想政治教育学的特点，介绍现代思想政治教育学内容；《现代思想政治教育学》第二章，从思想政治教育发展的历史、视阈、基础、理论之维，从多重视角介绍分析思想政治教育发展论；第三章，则是具体分析思想政治教育本质论。《现代思想政治教育学》指出思想政治研究应当根据研究领域特殊矛盾，确立学科研究对象。同时，由于受社会历史条件的限制，对于实际中思教方法等也进行了探讨，这可以完善、改进当前互联网背景下的思想政治教育水平。《现代思想政治教育学》书中不仅汇集了国内关于思想政治教育研究的最新理论成果，同时也有一定的创新，对提升思想政治教育水平发挥产生了积极影响；同时，由于《现代思想政治教育学》的语言风格不统一，给读者阅读造成一定障碍，望广大读者谅解。

互联网技术，对于思想政治教育也产生了多面影响，积极方面，是可以促进思想政治教育文化交流互通，实现思想教育内容的网络共享。《现代思想政治教育学》中提出的关于实现互联网下思想政治教育的策略，主要可分为以下几点：

第一，在互联网中，可以利用运行空间虚拟的特点，采取网状、中心化运行方式，实现思想政治教育中一对一、一对多、多对多的思想政治教育形式，使教育对象扩展到全球，进而优化《现代思想政治教育学》教育实践；并且，也可以通过图像、声音等提高思想政治教育与教育对象接触的频率；还可以根据《现代思想政治教育学》中基本观点，针对思想政治教育特点，利用互联网使个体交往主体性得以发展，这有助于实现思想政治教育形成会话式的理解与沟通。

第二，《现代思想政治教育学》中提出，发展思想政治教学，就要促进思想政治教育内容的发展。网络传播速度能够加快思想政治教育内容的更新速度和容量，增强思想政治教育时效性。同时，在互联网中，多样化的信息方式能够把思想政治教育内容蕴含在看似价值中立的信息之中，在向个体传递信息、提供娱乐之时进行教化和引导，增强思想政治教育内容的生动性和形象性。

第三，基于互联网技术下，促进思想政治教育方式的发展，利用网络能够把思想政治教育者的"他者"身份巧妙地隐藏起来，营造出和谐、平等的交流氛围，在教育者和受教育者之间相互理解的基础上促使受教育者的执行转化；思想政治教育中，还可以通过互联网在更大的范围内进行讨论，建设教学目标，编制整体计划，进行资源调配，使思想政治教育实践过程在交流、启发和碰撞状态下进行，保证教学质量；并且《现代思想政治教育学》中指出思想政治教育应该做到教学创新，使之能够跟上时代发展变化，多元融合，进而提升思想政治教育水平，故此在思想政治教育中，可以运用互联网技术，此技术能有效地开阔文化视野，提高我国思想政治教育的改革水平。最后，《现代思想政治教育学》中在思想政治教育方面提出，教育应该坚持以人为本，对受教育者主体性应给予高度尊重，确认教育者对受教育者主体地位，实现主体间的平等对话；同时，也可以建立沟通制度，接受思想政治教育监督，通过互联网手段，吸收和借鉴其他地区思想政治教育成功实践经验，根据实践反馈及时修正思想政治实践相关内容和步骤，进而提高思想政治教育质量。

对于当前互联网发展，在《现代思想政治教育学》中提出了有助于提升思想政治教育质量的方法，因此该书值得在实践教育中运用。张耀灿等著的《现代思想政治教育学》中，用其独特视角向人们展示现代思想政治教育的重要性，引起人们对互联网下思想政治教育的思考，以找出有效的思想政治教育改进策略，提升思想政治教育水平。

第四节　关于微信环境安全改革措施的探究

众所周知，微信是一种网上聊天、视频、文件传输等工具，它大大方便了人们日常的学习、生活和工作。随着时代的发展，参与和使用微信的人也越来越多，但是，微信使用现状中一些低俗、不健康的信息等也迅速地传播起来，为了打造安全、健康，可持续发展的微信环境，相关部门应该针对现状中存在的问题制定切实可行的监督、管理办法。

一、现行微信网络环境的监管措施解读

如前所述，微信本身具有网络信息传播快、信息转发量大、信息传播范围广的特征，这些特征是其长处，也是其短处，如果被不法分子、恶劣商家等利用传递诈骗信息、广告、色情信息等也将导致难以控制的局面。当前微信环境的网络使用秩序维护、净网活动的主要措施分为三个方面：

第一，国家网信办及行管部门组织对不良商家或者账号的清查措施。网信办严厉打击并责令违规企业关闭或清空账号信息。

第二，微信、微博、新浪、腾讯等软件企业的自觉内部清查和严格管理，这对于企业的绿色、健康、可持续发展等具有重要意义，而且企业自查利于提升企业的社会形象，使其更得人心，且是一种自觉履行社会责任的行为。

第三，广大人民群众的监督和举报等。人民群众在上网时，发现恶意广告、低俗信息的传播等及时向相关部门进行了举报，经查验属实后，政府或相关部门对违法违规企业进行严肃处理。

企业对于各自软件网络使用安全的问题纷纷作出了有针对性的改正和处理，以腾讯公司为例，腾讯公司提高了商家、普通用户等申请、入驻账号的标准；要求各公众账号实行实名办理；要求申请账号签订网络使用安全协议，协议包括，遵守国家规定的用网、进网秩序，自觉维护网络环境，坚持我国社会主义的国家制度，不损害国家利益，保证不损害公民的合法权益，保证个人信息的真实性等。显而易见，这些措施有效地阻止了一些不良商家的入驻，是一种行之有效的，从源头制止破坏网络秩序行为出现的措施。

二、我国政府部门的"治网"安全对策与建议

在"净网行动"之前，我国政府对网络使用安全的治理和监控措施存在漏洞，导致一些违法犯罪分子钻法律的空子，趁机犯罪、作恶。比如，窃取私人信息的肇事者在被捕后，只受到轻微的处罚，或者轻微的刑法，致使很多犯罪分子不知悔改，释放后仍旧重操旧业。为了改正网络安全法律中的这些不足，我国政府等相关部门作出了政策、法律方面的调整和改革。以下简要总结几点对于政府部门监管网络安全问题措施制定的建议：

第一，建立健全网络监管体系和制度，完善各工作人员的协调、配合，保证各环节不出遗漏；责任到人，将每个监管任务分配到确定的人身上；监管体系还应包括，群众的检举、投诉、评价等环节，这也利于提高政府行政的公开度和透明度，利于保证人民群众对网络安全治理工作的监督。

第二，完善相关的法律法规。法律法规的制定和完善，使治理和监管网络使用安全的工作有法可依，而且，对违法犯罪分子的处分具体细节也有了遵循的规章制度。法律法规的设定，保证了微信用户自由、独立、民主使用网络的权利，利于实现微信环境的安全与和谐；严厉打击违法犯罪分子，利于微信环境的正常运行，利于提高我国优秀文化的传承和发展。

第三，网络监管要有针对性。由于网络环境具有复杂性、隐蔽性与多变性的特点，威胁网络安全的原因和因素也多种多样，所以，在进行网络安全治理时，要保证结合具体情况、深入分析、有针对性地提出每个环节问题解决的措施，注意解决问题的关键点，以保证有效打击、遏制网络不良行为的发生和繁衍。

三、"微时代"微信安全防控体系的建立

调查发现，目前我国微信用户多通过移动通信端登录，操作系统多用 Android 和 IOS，且 Android 系统的用户占比更多，而 Android 系统的开放模式容易使用户的个人资料、银行卡余额等信息泄露。除此之外，移动端的各类吸费性软件、广告软件、不良信息网站等也会导致微信网络环境秩序的混乱。为了改善这种情况，需要相关部门联合起来共同抵制不良商家、不良信息的恶意行为和信息传递等，只有各部门相互配合，才能真正阻止恶意信息的进入，才能真正保持微信使用环境的安全。

值得一提的是，现代移动终端的上网速度已经经历了阶梯性的进步，从 3G 到 4G，直到现在的 5G 通信的发展，微信用户个人信息的安全等更加面临挑战和风险，这就需要用户个人以及移动运营商、手机软件提供商、手机生产商等众多部门的相互配合。各部门各环节相互配合，共同合作抵制信息剽窃方的恶劣行为才能达到微信使用的安全。这种相互配合的方式利于各制造商企业生产水平的提高，利于企业的技术进步，利于公司产品的销售、上市等。

总之，广大微信用户在享受微信带来的聊天、视频传递、文件传输、微信付款、转账、朋友圈功能等带来的便利的同时，还要警惕不良网络环境带来的个人信息泄露等问题，防止不法分子通过微信进行财产诈骗等。微信以及广大网民要提高自己识别不良信息、危险信息的能力，对于网上的违法犯罪行为，一经发现，立即举报，不给犯罪分子可乘之机。维护网络环境使用安全需要政府、企业以及我们每个网络用户的共同努力。如何打造安全的微信使用环境，如何使人们安心、放心地使用微信也将是今后相关部门应该思考的问题。

参考文献

[1]周利生，汤舒俊主编.红色资源与高校思想政治教育[M].北京：九州出版社.2018.

[2]徐茂华.高校思想政治教育的时代主题[M].长春：东北师范大学出版社.2018.

[3]高姗姗著.高校思想政治教育与文化融合研究[M].石家庄：河北人民出版社.2018.

[4]代黎明著.高校思想政治教育实效性研究[M].北京：北京理工大学出版社.2018.

[5]岳云强.高校思想政治教育理论专题研究[M].北京：九州出版社.2018.

[6]胡飒，奚冬梅.高校思想政治教育教学与实践研究[M].北京：光明日报出版社.2018.

[7]范春婷.高校思想政治教育专业政策研究[M].北京：新华出版社.2018.

[8]谢丹.传统文化视域下的高校思想政治教育[M].北京：九州出版社.2018.

[9]常佩艳.文化视野下高校思想政治教育实践研究[M].北京：九州出版社.2018.

[10]雷志成著.高校思想政治教育面临的时代性问题研究[M].长春：东北师范大学出版社.2018.

[11]王东，陈先著.新时期高校思想政治教育理论与实践[M].北京：九州出版社.2019.

[12]理阳阳著.基于网络时代视角的高校思想政治教育研究[M].北京：研究出版社.2019.

[13]肖国香.新媒体时代高校思想政治教育十论[M].长春：吉林文史出版社.2019.

[14]齐艳著.中国传统文化与高校思想政治教育的融合性研究[M].中国广播影视出版社.2019.

[15]陈胜国.新时代高校思想政治教育创新发展研究[M].北京：印刷工业出版社.2019.

[16]潘强，许钟元，刘旭主编.高校网络思想政治教育生态系统构建研究[M].中央编译出版社.2019.

[17]高校思想政治教育研究[M].长春：吉林文史出版社.2019.

[18]闫建华著.高校思想政治教育研究[M].延吉：延边大学出版社.2019.

[19]郭立祥著.高校思想政治教育创新[M].长春：东北师范大学出版社.2019.

[20]赵春梅，迟珊珊主编.高校思想政治教育导论[M].黑龙江教育出版社.2019.

参考文献